AF567650

CHRISTOPHER A. WEIDNER

Systemische Astrologie

Standardwerke der Astrologie

CHRISTOPHER A. WEIDNER

Systemische Astrologie

Konstellationen sind Lösungen

1. Auflage 2008

Umschlag: Walter Schneider, Stuttgart
© Umschlagfoto: mauritius images
Druck: Druck Finidr, Český Těšín

Zu beziehen über den Buchhandel oder direkt beim
Chiron Verlag, Postfach 1250, D-72002 Tübingen
www. chironverlag.com

ISBN 978-3-89997-168-2

Inhalt

Einleitung

Der Glaube, man könne so etwas wie das wahre Wesen eines Menschen aus dem Horoskop ablesen, ist der Aberglaube der Astrologie. Von diesem Aberglauben lebt ein Großteil der gegenwärtigen Astrologie, begründet darauf ihren Anspruch. Seit meiner ersten Begegnung mit der Astrologie vor etwa 25 Jahren habe ich viele Phasen des Zweifels durchgemacht. Ich wollte Astrologie nie einfach nur hinnehmen, sondern sie auch begreifen. Als ich merkte, dass Astrologie sich letztlich jedem Begriffensein entzieht, stellte sich zu meiner Verwunderung keine Enttäuschung ein. Trotz meiner aktiven Versuche, Astrologie zu entzaubern und zu dekonstruieren, konnte ich nicht von ihr ablassen. Was mich an ihr hielt, war jedoch nicht ein wissenschaftliches Interesse, so wie manch einer Astrologie aus einem historischen oder archäologischen Verständnis heraus studieren mag. Vielmehr spürte und spüre ich bis heute ihre Wirksamkeit auf mich als Mensch, ihre besondere Kraft, mein Leben zu bereichern. Als beratender Astrologe weiß ich, wie sinnstiftend und nützlich die Beschäftigung mit Astrologie sein kann. Die unzähligen entspannten, zuversichtlichen und motivierten Gesichter, die ich sah, wenn Menschen eine astrologische Beratung verließen, und mein eigenes Gefühl von Dankbarkeit, dass ich Teil eines Prozesses sein durfte, der Menschen offensichtlich etwas gibt, ihnen neue Perspektiven für ihr Leben gibt, ihnen Wege zeigt, sich selbst wieder zum Gestalter ihres Lebens zu machen, ließen mich immer wieder zweifeln, ob meine Skepsis gegenüber der Astrologie begründet ist. Doch mein Staunen darüber ist ungebrochen, und umso größer ist es, weil ich erlebt habe, dass die Ergebnisse der Arbeit mit dem Horoskop den Ergebnissen rein therapeutischer Arbeit in nichts nachstehen, in mancher Hinsicht sie sogar noch übertreffen. Voraussetzung ist aber, dass ich meine Vorstellungen, warum, ob, wie und wieso Astrologie überhaupt funktioniert, in dem Augenblick beiseite lasse, in dem mir ein Mensch gegenübersitzt, der meine Unterstützung mit Hilfe des Horoskops wünscht. Gleichzeitig merke ich aber auch, dass es genau diese kritische Auseinandersetzung mit der Astrologie ist, die diese enge Verbindung zwischen ihr und mir ermöglicht hat. Darum ist mir nicht nur die Erfahrung wichtig, die ich mit meiner astrologischen Arbeit sammle, sondern auch das Hinterfragen von und das Nachdenken über Astrologie. Davon lebt auch dieses Buch: von der kritischen Betrachtung der Möglichkeiten und Grenzen der Astrologie und von der Begeisterung über ihre Nützlichkeit für den Menschen. Und auch Sie, liebe Leserin, lieber Leser, möchte ich nicht damit verschonen, denn ich denke, dass die Methoden, die ich unter dem Begriff «astrosystemische Deutungspraxis» zusammengefasst habe, besser verstanden und auch umgesetzt werden können, wenn dies vor dem Hintergrund der Beschäftigung mit den Grundlagen der Astrologie geschieht. Bei dieser Beschäftigung war es mir ein Anliegen, das Konzept des systemischen Denkens heranzuziehen, um neue Ideen und Perspektiven für die Astrologie zu gewinnen – nicht nur auf theoretischer, sondern vor allem auf praktischer Ebene. Ich bin überzeugt davon, dass die systemische Sichtweise Astrologie nicht nur in einem neuen Licht strahlen lässt, sondern auch eine der Astrologie ganz natürlich innewohnende Qualität ist. Sie werden selbst feststellen, dass die Gedanken, die ich Ihnen dazu unterbreiten möchte, fast wie von selbst aus der Astrologie aufzusteigen scheinen, wenn wir sie mit der systemischen Brille betrachten.

Systemische Astrologie – das ist keine neue Methode, sondern eine bestimmte Art und Weise, Astrologie zu verstehen und zu praktizieren. Da ich nicht davon ausgehe, dass die Grundgedanken des systemischen Denkens allen Leserinnen und Lesern geläufig sind, besteht ein Teil dieses Buches auch darin, systemisches Denken in groben Zügen vorzustellen. Um aber zugleich dem astrologischen Anspruch gerecht zu werden, wende ich an geeigneter Stelle die systemische Theorie auf die astrologische Praxis an, sodass sich der Zusammenhang zwischen Astrologie und systemischer Sichtweise unmittelbar erschließt. Dies führt dazu, dass sich das Buch sinnvoll nur lesen lässt, wenn dem didaktischen Konzept, wie es sich entlang der einzelnen Kapitel entfaltet, gefolgt wird. Viele der vorgestellten astrosystemischen Methoden erschließen sich nur dann vollständig, wenn sie entsprechend theoretisch unterfüttert werden. Um es gleich vorwegzunehmen: Einige Inhalte dieses Buches finden sich bereits in früheren Veröffentlichungen. Ich habe sie hier noch einmal dargestellt, einerseits, weil die meisten meiner früheren Bücher vergriffen sind, andererseits weil sie damals noch nicht in den großen Zusammenhang einer Systemischen Astrologie gestellt waren. Dieser Zusammenhang hat sich erst über die Jahre meiner Arbeit als systemischer Therapeut, Berater und Astrologe zu dem entwickelt, was ich in diesem Buch vorstellen möchte. So gesehen ist auch das, was ich vor zehn Jahren bereits formulierte, unter diesem Gesichtspunkt etwas Neues.

Die meisten astrologischen Ideen, die ich hier aus dem Blickwinkel des Systemischen betrachte, stammen aus der Transpersonalen Astrologie (TPA) von Michael Roscher, meiner astrologischen «Heimat», wenn man so möchte. Der Leser wird schnell viele der zentralen Modelle der TPA wiedererkennen, sei es das Kybernetische Modell der Planeten oder die Arbeit mit Konstellationen. Unzweifelhaft wäre ich ohne die TPA kaum auf die astrosystemischen Deutungsansätze gekommen. Doch auch der in der TPA erfahrene Leser wird bald merken, dass die systemische Perspektive einen Unterschied zu den in der TPA Anschauungen der Astrologie macht. Man könnte vielleicht sagen, dass mein Ansatz eine Art revidierte TPA ist, weil ich Fäden der TPA aufgegriffen habe, die dort meines Erachtens zwar angelegt sind (für mich ist die TPA im Vergleich zu allen mir bekannten astrologischen Schulen der systemischste Ansatz), aber noch nicht konsequent zu Ende gedacht oder nicht weiter verfolgt worden sind. Andererseits ist der astrosystemische Ansatz auch etwas ganz Eigenes und Neues, vor allem weil er deutlicher auf die Beratungspraxis abzielt, ja, ohne diese fast überflüssig erscheint. Mehr als alles andere zielt dieser Ansatz auf die Verbesserung der astrologischen Arbeit mit Menschen ab und möchte die Kompetenz des beratenden Astrologen stärken. Theoretische Erwägungen müssen sich meiner Vorstellung nach dieser Absicht unterordnen. So verstehe ich den Sinn meiner Arbeit in erster Linie darin, eine Basis zu schaffen, auf der Astrologie so betrieben werden kann, dass sie noch nützlicher wird, um Menschen bei der Lösung ihrer Probleme zu helfen. Das ist das Hauptanliegen der Systemischen Astrologie, so wie ich sie verstehe.

Bevor wir richtig in die Materie einsteigen, noch ein paar Worte zur Verwendung einiger Begriffe: Dem Begriff «System», der das Konzept einer systemischen Astrologie tragen soll, werde ich mich noch ausführlich widmen. Das hat seinen guten Grund: Im Laufe meiner Arbeit an diesem Buch wurde mir bewusst, dass es problematisch ist, diesen Begriff zu verwenden, da seine Bedeutung bereits in anderen Kontexten geprägt wurde. Denn ich bin nicht der Einzige, der Astrologie mit dem Eigenschaftswort «systemisch» schmückt. Aber kann ich mir sicher sein, dass andere, die das ebenfalls tun, das Gleiche darunter verstehen wie ich? Ich kann es nicht. Meine Erfahrung lehrt mich sogar, dass die Wahrscheinlichkeit groß ist, dass ich etwas anderes darunter verstehe als andere. Das kommt zum Teil daher, dass systemische Ansätze in der Astrologie noch nicht sehr lange in Mode sind und der Begriff daher noch sehr wenig Konturen in diesem Zusammenhang hat. Es liegt aber auch daran, dass der Hintergrund, vor dem diese Kombination von «systemisch» und «Astrologie» zuerst geschehen ist, geprägt ist von etwas, was zwar heute allgemein als wenig systemisch betrachtet wird, aber die erste Verwendung dieses Begriffs im Kontext der Astrologie geprägt hat: das «Familienstellen» nach Hellinger. Warum diese Art der Aufstellungsarbeit ebenfalls als «systemisch» bezeichnet wurde (und wird), liegt wohl in erster Linie daran, dass immer wieder von der Familie als «System» die Rede ist. Da jedoch beim Familienstellen sehr wichtige andere Grundsätze des systemischen Denkens und Arbeitens, wie zum Beispiel der Konstruktivismus, die Prinzipien der Autopoiese, aber auch die daraus abgeleiteten Prinzipien der Lösungsorientierung, vernachlässigt werden, fragt man sich heute zu Recht, ob hier das Wort «systemisch»noch passend ist. Das soll nicht als Bewertung verstanden werden, und wird es auch nicht, wenn wir der Versuchung widerstehen, «systemisch» mit «gut» gleichzusetzen. Familienstellen stellt zwar so etwas wie ein System «Familie» auf, ist aber in der gesamten Herangehensweise, dem Bild vom Menschen und seiner Einbettung in die Welt sehr weit entfernt von dem, was systemische Praktiken heute ausmachen. Das sagt nichts über die Nützlichkeit oder die Qualität der Arbeit derjenigen aus, die Familienstellen praktizieren.

Doch wenn wir »System» so verstehen, wie es sich in den letzten Jahren und Jahrzehnten in der Praxis vieler Berater und Therapeuten herausgebildet hat, passt auf diese Art der astrologischen Arbeit der Begriff «Systemische Astrologie» nur sehr bedingt und nur unter Preisgabe wertvoller Möglichkeiten, die das systemische Denken letztlich der Astrologie schenken kann.

Hier setzt mein Buch an: Ich möchte nicht eine neue astrologische Lehre begründen oder ein neues Methodenbündel auf den Markt werfen, sondern ich möchte Astrologie von Anfang an systemisch «denken», und zwar so, dass das volle Potenzial des Systemischen zum Einsatz kommen kann. Es geht nicht darum, Astrologie mit mehr oder weniger systemischen Praktiken zu verbinden, diesen oder jenen nützlichen systemischen Gedanken hinzufügen, sondern Astrologie von Grund auf systemisch wahrzunehmen.

Ein wichtiger Aspekt ist dabei, das Systemische in der Astrologie herauszuarbeiten, also das, was bereits in ihr ganz natürlich als systemisch angelegt ist. Es ist also eher so, dass wir ein systemisches Auge auf Astrologie werfen, um neue Zusammenhänge zu entdecken, neue Erkenntnisse zu gewinnen und vor allem die astrologische Praxis noch besser an den Bedürfnissen der Menschen auszurichten, die in eine astrologische Beratung kommen. Dies ist meine Hoffnung, die ich aus den vielen positiven Erfahrungen speise, die überall auf der Welt mit systemischem Denken gemacht werden, ob in Therapiestunden, Coachings oder Team-Entwicklungen. Ich denke, dass auch die astrologische Arbeit davon profitieren kann.

Natürlich kann es passieren, dass dieser systemische Blickwinkel bestimmte Grundannahmen, auf denen ein guter Teil der modernen Astrologie basiert, in Zweifel zieht, neue Fragen aufwirft, aber zugleich neue Antworten erlaubt. Gerade der Konstruktivismus, der wesentlich zum systemischen Denken gehört, ist eine große Herausforderung für das traditionelle astrologische Denken. Eine Herausforderung ist jedoch nicht zwingend eine Bedrohung, sondern auch eine Chance zu Veränderung und Neuorientierung. Natürlich darf dies nicht leichtfertig geschehen, aber es ist durchaus Mut notwendig, sich darauf einzulassen. Am Ende, davon bin ich überzeugt, überwiegen die Vorteile.

Hat Aufstellungsarbeit denn gar nichts mit systemischen Denken zu tun, mögen Sie fragen. Ganz im Gegenteil. Ich selbst praktiziere astrologische Aufstellungen, die ich astrosystemische Aufstellungen nenne und die sich in der Haltung und Methodik an den Systemischen Strukturaufstellungen (SySt®) orientieren, wie ich sie bei Mathias Varga von Kibéd und Insa Sparrer gelernt habe. Zusammen mit Brigitte Hamann habe ich aus dieser Aufstellungsarbeit die «Lebenszielaufstellungen» entwickelt, die zeigen, wie gut sich Astrologie und systemische Strukturaufstellungen verbinden lassen, ohne dabei das Fundament des systemischen Denkens zu verlassen.

Nun genug der Vorrede. Ich möchte jedoch an dieser Stelle nicht versäumen, mich zu bedanken bei zwei Menschen, die einen wesentlichen Teil zur Entwicklung der astrosystemischen Deutungs- und Beratungspraxis beigetragen haben. Brigitte Hamann, bei der ich nicht nur Astrologie lernen durfte, sondern die mir auch zu jeder Zeit ein offenes Ohr schenkte und so die Geburt mancher Ideen aktiv begleitete. Nie wurde sie müde, mich zu unterstützen, mit mir zu diskutieren, mich zu hinterfragen, mit mir zu experimentieren – und mich zu ermutigen, dieses Buch zu schreiben. Ihrer Entwicklungsorientierten Astrologie (EOA ®) verdanke ich weitere wichtige Impulse für meine eigene astrologische Arbeit. Unsere Zusammenarbeit als Astrologie-Ausbilder ist Ausdruck eines ähnlichen Verständnisses von Astrologie und einer gleichermaßen geteilten Freude daran, neue Wege in der Astrologie zu beschreiten und möglichst vielen interessierten Menschen unser Wissen und unsere Erfahrung weiterzugeben. Außerdem danke ich Sabine Bends, mit der ich zusammen die Online-Schule «Phoenix Astrologie online» ins Leben gerufen habe. Sie hat maßgeblich dazu beigetragen, mein Bild von einer systemischen Astrologie zu formen, indem sie unvoreingenommen meine Gedanken aufgenommen und gespiegelt hat. Wichtige Impulse für meine Arbeit sind aus unserer Zusammenarbeit entstanden, deren schönster Ausdruck unser gemeinsames Werk «Einführung in die Intuitive Astrologie» geworden ist, ein Buch, in dem viele Grundzüge des systemischen Denkens auf eine spielerisch-leichte Weise Einzug gefunden haben.

Grundlagen einer Systemischen Astrologie

Das Versprechen der Astrologie

«Wo immer die aufeinander bezogenen Bewegungen von Sonne, Mond, Planeten und Sternen benutzt werden, um Ordnung in die Verwirrung unserer alltäglichen Welt zu bringen, dort ist Astrologie.» (Dane Rudhyar)

Ich weiß nicht, ob die Welt, in der wir leben, wirklich komplizierter geworden ist, aber eins ist sicher: Die Komplexität der Welt hat aus menschlicher Perspektive in den letzten Jahrzehnten dramatisch zugenommen. Die wachsende Vernetzung von Informationen und die Geschwindigkeit, mit der diese heute aus den entlegendsten Teilen der Welt in meine Privatsphäre dringen können, ermöglichen es, ein Bewusstsein zu entwikkeln, dass ich als Mensch aktiver Teil von Zusammenhängen bin, die einerseits weit über meinen persönlichen Horizont hinausreichen, andererseits meine Handlungen als Individuum zum Ausgangspunkt und Endpunkt globaler Entwicklungen machen. Anders gesagt: Es wird heute immer leichter zu erkennen, dass ich als Mensch dieser Welt nicht einfach ausgeliefert bin, sondern auch Teilnehmer bin, der durch sein Verhalten, sein Denken und Fühlen diese Welt verändern kann – und vielleicht auch muss angesichts von lebensbedrohlichen Veränderungen auf diesem Planeten, die die Menschheit als Ganzes betreffen.

Was uns auf der einen Seite wieder mehr Verantwortung für unser Schicksal in die Hand gibt und uns damit die Rolle als Gestalter der Zukunft zurückgibt, verunsichert auf der anderen

Seite in zunehmenden Maße, denn die Regeln, nach denen sich diese Veränderungen vollziehen, sind nicht leicht zu durchschauen. Wir sind gerade erst dabei, uns daran zu gewöhnen, dass die Folgen unseres Handelns weit über den unmittelbaren Wirkungsbereich unseres persönlichen Lebens reichen, sowohl räumlich als auch zeitlich gesehen.

Ob Wirtschaft oder Klimawandel: Veränderungen in einem Teil der Welt wirken sich in völlig anderen Gegenden des Globus aus, und das oft Jahre später. Beispiel Ozonschicht: Ihre Zerstörung ist das Ergebnis von Schadstoffemissionen, die Jahre zurückliegen. Ein Krieg an einem Ende der Welt führt zur Verteuerung von Produkten am anderen Ende. Die Immobilienkrise in den USA führte zu gefährlichen Entwicklungen in der Bankenwelt Europas. Weitere Beispiele zu finden ist nicht schwer.

Komplexität – sie ist das Ergebnis der unaufhaltsamen Vernetzung von Sachverhalten, Objekten und Orten weit über unseren persönlichen Horizont hinaus. Jeden Tag offenbaren sich uns neue Verknüpfungen und Querverbindungen zwischen dem, was wir schon wissen, und unbekannten Informationen, die unser Weltbild wieder infrage stellen: «Was ich heute weiß, gilt morgen nicht mehr.» Komplexität hält uns in Atem: Wir können kaum Luft holen, wenn wir nicht den Anschluss verlieren wollen, auch wenn wir es vielleicht schon längst aufgegeben haben, die Entwicklungen zu begreifen, geschweige denn, ihnen aktiv zu begegnen. Es ist dieses Gefühl der Ohnmacht gegenüber der Komplexität der Welt, das viele Menschen dazu bringt, davor zu kapitulieren. Was *komplex*[1] ist, erscheint vielen nur noch *kompliziert*[2]. Komplexität wird zur Bedrohung. Das Gefühl, in einem unüberschaubaren Chaos zu leben und orientierungslos wie ein Spielball den Wogen des Lebens ausgeliefert zu sein, ängstigt viele Menschen. Sie suchen in dieser Situation nach Antworten, die ihnen wieder ein Stück Sicherheit geben.

Menschen suchen nach Haltegriffen in unsicheren Zeiten, das haben sie schon immer getan, und das tun sie auch heute. Astrologie gehört zu jenen Haltegriffen, an die Menschen sich über alle Zeiten hinweg geklammert haben, um dem Gefühl der Unsicherheit etwas entgegenzusetzen. Astrologie verspricht, die Ordnung hinter den komplizierten Erscheinungen sichtbar zu machen, denn sie baut auf den berechenbaren und geordneten Zyklen des Himmels: Während hier auf der Erde das Chaos regiert, verspricht der Blick in den Himmel, dass selbst im größten Chaos ein Funken Ordnung existiert. Wer also die Ordnung des Himmels kennt, der kann auch hinter die Phänomene der Welt blicken und sie verstehen, egal wie kompliziert sie uns erscheinen mögen.

Menschen haben ein Bedürfnis nach Ordnung. Sie möchten wissen, wo sie hingehören, wo sie im Leben stehen. Sie brauchen Klarheit darüber, welchen Platz sie in der Welt einnehmen. Fehlt die Ordnung, weil wir die Welt, in der wir leben, nicht mehr verstehen, weil uns Ereignisse den Boden unter den Füßen wegziehen, büßen wir diese Sicherheit ein. An ihre Stelle treten Angst, Nervosität, Verzweiflung, Aggression, Depression und Stress. Ordnung ist lebenswichtig. Sie vermittelt Stabilität und Verlässlichkeit in unserem Dasein. Menschen, die sich der Astrologie zuwenden, fehlt diese Ordnung scheinbar. Sie stellen sich selbst und das Leben, das sie führen, infrage oder fühlen sich vom Leben selbst infrage gestellt. Sie erwarten von der Astrologie so etwas wie eine Rückbindung an die verloren gegangene Ordnung und hoffen, über den Blick ins Horoskop diese Ordnung wiederzufinden.

Es ist wohl das erste und älteste Versprechen der Astrologie – das Versprechen der Ordnung. Ordnung ist für die meisten Menschen ein starkes Wort mit einer großen Anziehungskraft. Viele Strömungen, so zum Beispiel auch das Familienstellen nach Hellinger, beziehen aus diesem Wort ihre Macht: Es wird von «Ordnungen der Liebe», «Ordnungen des Helfens» gesprochen, was verspricht, Ordnung zu finden, wo sie nicht mehr wahrgenommen werden kann.

Oft herrscht der Glaube vor, dass die Ordnung vorgegeben sei. Aufstellungsarbeit oder Astrologie hat so gesehen die

Aufgabe, diese Ordnung wiederzufinden. Leid entsteht, wenn diese vorgegebene Ordnung nicht eingehalten wird. Was in der Astrologie der Gegenwart vielfach angeboten wird, geht zielstrebig in eine ähnliche bis in die gleiche Richtung: Das Horoskop soll uns die Ordnung zeigen, die in uns angelegt ist, und die Beschäftigung mit dem Horoskop bringt uns wieder in Takt mit der richtigen Ordnung.

Das Horoskop ist die Darstellung eines bestimmten Zustandes unseres Sonnensystems, zu einer bestimmten Zeit und von einem bestimmten Ort aus gesehen. Diese Darstellung ist geeignet, die Eigenheiten eines Menschen abzubilden. Aus dem Horoskop als Momentaufnahme der sich in geordneten Zyklen bewegenden Gestirne am Himmel lässt sich ableiten, dass wir Menschen wie alle lebenden Organismen «in die verschiedensten kosmischen Rhythmen eingebettet sind.»[3] Daraus ergibt sich, dass Astrologie als ein natürliches Phänomen zu verstehen ist, «das sich nicht grundsätzlich von anderen Zusammenhängen in der Natur unterscheidet.»[4]

Es wird also angenommen, dass das Horoskop Ausdruck dafür ist, wie wir in die Zusammenhänge passen – was voraussetzt, dass diese Zusammenhänge schon gegeben sind und wir uns in sie einfügen, genau an der Stelle, für die wir vorgesehen sind: Der Zusammenhang zwischen Mensch und Horoskop ist dieser Lesart nach ein natürlicher. Das Horoskop ist dabei eine Art Plan, der die Natur des Menschen abbildet. Und auch wenn es nicht die «Sterne» sind, die uns diese Natur einprägen, so können wir doch aus dem Horoskop herauslesen, wer wir wirklich sind. Mit dem Horoskop können wir zu uns selbst finden, das heißt den Weg erschließen, auf dem wir immer mehr das werden, was in uns angelegt ist, wie wir in einem metaphysischen Sinne «gemeint» sind. Das Horoskop ist eine «Struktur, auf die hin wir uns entwickeln müssen, um ‹heil›, ‹ganz› oder ‹im Einklang mit unserer innersten Natur›, in diesem Sinne also ‹gesund› zu sein.»[5]

Das Oben-Unten-Theorem I

Das Modell der Astrologie ist einfach: An den geordneten Bewegungen am Himmel «oben» können wir die Ordnung der irdischen Phänomene «unten» ablesen: «Wie oben – so unten», auch «Oben-Unten-Theorem»[6] genannt. Dieser Zusammenhang wird als «natürlich» oder «gegeben» betrachtet und in der Hauptsache auf zwei Weisen beschrieben:

1. Die himmlische Ordnung ist gegeben und die irdischen Gegebenheiten folgen ihr.
2. Die himmlische Ordnung spiegelt die irdischen Gegebenheiten und macht die darin liegende Ordnung sichtbar.

Das erste Konzept betrachtet das «Oben» als Ursache für die Wirkungen im «Unten». Auf irgendeine Weise also bewirken die Bewegungen der Gestirne etwas hier auf der Erde, sie lenken gewissermaßen das, was wir hier auf der Erde erleben. Es geht also von einem *kausalen Zusammenhang* zwischen «oben» und «unten» aus. Eine so verstandene Astrologie geht davon aus, dass die Kenntnis der Gestirnsbewegungen uns befähigt, die Geschehnisse auf der Erde vorauszusagen. Dieses Wissen gibt uns die Möglichkeit, auf kommende Ereignisse angemessen zu reagieren. «*Weil* Mars im Quadrat zu Uranus steht, geschieht ein Unfall.» Die Wahl, die wir als Menschen im Umgang mit diesem Wissen haben, ist sehr begrenzt. Wir können uns lediglich darauf einstellen und versuchen, das Beste daraus zu machen.

Das zweite Konzept betrachtet den Zusammenhang zwischen «oben» und «unten» als gleichzeitig, aber nicht in einem Ursache-Wirkung-Verhältnis. Ähnlich wie wir auf einer Uhr die Zeit ablesen können, lesen wir am Himmel die Qualität der Zeit ab, ohne dass der Himmel für diese Qualität verantwortlich ist. Das «Oben» spiegelt lediglich die Geschehnisse im «Unten». Auf diese Weise können wir Licht auf die Ereignisse, in die wir als Mensch eingebettet sind, werfen: Wir brauchen nur die Bedeutung der Bewegungen der Gestirne «oben» zu entschlüsseln und haben so einen Schlüssel für das, was hier «unten» geschieht. Der Zusammenhang zwischen «oben» und «unten» wird als *synchron* gedacht. «Mars steht im Quadrat zu Uranus, *und* ein Unfall geschieht.»

Beide Konzepte gehen davon aus, dass die Ordnung des Himmels gegeben ist, lediglich die Art und Weise, wie diese Ordnung «oben» mit «unten» in Zusammenhang gebracht wird, ist unterschiedlich: *Kausal* gedacht wirken die Gestirne auf die Erde ein, *synchron* gedacht geschehen die Bewegungen der Gestirne analog zu den Veränderungen auf der Erde. Beide gehen davon aus, dass die Ordnung «oben» sich unabhängig von den Erscheinungen «unten» gestaltet. Selbst wenn also niemand den Himmel beobachtet, bildet der Himmel ununterbrochen die Ordnung ab.

Keine Beobachtung ohne Beobachter

Gedankenspiel: Ein Baum fällt in einem Wald um, und niemand hört es. Macht der Baum beim Fallen dann Lärm?

Die Antwort ist so banal wie einfach: Wir können es nicht wissen. Zwar ist davon auszugehen, dass der stürzende Baum die Luft in Schwingung versetzt, aber wenn keine dieser «Schallwellen» ein menschliches Ohr erreicht – wie können wir dann sagen, er mache ein Geräusch? Das Geräusch, so viel steht fest, nimmt seinen Anfang erst im Ohr, indem die Schallwellen auf die entsprechenden Organe treffen, diese in Signale übersetzen, die dann über die Nervenbahnen an das Gehirn übermittelt werden, welches schließlich so etwas wie «Lärm» konstruiert.

1826 entdeckte der Physiologe Johannes Müller, dass jedes Sinnesorgan auf Reize unterschiedlicher Art und Weise stets in der ihm eigenen Weise reagieren muss. Das Auge reagiert auf Druck genauso mit visuellen Effekten («Sternchen sehen») wie auf Lichtstrahlen. Ein auf den Geschmack «Essig» spezialisierter Geschmacksnerv, der auf unterschiedliche Weise stimuliert wird, mal mit einem elektrischen Impuls, mal mit einer Zuckerkonzentration, gibt immer das Signal «Essig» an das Gehirn weiter – wir schmecken Essig.

Was können wir daraus schließen? Die Eigenschaften der Dinge, mit denen wir über unsere Sinnesorgane in Berührung kommen, hängen nicht von der Qualität des Reizes, sondern von der Eigenart des gereizten Sinnesorgans ab. Die Eigenschaften der Dinge «hängen» also nicht an den Dingen selbst und werden uns von dort übermittelt, sondern sie entstehen in uns. Die Farben, die Geschmäcker, die Formen, die Geräusche, die Musik, die Brise des Windes, der warme Sonnenstrahl – all dies ist nicht wirklich «da draußen», sondern es wird von uns erst konstruiert.

Johannes Müller schloss daraus: Wir können die Welt nicht objektiv erkennen, nicht so, wie sie wirklich ist. Wie wir die Welt wahrnehmen, hängt von unserer Biologie ab. Die Biologie des Menschen macht ihn zum Konstrukteur seiner Wirklichkeit. Alles, was wir beobachten, entsteht erst im Beobachter selbst – es gibt keine Beobachtung (Wahrnehmung) ohne den dazugehörigen Beobachter. Wir nehmen nicht wahr, was «da draußen» ist, sondern nur die von unserem Bewusstsein mit Hilfe der Sinnesorgane und ihrer spezifischen Eigenarten konstruierten Bilder. Damit legte Müller eine der Fährten, die den Erkenntnisweg des heutigen Konstruktivismus kennzeichnen.

Konstruktivismus, um den es im Folgenden geht, ist vom systemischen Denken, dem Fundament des astrosystemischen Deutungs- und Beratungsansatzes, von dem dieses Buch handelt, nicht zu trennen. Eine systemische Astrologie wird so gesehen immer auch eine konstruktivistische sein. Es ist deshalb erforderlich, sich mit den Kerngedanken dieser Denkrichtung zu beschäftigen und sich mit den Folgen auf die astrologische Praxis vertraut zu machen, welche sich unvermeidlich ergeben, wenn es heißt:

Wahrheit ist die Erfindung eines Lügners!

Lassen wir zunächst die wichtigsten Vertreter dieser Denkrichtung selbst zu Worte kommen:

Ernst von Glasersfeld: «Ich habe immer wieder betont, dass die Aneignung der konstruktivistischen Position erfordert, dass man fast alles umbaut, was man zuvor gedacht hat. Das ist mühsam und schwierig. Wir sind uns ja gewöhnlich der vielen Denkmuster gar nicht bewusst, die zu lieben Gewohnheiten geworden sind. Und da ist ein anderes Hindernis: Die Sprache, in der unsere Gedanken formuliert werden müssen, ob Englisch, Deutsch oder irgendeine andere, ist von demselben naiven Realismus geprägt, der das Alltagsleben durchdringt, und auch von den Propheten, die überzeugt waren, den Zugang zur absoluten Realität zu besitzen.

(...) Der Radikale Konstruktivismus [ist] keine Weltanschauung (...), die beansprucht, das endgültige Bild der Welt zu enthüllen. Er beansprucht nicht mehr zu sein als eine kohärente Denkweise, die helfen soll, mit der prinzipiell unbegreifbaren Welt unserer Erfahrung fertig zu werden, und die – was vielleicht besonders wichtig ist – die Verantwortung für alles Tun und Denken dorthin verlegt, wo sie hingehört: in das Individuum nämlich.»[7]

Paul Watzlawik: «Der Radikale Konstruktivismus begreift sich selbst als eine Konstruktion und nicht als eine letzte Wahrheit, er ist eine Möglichkeit, die Dinge zu sehen. Für mich ist, dies kann ich auch mit Blick auf meine therapeutische Arbeit sagen, allein die Frage ausschlaggebend, welche Konstruktion sich als die nützlichste und menschlichste erweist.»[8]

Heinz von Foerster: «Das, was Konstruktivismus genannt wird, sollte, so meine ich, schlicht eine skeptische Haltung bleiben, die die Selbstverständlichkeit des Realismus in Zweifel zieht.»[9]

Das systemische Denken ist von den Ideen des Konstruktivismus nicht mehr zu trennen, doch kaum eine andere erkenntnistheoretische Richtung polarisiert so sehr wie diese!

Wussten Sie, dass das Verhältnis zwischen den Nervenfasern, die uns mit der Außenwelt verbinden, und denen, die allein dazu da sind, die Informationen dieser Nervenfasern intern zu verarbeiten, 1 zu 10 Millionen beträgt? Das heißt: Von 10 Millionen Nervenfasern ist nur eine damit beschäftigt, unseren Organismus mit Informationen aus der Außenwelt zu versorgen – über unsere Sinnesorgane. Die übrigen verbinden das Gehirn mit sich selbst, dienen also dazu, die eingetroffene Information zu verarbeiten. Das aber bedeutet: Der kreative Anteil des Gehirns an dem, was wir unsere Wahrnehmungen nennen, ist ungleich größer, als wir aus unserer Alltagserfahrung vermuten. Das, was wir sehen, hören, spüren, ist mehr ein Produkt unseres eigenen Nervensystems, als dass es sich tatsächlich irgendwo «da draußen» befinden mag, auch wenn dort mit Sicherheit etwas vorhanden ist, was den Impuls an unser Nervensystem weitergegeben hat. Doch die Vorstellung, dass die Tasse, der Stuhl, das Buch, meine Katze, mein Nachbar tatsächlich eins zu eins, so wie ich sie gerade wahrnehme, existiert – diese Vorstellung gerät über diese Tatsachen ins Wanken.

Es mag auf den ersten Blick trivial erscheinen zu behaupten, dass unsere Wahrnehmung individuell ist, aber die meisten Menschen gehen davon aus, dass sie dennoch verlässlich ist. So erleben wir es – bis auf wenige Ausnahmen, die wir in besonderen Zuständen erleben, zum Beispiel bei Halluzinationen – in unserem Alltag: Wir bauen unser Denken, Handeln und Fühlen auf unseren Wahrnehmungen auf, und der Gedanke, sie seien letztlich in einem weitaus größeren Maße Konstrukte unseres Gehirns als tatsächliche Realität, ist für viele ungewöhnlich, wenn nicht sogar verstörend.

Entsteht die Welt wirklich erst in unserem Kopf? Genau auf diese Frage antwortet der Konstruktivismus mit einem klaren «Ja».

Die Kernaussage des Konstruktivismus lautet: Wir können nicht wissen, wie wirklich die Wirklichkeit ist, weil sie erst aus den eher unspezifischen Impulsen aus der Welt außerhalb unseres Bewusstseins von unserem Geist konstruiert wird.

Genau dies ist das Empörende an dieser Denkrichtung. Es gibt doch eine objektiv existierende Ordnung der Welt, da draußen, außerhalb meiner Existenz! Ich kann sie doch berühren, ich stoße auf sie – im wahrsten Sinne des Wortes – mit jedem Schritt und jedem Tritt, den ich in dieser Welt unternehme. Das soll alles bloß eingebildet sein?

Immer wieder liest und hört man, Konstruktivisten würden behaupten, die Welt sei nur eine Erfindung. Aber ist es wirklich das, was Konstruktivisten wie Heinz von Foerster oder Ernst von Glasersfeld behaupten? Läuft für sie alles darauf hinaus, dass die Welt Hirngespinst ist, ein beliebiges Fantasiegebilde? Keineswegs. Wer dies glaubt, missversteht den Konstruktivismus von Grund auf.

Konstruktivisten machen keine Aussage darüber, ob die Welt außerhalb von uns selbst existiert oder nicht. Man könnte noch schärfer formulieren: Es interessiert sie schlicht und ergreifend nicht.

Sie wenden sich von der Realität ab, was auch immer dies ist, und wenden sich demjenigen zu, der aus den Impulsen, die ihn aus der Welt «da draußen» erreichen, seine Wirklichkeit konstruiert: dem Beobachter. Für den Konstruktivisten ist nicht die objektive Realität maßgeblich, denn über diese können wir nichts wissen, sondern der subjektive Beobachter und die Prozesse, die dazu führen, dass er aus den spärlichen Informationen, die ihm seine Sinnesorgane über die Welt vermitteln, eine funktionierende Wirklichkeit aufbaut, eine Welt also, in der er sich sicher bewegen, zur Arbeit gehen, eine Familie gründen, eine Mahlzeit einnehmen oder ein Auto fahren kann. Und genau das ist unsere Alltagserfahrung: Es klappt!

Konstruktivismus beschäftigt sich also mit der Frage, wie wir wissen können, was wir wissen, und nicht mit der Frage, ob die Welt existiert oder nicht. Hatte man früher die Vorstellung, die Objekte da draußen würden mit Hilfe unserer Sinnesorgane in unserem Gehirn abgebildet, ähnlich des Vorgangs bei der Belichtung einer Fotoplatte, so wissen wir heute, dass die

Konstruktionsleistung unseres Nervensystems mit dem Gehirn den größten Anteil an unseren Wahrnehmungen hat.

Kein Konstruktivist leugnet die Existenz einer Realität und glaubt, er könne durch geschlossene Türen gehen oder unbeschadet eine Autobahn mit verbundenen Augen überqueren, weil sich alles am Ende doch nur in seinem Gehirn abspielt. Vielmehr betrachtet der Konstruktivist den Begriff «Objektivität» mit großer Skepsis, denn unter objektiv wird in der Regel so etwas verstanden wie «wahr». Eine objektive Beschreibung wäre demnach eine, die nicht weiter zu hinterfragen ist, denn sie entspräche bereits der Wahrheit. Realität objektiv zu beschreiben, ist beispielsweise das erklärte Ziel der Naturwissenschaften. Konstruktivisten leugnen nicht die Realität, sie verneinen lediglich die Möglichkeit, diese objektiv zu beschreiben. Für sie gibt es so etwas wie eine letztendliche Wahrheit nicht, sie sprechen von «Wahrheiten», denn das, was wir für wirklich und wahr halten, kann nicht getrennt werden von demjenigen, der es betrachtet: So viele Beobachter es gibt, so viele Wahrheiten über einen Sachverhalt gibt es auch.

Der Beobachter ist in dieser Sichtweise die entscheidende Instanz für das, was für wahr genommen wird und was nicht. Ist diese Tasse dort wirklich blau? Wir wissen es nicht. Was wir wissen: Uns erreichen über unsere Sinnesorgane Impulse, die in uns den Eindruck «blau» entstehen lassen. Das bedeutet aber auch, dass die Eigenschaft «blau» erst in unserem Bewusstsein entsteht – und nicht schon zuvor «real» in der Außenwelt vorhanden war. Farben, Formen, Oberflächenbeschaffenheit – alle Merkmale, die wir als festen Bestandteil der Gegenstände wahrnehmen, die uns umgeben, sind nicht Eigenschaften der Gegenstände, sondern Konstruktionen unseres Nervensystems.

All das hat Folgen für unser Verständnis von Wahrheit. Während in den empirischen Naturwissenschaften angenommen wird – und in deren Geiste werden wir alle erzogen –, dass Erkenntnisse über die Welt gefunden werden können, und wir implizit davon ausgehen, dass sie schon vorher in der Welt vorhanden sind, um dann von uns entdeckt zu werden, geht der Konstruktivist davon aus, dass Erkenntnisse vom Beobachter konstruiert werden.

Alles in Ordnung?

Ordnung als etwas, was wir «oben» als gegeben finden, um uns dann daran zu orientieren, wird ersetzt durch eine Ordnung, die wir erfinden, während wir die regelmäßigen Bewegungen und die Zyklen am Himmel als ordnungsstiftend wahrnehmen. Die Ordnung entsteht erst in uns und ist nicht gegeben. Sie ist ein Konstrukt.

Das bedeutet aber auch, dass Ordnung für jeden Menschen etwas anderes sein kann, je nach dem Auge, das auf den Himmel gerichtet wird. Während in der konventionellen Astrologie die Ordnung des Himmels als unantastbar und für alle Menschen gegeben betrachtet wird – ein Himmel für alle –, sieht eine konstruktivistisch betrachtete Astrologie keinen Anlass, eine Ordnung für alle zu postulieren. Es gibt so viele Himmel, wie es Menschen gibt, die ihn erblicken. Damit können wir nicht mehr ohne Weiteres davon ausgehen, dass das, was wir als Ordnung aus dem Horoskop herauslesen, seine Begründung in einem objektiven, natürlichen Zusammenhang findet. Wir können nicht mehr auf eine bestimmte Ordnung hin arbeiten, also vorher schon wissen, was richtig und was falsch für einen Menschen wäre. Für jeden Menschen gibt es einen eigenen Zugang zur Ordnung. Mehr noch: Diese Ordnung steht nicht vorher fest, sondern entsteht für jeden Augenblick, in dem wir sie wahrnehmen, neu. Was ich gestern noch für richtig und wichtig erachtete, mag heute schon veraltet sein und morgen vergessen. Ordnung muss immer wieder neu bestimmt werden, sie liegt nicht festgelegt in den Sternen. Ein Abweichen von einer vorgegebenen Ordnung kann es in diesem Sinne nicht geben, und damit keinen Sündenfall, kein Abfallen von kosmischen

Gesetzen, kein Abweichen von rechten Wegen und Pfaden der Tugend. Wenn Leid in unserem Leben entsteht, wenn wir das Gefühl haben, dass etwas «nicht in Ordnung» ist, dann deshalb, weil unsere bisherige Art und Weise, Ordnung zu konstruieren, ihren Dienst nicht mehr erfüllt. Sie hat ihren Zweck vielleicht bislang ganz gut erfüllt, nun passt sie nicht mehr. Wenn wir wieder «in Ordnung» kommen wollen, dann können wir uns nicht mehr darauf berufen, dass diese für uns schon vorgesehen ist und wir uns einfach wieder in ihren Rhythmus einschwingen müssen, sondern wir müssen aktiv werden und Ordnung neu schöpfen. Ordnung ist weniger Ergebnis als Prozess: Während wir Ordnung schaffen, ordnet sich unser Leben neu. Es ist ein Prozess voller Möglichkeiten, denn er ist nie abgeschlossen. Es wird wieder Augenblicke geben, in denen ich scheinbar «aus der Ordnung falle». Dann werde ich mich wieder damit auseinandersetzen müssen, wie ich die Welt neu ordnen kann, sodass sie mit meinen Bedürfnissen und Zielen besser übereinstimmt. Es gibt hier kein «gut» oder «schlecht», an dem ich mich wie an einer Leitplanke orientieren kann, kein endgültiges «soll», auf das ich zustreben muss, um für alle Zeiten glücklich und zufrieden zu sein. Es gibt nur den Vergleich, ob das, was ich unternehme, meine Situation verbessert oder nicht, ob ich danach glücklicher bin oder nicht. Aber das kann ich vorher nicht wissen – und auch das Horoskop weiß es nicht.

Die Folgen für die astrologische Arbeit und die Betrachtung von Astrologie ganz allgemein sind deutlich. Zunächst einmal bedeutet es, dass wir uns von dem Gedanken verabschieden müssen, dass so etwas wie die Wahrheit über einen Menschen aus dem Horoskop zu lesen ist. Die Symbole des Horoskops offenbaren nichts mehr, zeigen nicht mehr, was wirklich los ist, verraten uns nichts mehr über das wahre Wesen eines Menschen. Damit büßen wir als Astrologen einen wichtigen Wettbewerbsvorteil ein, den wir lange Zeit unter allen lebensberatenden Berufen genossen haben: Wir konnten immer noch behaupten, dass im Geburtshoroskop das wahre Wesen des Menschen zu entdecken sei. Ein Blick genügt – und wir wissen, worum es bei einem Menschen wirklich geht.

Zweifellos teilen viele praktizierende Astrologen solche Erfahrungen: den Eindruck von Stimmigkeit, das heißt der Übereinstimmung von Horoskop und Persönlichkeit eines Menschen. Doch aus konstruktivistischer Sicht ist das Ganze nicht mehr so einfach, denn unser Wissen über einen Menschen entsteht demzufolge nicht, indem wir die Symbole des Horoskops korrekt deuten, sondern indem wir das Horoskop betrachten und in uns ein Bild von der Persönlichkeit des Menschen entsteht, das zwar durch die Eindrücke, die das Horoskop in uns hinterlässt, angestoßen wird, das aber nicht im Horoskop selbst begründet ist.

So ungewohnt dieser Gedanke zunächst erscheinen mag, weil er einen grundlegenden Glaubenssatz der Astrologie anzugreifen scheint, nämlich dass im Horoskop die Persönlichkeit des Menschen angelegt ist, so selbstverständlich gehen wir mit den Auswirkungen dieser Sichtweise im Alltag um. Oder ist Ihnen noch nie aufgefallen, dass zwei Astrologen bei der Betrachtung desselben Horoskops zu zwei unterschiedlichen Beschreibungen der Persönlichkeit kommen können? Üblicherweise würden wir davon ausgehen, dass entweder Astrologe A Recht hat oder Astrologe B, doch aus konstruktivistischer Sicht haben beide Recht, denn es gibt nicht die eine korrekte Interpretation, sondern stets so viele, wie es das Horoskop betrachtende Astrologen gibt.

Wenn es keine wahre Interpretation gibt, wie unterscheiden wir und unsere Klienten dann, ob eine Deutung richtig oder falsch ist? Konstruktivisten würden sagen, dass etwas «wahr» ist, wenn es «passt», und das heißt, wenn es mich dazu befähigt, in meinem Alltag meinen Zielen nachzugehen und diese auch zu erreichen. Die Erlebenswelt ist der Prüfstein, an dem sich unsere Deutungen darüber, was wirklich ist oder nicht, messen. Eine astrologische Interpretation ist dann richtig, wenn sie den Dienst leistet, den sie leisten soll, zum Beispiel in Augenblicken der Orientierungslosigkeit ein Gefühl von Ordnung wiederzugeben oder bei der Frage nach den eigenen Talenten auf die Spur noch nicht entdeckter Möglichkeiten zu bringen. Man könnte auch sagen: Jede astrologische Deutung ist wie ein Schlüssel, mit dem wir hoffen, ein Schloss öffnen zu können. Wenn ein Schlüssel passt, dann ist das die Eigenschaft des Schlüssels – und nicht die des Schlosses. Es mag sogar mehrere passende Schlüssel geben, auch wenn es nur ein Schloss gibt. Und so ist es möglich, dass mehrere Interpretationen unterschiedlicher Astrologen passend sein können.

Um es noch allgemeiner zu sagen: Alles, was uns hilft, aus dem fortwährenden Strom des Erlebens eine einigermaßen dauerhafte, regelmäßige Welt zu konstruieren, ist «wahr» im eben genannten Sinne. Um diese Art der «Wahrheit» vom gängigen Begriff zu unterscheiden, nach dem es nur *eine* Wahrheit geben kann, nennen Konstruktivisten dieses «wahr» *valide*, das heißt «gültig». Wir könnten auch sagen «nützlich», wenn wir darunter verstehen, dass eine Erkenntnis, ein Wissen uns nützt, um unser Erleben zu organisieren.

Eine weitere Folge dieser Gedankengänge wird sichtbar: Im Grunde können wir keine vernünftige Horoskopdeutung erstellen, wenn wir sie nicht mit dem Erleben des Horoskopeigners abgleichen können. Dies geschieht sinnvollerweise nur in Gegenwart des Klienten. Aus konstruktivistischer Sicht sind astrologische Gutachten problematisch, denn sie gehen davon aus, dass ich auch ohne die Anwesenheit des betroffenen Menschen allein aus dem Horoskop eine Aussage über ihn treffen könne. Dies sagt freilich noch nichts über die Nützlichkeit eines astrologischen Gutachtens aus, denn auch ein solches kann vom Empfänger als stimmig erlebt werden. Wer jedoch ein astrologisches Gutachten mit einer auf ein konkretes Anliegen ausgerichteten astrologischen Beratung vergleicht, wird feststellen, dass ein Gutachten, insbesondere wenn es aus fertigen Deutungsbausteinen zusammengesetzt ist, hinreichend vage ist, um Phänomenen wie dem berüchtigten Barnum-

Effekt Tür und Tor zu öffnen. Der Barnum-Effekt bezeichnet die Neigung des Menschen, aus vagen Aussagen über sich zutreffende Beschreibungen abzuleiten: «Oft sind Sie gut gelaunt und fröhlich, manchmal aber auch geladen und zornig.» Wer würde sich in diesem Satz nicht wiedererkennen? Andererseits ist aus konstruktivistischer Perspektive nichts gegen das Zustandekommen dieses Effektes zu sagen – wenn er im Resultat den Klienten dazu befähigt, das zu bewerkstelligen, was er sich vorgenommen hat, sprich: wenn es zur Lösung seines Problems beiträgt. Aus konstruktivistischer Sicht haben wir nur dann ein Problem, wenn dies einhergeht mit der Behauptung, dies alles stünde unabhängig vom Klienten in seinem Horoskop.

In einem Beratungsgespräch sieht das Ganze etwas anders aus. Dort haben wir als Astrologen die Möglichkeit, jede unserer Aussagen sofort an der Erlebenswelt des Klienten zu prüfen. Wir können jederzeit erfahren, ob das, was wir sagen, unserem Gegenüber nützt oder nicht, ob es passt oder nicht. Wenn wir merken, dass unsere Aussagen zu vage sind, können wir sie schärfen, indem wir gemeinsam mit dem Horoskopeigner konkretere Entsprechungen finden. Wir modulieren und modellieren unsere Aussagen in wachsender Anpassung an die Wirklichkeit des Klienten und haben so die Möglichkeit, immer nützlichere Informationen zu erzeugen.

Skeptiker unterstellen beratenden Astrologen (und anderen «Wahrsagern») gerne, sie würden mit «Cold Reading» arbeiten. Das ist eine Manipulationstechnik, mit der durch geschicktes Fragen, Beobachtung, Menschenkenntnis und schrittweises Herantasten an die Erlebenswelt des Klienten Informationen gesammelt werden, die dann wiederum so dargestellt werden, als würden sie im Horoskop bereits angelegt sein.

Doch was ist das Problematische daran? Problematisch ist gar nicht so sehr, ob ich als beratender Astrologe bewusst oder unbewusst «Cold Reading» anwende. Entscheidend ist, ob ich gleichzeitig suggeriere, es gäbe so etwas wie eine Wahrheit, die unabhängig vom Betrachter aus dem Horoskop herausgelesen werden kann. Es geht also darum, ob ich als Astrologe behaupte, ich könne das wahre Wesen eines Menschen aus dem Horoskop ablesen, oder ob ich transparent mache, dass ich das Horoskop lediglich als Werkzeug nutze, um Informationen zu konstruieren, und zwar solche, die möglichst nützlich sind für den Klienten.

Entdecke die Möglichkeiten

An dieser Stelle wird sichtbar, dass Konstruktivismus im Grunde eine bestimmte Haltung vom Berater verlangt: Anstatt sich lediglich als Mittler von Informationen zu betrachten, als Übersetzer von astrologischer Symbolik, wie er sich aus der Perspektive der konventionellen Astrologie sehen mag, wird er zum Schöpfer von Informationen. Als solcher trägt er die volle Verantwortung für das, was er seinen Klienten vermittelt, denn es stand nicht unabhängig von ihm vorher im Horoskop, sondern entstand erst durch seine Interpretation.

Dies ist nicht nur eine ethische Herausforderung an den beratenden Astrologen, sondern auch die große Chance der konstruktivistischen Astrologie: Die Aufgabe besteht nun nicht mehr einfach darin, das Horoskop zu übersetzen, wie aus einer Sprache in eine andere, sondern die Wirklichkeit des Klienten gemeinsam mit ihm neu zu organisieren, sodass sich Schwierigkeiten in Bezug auf das Erreichen seiner Ziele lösen können. Die astrologische Symbolsprache hilft uns, einen Perspektivenwechsel auf die Wirklichkeit des Klienten zu erzeugen. Der Blickwinkel des Horoskops kann die Lage, in der sich der Klient befindet, neu beleuchten und schafft einen Freiraum für neue Ideen und Lösungen. War das Horoskop zuvor in den meisten Fällen nichts weiter als ein zweifelhaftes Diagnoseinstrument («So bist du!»), wird es nun zu einem Werkzeug, die Zukunft zu gestalten, indem mit seiner Hilfe Wirklichkeit neu gedacht und Möglichkeiten entdeckt werden («So kannst du *auch* sein!»).

Wenn Konstruktivismus einerseits bedeutet, dass die Verantwortung des Astrologen für den Beratungsprozess wächst, so bedeutet er andererseits auch die zunehmende Mündigkeit des Klienten, denn auch dieser übernimmt nun stärker Verantwortung für seine Wirklichkeit. Die Dinge widerfahren ihm nicht mehr einfach, weil sie im Horoskop stehen, sondern werden zum Teil seiner Sicht der Dinge. Vielleicht können wir bestimmte Ereignisse, die uns belasten, nicht verändern, aber wir können unsere Haltung ihnen gegenüber verändern und so unser Leiden vermindern, möglicherweise sogar in Schwierigkeiten, die uns begegnen, Ressourcen entdecken. Wenn das Individuum für die Interpretation der Impulse, die es aus der Außenwelt erhält, verantwortlich ist, wenn der Beobachter maßgeblich daran beteiligt ist, in welcher Wirklichkeit er lebt, dann kann eine Änderung der Perspektive die Wirklichkeit verändern.

Die Arbeit mit dem Horoskop dient dann diesem einen Zweck: eine noch nützlichere Variante meiner Wirklichkeit zu (er)finden. Oder im Sinne des ethischen Imperativs von Heinz von Foerster («Handle stets so, dass die Anzahl der Wahlmöglichkeiten größer wird!») ausgedrückt: Die Arbeit mit dem Horoskop dient dazu, die Wahlmöglichkeiten zu erhöhen, mit der ich meine Wirklichkeit gestalte, das heißt, bisherige Verhaltensweisen zu hinterfragen und passendere zu finden.

Wozu wir das Horoskop brauchen

Ein Haupteinwand gegen die konstruktivistische Arbeit mit dem Horoskop ist die Befürchtung, dass das Horoskop zu einem bloßen Spielzeug wird, zu einer willkürlichen Ansammlung von Kreisen, Strichen und Symbolen, die keine weitere Rolle spielen als die, die Fantasie des Beraters zu beflügeln. Im Grunde könnte man dann auch im Kaffeesatz oder aus den Wolken lesen!

Diese ablehnende Haltung gegenüber den Möglichkeiten des

konstruktivistischen Ansatzes zeugt davon, wie schwer es Astrologen fällt, sich von der Macht zu verabschieden, die ihnen durch das Vorurteil zugebilligt wird, sie könnten in die tiefsten Winkel unserer Persönlichkeit blicken: Das Horoskop – eine Kristallkugel für den Blick in die Seele. Diese Macht wird von vielen Menschen auch als wesentliches Merkmal des Astrologen betrachtet. Sie suchen gerade deshalb einen Astrologen auf, weil sie hoffen, er würde ihnen endlich erklären, warum die Dinge gerade so im Argen liegen. Sie wünschen sich ein Gegenüber, dass die Macht besitzt, ihnen zu erklären, dass sie nicht die Verantwortung tragen für das, was ihnen widerfährt. So bestärkt die Nachfrage das Angebot. Und viele Astrologen fragen sich, warum sie nicht von dieser Nachfrage profitieren sollten.

Konstruktivistische, systemische Astrologie bringt das Gefälle, welches durch diese vorgebliche Macht des Astrologen als Wissenden entsteht, zum Verschwinden. Der Astrologe ist nicht im Besitz eines höheren Wissens, sondern verfügt hauptsächlich über eine bestimmte Übung darin, Wirklichkeiten neu zu konstruieren. Das Ganze wird angestoßen durch den Blick in das Horoskop: das Anliegen des Klienten wird dort «verortet», und durch die Eigenart des Horoskops, alles in Konstellationen zu verwandeln, was einem Menschen begegnen kann, erzeugt es einen Freiraum, diese Konstellationen anders zu betrachten. Das, was der Astrologe im Horoskop vorfindet, sind wertfreie, möglichkeitsoffene Konstellationen, die sowohl das Problem als auch die Lösung spiegeln können. Auf diese Weise generiert er gemeinsam mit dem Klienten neue Verwirklichungsmöglichkeiten für das, was ursprünglich eine Schwierigkeit war: Konstellationen werden zu Lösungen.

Wichtig dabei ist, dass er in der Verantwortung für diese Prozesse bleibt, denn es hängt im Wesentlichen von seiner Haltung gegenüber dem Klienten ab, ob er durch den Blick in das Horoskop Wege aufzeigt, die Wahlmöglichkeiten des Klienten zu erhöhen, oder ob er ihm die Zukunft verschließt, indem er ihm diagnostiziert, dass er nun mal so sei, wie er sei. Zugleich bleibt die Verantwortung für das Leben klar beim Klienten selbst: Nicht die Sterne haben ihn die Lage gebracht, in der er sich gerade befindet, sondern im weitesten Sinne er selbst. Indem der Klient die Verantwortung für sein Leben behält und nicht an den Kosmos abgeben kann, bleibt er im Gegenzug auch der Schöpfer seines Lebens: Er hat es in der Hand, ob sich etwas verändert oder nicht.

Das Horoskop hat sich als Mittel zur Schöpfung von Möglichkeiten bewährt, denn seine uralte Symbolsprache ist so übersatt an Gelegenheiten, neue Entsprechungen für Themen zu finden, die uns zwar vertraut, aber genau aus diesem Grund zur Belastung geworden sind.

Bleibt nur die Frage zu klären: Warum sollte man dann mit einem Horoskop arbeiten, das auf die Geburtszeit und den Geburtsort eines Menschen berechnet wird? Ist es denn dann nicht völlig egal, welches Horoskop man vor sich hat – Hauptsache, es hilft beim Generieren von Möglichkeiten?

Tatsächlich haben es viele Astrologen bereits erlebt: Sie führen eine erfolgreiche Beratung durch und merken erst hinterher, dass sie die falsche Geburtszeit eingegeben haben! Und dennoch war die Beratung stimmig! Wie kann das sein?

Aus konstruktivistischer Sicht ist das keine Frage, denn hier gehen wir ohnehin nicht davon aus, dass die Informationen im Horoskop bereits angelegt waren, sondern dass sie im Prozess der Beratung entstehen. Wenn also etwas stimmig ist, dann weil die Informationen aus dem Horoskop auf die Erlebenswirklichkeit des Klienten passten – und das ist prinzipiell auch mit einem falschen Horoskop möglich. Etwas ist dabei auffällig: Solche Erlebnisse entstehen in der Regel erst, *nachdem* die Beratung vorbei ist. Während der Beratung sind beide Parteien davon ausgegangen, dass das Horoskop stimmt! Ich schließe daraus, dass die stillschweigende Übereinkunft zwischen Berater und Klient über die Richtigkeit der Horoskops den entscheidenden Unterschied ausmacht, der zum Erfolg einer Beratung führt – und nicht die Richtigkeit der Daten des Horoskops selbst.

An dieser Stelle muss gestattet sein, eine einfache Frage zu stellen: Was ist eigentlich die richtige Geburtszeit? Es gibt eine Definition von Geburtszeit, die in Astrologenkreisen kursiert. Als astrologisch maßgeblich gilt der Zeitpunkt des ersten Atemzugs eines Neugeborenen. Andere jedoch erachten den Augenblick der Abnabelung als entscheidend, wieder andere das Sichtbarwerden des Kopfes. Jede dieser Definitionen ist nichts anderes als der Versuch, etwas zu standardisieren, was eigentlich ein Prozess ist, der mehrere Minuten dauern kann – lange genug, um erhebliche Unterschiede im Horoskop zu erzeugen. In der Regel aber wird der Zeitpunkt der Geburt nicht exakt auf diesen Augenblick notiert, sondern erfolgt, wenn die Hebamme oder der anwesende Arzt auf die Uhr blickt.

Doch für alle unsicheren Fälle gibt es ja auch noch die sogenannte Geburtszeitkorrektur. Hier wird aus Ereignissen des Lebens auf eine «richtige» Geburtszeit zurückgerechnet. Diese Uhrzeit, so einige Astrologen, muss nicht mit irgendeinem Augenblick des körperlichen Geschehens der Geburt korrespondieren, sondern zeigt vielmehr die astrologische Geburt als einen seelischen Prozess an. Einige Astrologen sind davon überzeugt, dass nur durch eine Geburtszeitkorrektur, also im Nachhinein, die «wahre» Geburtszeit gefunden werden kann. So weit, so gut. Doch nun hängt es wiederum vom Astrologen ab, auf welche Geburtszeit er kommen wird – es hängt von den Techniken der Geburtszeitkorrektur ab, die er verwendet und natürlich von der Genauigkeit der Daten, die er bearbeitet. Alles in allem ist die so errechnete astrologische Geburtszeit keinesfalls exakter als eine, die sich unmittelbar aus dem Geburtsgeschehen selbst ableiten lässt. Keine zwei Astrologen werden, so die Erfahrung, die gleiche Geburtszeit zurückrechnen.

Dass so viel Aufhebens um die korrekte Geburtszeit gemacht wird, scheint unter diesen Bedingungen merkwürdig, wenn es keine sichere Antwort auf die Frage geben kann, was denn nun den richtigen Augenblick kennzeichnet.

Müssen wir daraus schlussfolgern, dass die Geburtszeit

beliebig sein und dennoch zu passenden Ergebnissen führen kann? Dies wäre vorschnell geurteilt. Mein Eindruck ist, dass die Annahme, es gäbe so etwas wie eine richtige Geburtszeit wichtig für das Erleben von Stimmigkeit im Beratungsprozess ist – sowohl für den Klienten als auch für den Astrologen. Ganz im Sinne des Konstruktivismus bestimmen also die Beobachter die Wirklichkeit und damit das, was nützlich sein wird und was nicht.

Die Kraft des Augenblicks

Welche besondere Kraft geht vom genauen Zeitpunkt aus, dass er so wichtig zu sein scheint für den Erfolg einer Beratung? Ein wesentlicher Faktor ist die hohe symbolische Aufladung des Geburtsmomentes, den wir in unserer Kultur allein daran messen können, wie wichtig den meisten Menschen ihr Geburtstag ist. Dieser Tag markiert so etwas wie eine neue Lebensphase, die große Freude in uns auslösen kann, aber auch viele Zweifel, vor allem je älter wir werden. Er ist eine Erinnerung an unsere Geburt, an einen Augenblick also, in dem wir unser ganzes Leben noch vor uns hatten, wir noch alle Möglichkeiten des Lebens zur Verfügung hatten. In diesem Sinne verbindet uns der Geburtstag auf symbolischer Ebene mit diesem Zustand einer offenen Zukunft und erinnert uns daran, dass es in uns immer noch einen Teil gibt, der die Möglichkeiten des Lebens ausloten möchte und sich nicht von den Bedingungen der Gegenwart beeindrucken lassen möchte. Der Augenblick der Geburt ist der kondensierte Möglichkeitssinn.

Die Astrologie ist die Lehre von den Anfängen, heißt es. Was auch immer wir astrologisch betrachten, wir wählen uns den Anfang eines Prozesses aus, um ihn im Horoskop zu betrachten. Die Geburt ist astrologisch gesehen der Beginn des Lebens, der Eintritt in diese Welt und zugleich der Startschuss unserer

Entwicklung als Individuum. Daher ist der genaue Geburtszeitpunkt von hoher symbolischer Bedeutung, denn er markiert den Beginn unserer Individualität. Wenn wir einen Zeitpunkt auswählen müssten, mit dem wir uns unmissverständlich als Mensch identifizieren können, dann bietet sich kein anderer Zeitpunkt so sehr an wie der Augenblick der Geburt. Das Horoskop, das zu diesem Augenblick erstellt wird, wird zum Symbol für diesen Moment der Möglichkeiten, und immer wenn wir es zur Hand nehmen, erinnern wir uns daran, dass dieser Schöpfungsprozess der Individuation noch nicht vollendet ist, sondern diese Kraft der Möglichkeit uns auch heute noch zur Verfügung steht – so wie am Rande des Universums immer noch die Bedingungen des Urknalls vorherrschen und der Kosmos nicht aufhört, geschaffen zu werden.

Vielleicht ist es das Geheimnis des Horoskops, diesen Augenblick der Möglichkeiten wieder ins Bewusstsein zu rufen, damit wir erkennen, dass auch heute noch jeder Augenblick der Gegenwart die Möglichkeit des Neuanfangs enthält.

Fazit: Nicht umsonst bedarf es in der astrologischen Beratung der Geburtszeit, doch aus konstruktivistischer Sicht nicht deshalb, weil wir sonst ein falsches Horoskop hätten, sondern eines, das nach den Spielregeln der Astrologie bedeutungslos wäre, weil es nicht am Anfang aller Anfänge unseres Lebens anknüpfte. Es ist eine symbolische Geste, aber eine sehr wirkungsvolle – so wirkungsvoll, dass viele Astrologen nicht auf eine Geburtszeitkorrektur verzichten, weil sie merken, dass es für sie einen Unterschied macht, ob sie sich im Vorfeld mit der Frage nach dem Beginn des Lebens ihrer Klienten auseinandergesetzt haben oder nicht. Ihr persönliches Gefühl von Stimmigkeit hängt wesentlich davon ab, ob sie das Horoskop korrigiert haben oder nicht. Es wird schwer möglich sein, jemals den Beweis zu erbringen, ob eine korrigierte Zeit tatsächlich mit irgendeinem Moment der physischen Geburt zusammenhängt. Doch aus konstruktivistischer Sicht spielt dies auch gar keine Rolle, denn hier kommt es nicht auf die *reale* Geburtszeit an, sondern auf eine, die *stimmt*, das heißt, die im Beratungsgespräch das ermöglicht, was der Klient sucht: eine Lösung seiner Probleme.

Konstellationen haben keine Bedeutung

Die Konsequenzen der konstruktivistischen Denkweise auf das Selbstverständnis des Astrologen und die Bedeutung des Horoskops als Werkzeug astrologischer Arbeit sind evident. Da der Konstruktivismus einer der Grundpfeiler des systemischen Denkens ist, sind die hier dargelegten Gedanken nicht erkenntnistheoretische Spielerei, sondern notwendige Grundlage einer systemischen Astrologie.

Die Folgen dieser Sichtweise reichen bis in die Grundlagen der Deutung. Bereits angeklungen ist, dass die Konstellationen eines Horoskops keine Bedeutung an sich haben. Das heißt nicht nur, dass sie keinen Wert besitzen in dem Sinne, dass sie weder Gutes noch Schlechtes bedeuten, was die meisten modernen, psychologisch orientierten Astrologen unterschreiben würden, sondern dass sie an und für sich keine vorgefertigte Bedeutung besitzen. Gemeint ist, dass ihnen aus konstruktivistischer Sicht gewissermaßen keine Eigenschaften anhaften, sondern diese erst durch den Beobachter wahrgenommen werden und in seinem Bewusstsein entstehen. Wenn ich also von einer Mond/Saturn-Konstellation spreche, dann meine ich damit in erster Linie – überhaupt nichts. Erst in meinem Bewusstsein entstehen Bedeutungen wie «die strenge Mutter», «das ernste Gefühl» oder auch «die Treue». Während wir normalerweise davon ausgehen, dass die Planeten und andere Horoskopfaktoren an sich schon etwas bedeuten – so wie wir es in den Handbüchern und Nachschlagewerken der Astrologie allenthalben nachlesen können –, können wir dies aus konstruktivistischer Perspektive nicht als gegeben annehmen. Hier wissen wir nur eins: dass wir nicht wissen, ob diese Bedeutungen wirklich mit den Planeten zusammenhängen, ob wir dies nun kausal erklären, indem wir behaupten, es ginge eine tatsächliche Wirkung von den Planeten aus, oder mit Hilfe der Uhrenmetapher, nach der die Bewegung der Planeten wie die Zeiger einer Uhr die Qualität der Zeit anzeigen können, die Zeit selbst aber nicht hervorbringen können.[10] In beiden Fällen stellen wir uns vor, dass die Konstellation etwas bedeutet, eine Information anzeigt, die außerhalb unseres Bewusstseins existiert. In beiden Fällen wird davon ausgegangen, dass es sich um einen natürlichen Zusammenhang handelt: etwas, was in der Realität und unabhängig vom Menschen existiert – wie die Sterne, die Bäume, die Berge, die Natur überhaupt. Viele Astrologen sehen darin Naturgesetze oder zumindest etwas, was in einer ähnlichen Weise funktioniert wie Naturgesetze.

Konstruktivistische Astrologie erklärt diesen Zusammenhang jedoch anders. Sie weiß nichts von Naturgesetzen, sondern nur, dass diese Zusammenhänge erst im menschlichen Bewusstsein entstehen. Sie betrachtet die Parallele zwischen Konstellation und Wirklichkeit als Konstruktion, als Fiktion, also als etwas vom Menschen Gemachtes. Die Beziehung zwischen Eigenschaften und Planetensymbolen liegt nicht in der Natur der Planeten begründet, sondern im Umstand, dass wir als Menschen diesen Zusammenhang hergestellt haben.

Damit kehren wir zum Oben-Unten-Theorem zurück, welches wir bislang auf zwei Weisen in der gegenwärtigen Astrologie akzeptiert sahen: «Oben» bewirkt «unten (kausaler Zusammenhang), und «oben» zeigt «unten» an (synchroner Zusammenhang, Uhrenmetapher).

In beiden Fällen wird die Ordnung «oben» als von den Erscheinungen «unten» nicht abhängig gedacht, und in beiden Fällen ist das, was wir «oben» finden, bereits gegeben: die Ordnung «oben» ist Vorbild für alle Erkenntnisse, die wir über das Chaos «unten» gewinnen wollen.

Mit dem konstruktivistischen Ansatz gewinnen wir eine dritte Möglichkeit hinzu, diesen Zusammenhang zu verstehen: als Fiktion.

Das Oben-Unten-Theorem II

Wie gesagt: Die Funktionsweise der Astrologie wird immer wieder gerne in Zusammenhang mit dem Satz des Hermes Trismegistos erklärt, wie er in der *Tabula Smaragdina* überliefert ist, einem alchemistischen Text, der im 12. Jahrhundert aus dem Arabischen ins Lateinische übersetzt worden sein soll und der gerne verkürzt wiedergegeben wird mit «Wie oben – so unten». Als Grundsatz der Astrologie verstanden, soll dieser Satz das astrologische Weltbild zusammenfassen: Indem wir den Himmel «oben» beobachten, erfahren wir etwas über die Geschehnisse «unten» auf der Erde. Himmel und Erde stehen in einem Zusammenhang, sodass die Bewegungen der Gestirne uns Aufschluss über das geben, was wir als Menschen auf der Erde erleben.

Doch welcher Art ist dieser Zusammenhang? Nur noch wenige Astrologen glauben heute, dass die Gestirne am Himmel einen tatsächlichen, physikalisch messbaren Einfluss auf unser Leben haben, die meisten Anhänger finden wir im Lager der Befürworter der «Uhrenmetapher».

Ob wir jedoch einen kausalen – und dann naturwissenschaftlich begründbaren – Zusammenhang zwischen «oben» und «unten» vermuten, oder ob wir diesen nur im Sinne einer mit Bedeutung behafteten Gleichzeitigkeit, also *synchronistisch,* betrachten: Hinter beiden Anschauungen steckt die Annahme, dass das, was wir «oben» sehen, uns einen Blick hinter die Kulissen der Ereignisse «unten» werfen lässt. Dies entspricht der zuvor schon beschriebenen Vorstellung, nach der es einen höheren Plan gibt und der Blick an den Himmel diesen Plan offen legt.Die Rolle des Astrologen ist die des Sprachrohrs dieser höheren Ordnung. Er ist in der Lage, in den Konstellationen des Himmels zu lesen und daraus abzuleiten, was *wirklich* geschieht, welche *Wahrheit* hinter den Dingen steckt.

Zusammenfassend lässt sich das Weltbild der Astrologie nach dem gerade skizzierten und unter Astrologen weit verbreiteten Verständnis vom «*Oben-Unten-Theorem*» so darstellen: Wer

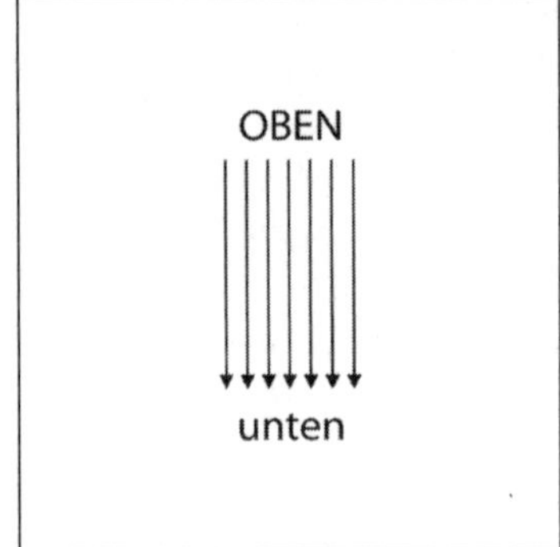

Traditionell: «Oben» kontrolliert «Unten».

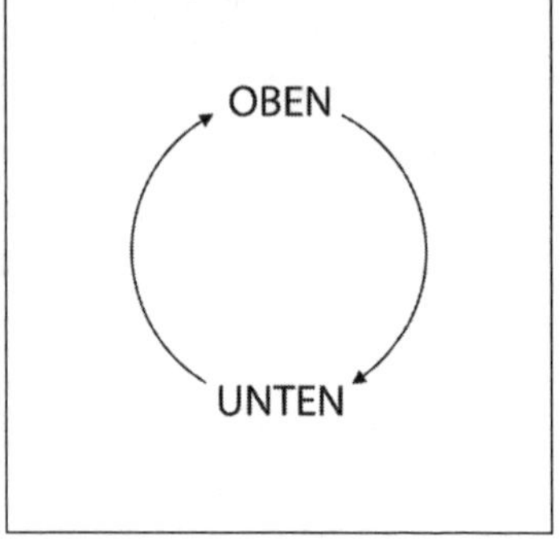

Systemisch: «Oben» und «Unten» bedingen sich.

das «Unten» verstehen will, der muss das «Oben» begreifen, denn das «Oben» gibt auf die eine oder andere Weise das vor, was «unten» geschieht.

Vergegenwärtigen wir uns, was auf der *Smaragdtafel* des Hermes Trismegistos steht. Dort heißt es:

Quod est inferius, est sicut quod est superius
et quod est superius, est sicut quod est inferius [...].[11]
Das, was unten ist, ist so wie das, was oben ist,
Das, was oben ist, ist so wie das, was unten ist [...].[12]

Wenn wir dem Wortlaut des Textes folgen, sieht die Sache jedoch ganz anders aus: Nicht das «Oben» bedingt das «Unten» alleine, sondern auch das «Unten» wirkt auf das «Oben», es handelt sich um einen Kreislauf, in dem sich «oben» und «unten» wechselseitig bedingen!

So gesehen kaschiert die verkürzte Formel des «Wie-oben-so-unten», dass es sich nicht um eine Einbahnstraße handelt, sondern um eine Wechselwirkung in beide Richtungen. Diese Art der Betrachtung wirft ein völlig anderes Licht auf den Grundsatz aller Astrologie: Die vermeintlich fest im Himmel verankerte Ordnung ist keine eigenständige Größe, sondern ebenso Spiegel dessen, was «unten» auf der Erde, geschieht. Das, was wir am Himmel an Ordnung sehen, ist letztlich nichts anderes als ein

Abbild dessen, was wir auf der Erde sehen wollen. Der Satz des Hermes Trismegistos lässt den Schluss zu, dass der Blick an den Himmel eben der Blick des Menschen an den Himmel ist – und damit nichts anderes bieten kann als das, was in diesem Blick angelegt ist. Mit anderen Worten: Wenn wir in den Himmel blicken, um eine Ordnung zu entdecken, die wir in unserem Leben nicht vorfinden, dann blicken wir am Ende doch nur auf unsere eigenen Vorstellungen von Ordnung.

Der konstruierte Zusammenhang

«Oben» und «unten» sind in einem Kreislauf zusammengeschlossen. Das «Oben» organisiert das «Unten», und das «Unten» organisiert das «Oben». Das bedeutet aber auch, dass es einen Vorrang einer der beiden Seiten nicht gibt. Nicht die eine gibt der anderen die Ordnung vor, sondern beide halten die Ordnung wechselseitig aufrecht. Man könnte dies mit der Art und Weise vergleichen, in der wir Menschen «Ordnung» am konkreten Sternenhimmel wahrnehmen, indem wir aus den unzähligen Lichtpunkten Muster herauslesen und diese *Sternbilder* nennen. Klar ist, dass diese Bilder und Figuren nicht wirklich am Himmelszelt stehen, sondern dass sie in unserer Wahrnehmung erst dazu werden. Das heißt: Wir *konstruieren* das, was wir sehen. Sternbilder sind *Konstruktionen*, und zwar mitnichten beliebige, wie man feststellen wird, wenn man studiert, auf welch unterschiedliche Art und Weise Menschen in unterschiedlichen Teilen der Welt und aus unterschiedlichen Kulturen sehr ähnliche Gebilde am Himmel zu erkennen glauben. Es gibt wohl so etwas wie eine in der menschlichen Wahrnehmung angelegte Tendenz, auch im Willkürlichen und Zufälligen Ordnungen und Regelmäßigkeiten zu finden. Dieser Umstand ist aus der Gestaltpsychologie bekannt und scheint bestimmten Regeln zu unterliegen, die als Gestaltgesetze bekannt sind, zum Beispiel das Gesetz der Nähe, welches besagt, dass Elemente mit geringem Abstand zueinander als zusammengehörig wahrgenommen werden. So ergibt

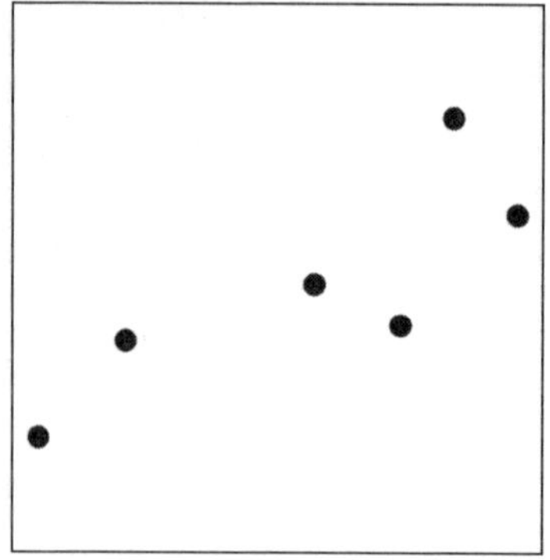

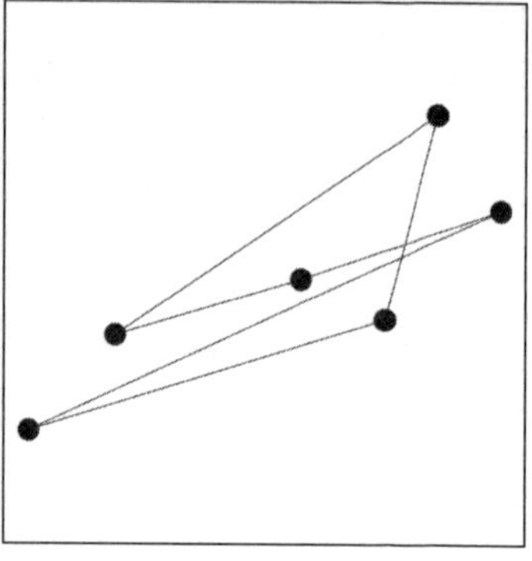

Die Sterne des Großen Wagens werden nicht beliebig als Gestalt wahrgenommen, ...

es sich, dass in nahezu allen Kulturen die Formation der Sterne, die bei uns den Großen Wagen bildet, sehr ähnlich aussieht.

Jedoch unterscheiden sich die Kulturen darin, wie diese Gestalt zu interpretieren sei. Während wir einen Wagen mit Deichsel darin zu erkennen glauben, sieht man in Amerika darin einen Schöpflöffel, auf den Britischen Inseln ist es ein Pflug, im Süden Frankreichs erkennt man eine Kasserolle, die Inuit sehen ein Rentier, die alten Ägypter ein Nilpferd. In arabischen Ländern ist es ein Sarg, hinter dem drei Klageweiber gehen, und die Ureinwohner Amerikas und die europäische Antike sehen in dieser Sternenkonstellation einen Bären.

Es ist leicht nachzuvollziehen, dass wir es in jedem Fall mit einer für die entsprechende Kultur typischen Bedeutung zu tun haben, das heißt, jede Kultur blickt durch ihre eigene Brille an den Himmel und kann so in ein und derselben Gestalt Unterschiedliches entdecken.

Die Art und Weise, wie Menschen Gestalten wahrnehmen («unten»), lässt sie die willkürlichen Lichtpunkte der Sterne am Himmel zu bestimmten Bildern zusammenfassen («oben»); diese wiederum lösen bestimmte Assoziationen vor dem jeweiligen kulturellen Hintergrund aus («unten»), die dann diese so

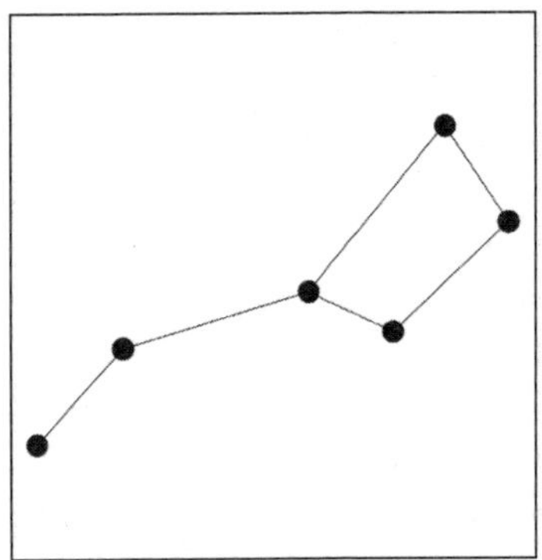

... sondern nach den Wahrnehmungsregeln.

wahrgenommenen Bilder mit Bedeutung belegen («oben»). Diese Bedeutungen haben wieder einen Effekt auf uns («unten»), indem sie zum Beispiel persönliche Assoziationen auslösen.

Dieses Beispiel ist ein Beleg dafür, dass Menschen Zusammenhänge konstruieren und dass auch diese konstruierten Zusammenhänge «wirksam» sind – wirksam in einer Weise, dass sie Ordnung entstehen lassen. Es zeigt außerdem, dass das Herstellen von Zusammenhängen immer auch ein schöpferischer Akt ist: Indem wir Gestalten wahrnehmen, konstruieren wir Bedeutungen, und diese Bedeutungen organisieren wiederum unser Leben, indem sie ihm Ordnung geben.

Und noch etwas wird klar: Der Ausgangspunkt für alle diese Überlegungen ist die menschliche Wahrnehmung. Es gäbe keine Sternbilder am Himmel, wenn es nicht den Menschen gäbe, der seinen Blick dorthin richtet. Dieser schöpferische Akt nimmt seinen Anfang im Menschen selbst – und damit im «Unten». Vielleicht ist es das, was Hermes Trismegistos meinte, wenn er in der *Tabula Smaragdina* schreibt:

Ascendit a terra in coelum, iterumque descendit in terram.

Von der Erde steigt es zum Himmel hinauf und steigt dann wieder zur Erde herab.

Das Prinzip der Ähnlichkeit

Nun mögen Stimmen laut werden, die sagen: «Damit ist der Beliebigkeit Tür und Tor geöffnet! Jeder kann also völlig frei seine eigenen Symbolbedeutungen assoziieren! Das hat mit Astrologie nichts zu tun!» Wie also können wir Astrologie verstehen, wenn wir gleichzeitig den Zusammenhang zwischen Oben und Unten als konstruiert betrachten? Auf welche andere Weise können wir einen sinnvollen Zusammenhang zwischen dem Himmel und den Phänomenen auf der Erde herstellen, wenn dieser nicht naturgegeben, sondern fiktiv ist? Wie stellt Astrologie Ordnung her, wenn diese sich auf nichts anderes berufen kann als auf die Wahrnehmung des Menschen?

Gedankenspiel: Was haben Brennnessel, Feuer, Messer und Pfeffer gemeinsam?

Entgegen aller Erwartungen müssen wir gar nicht lange suchen – die Astrologie selbst gibt eine Antwort, vielleicht eine, die auf der Suche nach wissenschaftlicheren Erklärungen für die Wirksamkeit der Astrologie in Vergessenheit geraten ist: das Prinzip der Ähnlichkeit, auch bekannt als *Sympathie*. Nach Michel Foucault war noch im 16. Jahrhundert die Ähnlichkeit Grundlage allen Wissens. Wissen bedeutete damals zu erkennen, auf welche Weise sich Phänomene ähneln:

«Bis zum Ende des sechzehnten Jahrhunderts hat die Ähnlichkeit im Denken der abendländischen Kultur eine tragende Rolle gespielt. Sie hat zu einem großen Teil die Exegese und Interpretation der Texte geleitet, das Spiel der Symbole organisiert, die Erkenntnis der sichtbaren und unsichtbaren Dinge gestattet und die Kunst ihrer Repräsentation bestimmt. Die Welt drehte sich in sich selbst: Die Erde war die Wiederholung des Himmels, die Gesichter spiegelten sich in den Sternen, und das Gras hüllte in seinen Halmen die Geheimnisse ein, die dem Menschen dienten.»[13]

Ähnliches gesellt sich zu Ähnlichem – das ist das Prinzip der Sympathie. Die Ähnlichkeit organisiert unsere Wahrnehmungen zu Wissen, ordnet die Welt. Sie verbindet das, was zusammengehört. Das klingt ein bisschen nach «senkrechtem Denken», nach dem «Gesetz der Analogie», wie es in vielen esoterischen Disziplinen der Gegenwart propagiert wird. Doch der Unterschied besteht darin, dass hier die Wahrnehmung die entscheidende Rolle spielt: Die Erkenntnis, ob zwei Dinge zusammengehören, entscheidet sich nicht aufgrund einer Gesetzmäßigkeit, sondern weil wir die Ähnlichkeit wahrnehmen können. Das heißt: Ob zwei Dinge ähnlich sind, hängt im Wesentlichen davon ab, ob diese Ähnlichkeit auch wahrgenommen wird. Dazu bedarf es eines Zeichens, einer Signatur, an der ich erkenne, ob zwei Dinge zusammengehören oder nicht: «Die Ähnlichkeiten in ihrer Verborgenheit müssen an der Oberfläche der Dinge signalisiert werden. Ein sichtbares Zeichen muss die unsichtbaren Analogien verkünden.»[14]

Das ist wichtig, denn nicht *Erfahrung* ist der Schlüssel, um die Ordnung der Dinge zu erkennen, sondern rein die *Wahrnehmung*. So gesehen ist Astrologie mitnichten eine *Erfahrungswissenschaft*, wie immer wieder zu lesen ist. Das, was Astrologie über die Welt auszusagen hat, das astrologische Wissen, ist nicht das Ergebnis von Versuch und Irrtum, sondern es basiert auf der Organisation von Informationen nach Kriterien ihrer Ähnlichkeit, nach *Sympathie*. Diese wiederum ist uns zugänglich über die Wahrnehmung.

Ein Beispiel: Was macht die Brennnessel dem Feuer ähnlich? Beide *brennen*. Und wie ähneln diese beiden dem Messer? Alle drei können *verletzen*. Sie haben es sicher längst erkannt: Hier ballen sich die Dinge um ein bestimmtes Zeichen der Ähnlichkeit zusammen, das wir als Astrologen mit «Mars» betiteln würden. Wir ordnen diese Phänomene einander zu, weil sie unserer Wahrnehmung nach ähnlich sind – nicht weil wir in Reihen von Experimenten herausgefunden haben, dass Brennnesseln eine geheime Beziehung zu Messern haben. Das astrologische Prinzip ist gewissermaßen ein Gefäß, in dem ich Dinge und Phänomene, die ich als ähnlich wahrnehme, sammeln kann.

Wie im Fall der Brennnessel und dem Messer entstehen Zusammenhänge, die vordergründig nicht sichtbar sind, die aber über das Prinzip der Ähnlichkeit sichtbar werden.

Es ist wichtig zu verstehen, dass hinter diesem Prinzip der Ähnlichkeit kein Gesetz wirkt, nach dem diese Dinge zwingend miteinander verbunden sind. Vielmehr handelt es sich aus konstruktivistischer Sicht um ein Prinzip, um Wissen sinnvoll zu organisieren, das auf der menschlichen Wahrnehmung basiert. Die Ähnlichkeiten sind nicht natürlicherweise gegeben, sondern entstehen erst im Akt des Wahrnehmens. Die Ähnlichkeit von Wahrnehmungen ist etwas, was unser ganz alltägliches Erleben spiegelt. Dass wir Beziehungen zwischen Erlebtem über Ähnlichkeit herstellen, ist etwas ganz Selbstverständliches – nicht nur, dass wir in den Konstellationen von Sternen Dinge erkennen, weil sie uns an etwas Bekanntes erinnern, einem Bild ähneln, sondern auch in alltäglicheren Zusammenhängen. Wir verknüpfen ganz automatisch bestimmte Ereignisse in unserem Leben und sortieren sie in von uns selbst geschaffene Kategorien.

Im Gegensatz zu diesen ganz privaten Assoziationen bietet Astrologie ein komplexes System zur Verknüpfung von Ähnlichkeiten, das auf die Erlebnisse und Erfahrungsbilder einer ganzen Kultur zurückgreift. Man könnte auch sagen, dass die Prinzipien der Astrologie Ähnlichkeiten herstellen, indem sie das Wissen vieler Menschen über Zeit und Raum hinweg bündeln. Dadurch überschreitet Astrologie den persönlichen Horizont und verbindet uns mit neuen Ideen, die wiederum unsere bisherige Sicht der Welt verändern können. Wir erkennen auf einmal Ähnlichkeiten zwischen etwas Neuem und unseren gemachten Erfahrungen, die unser Wissen über uns selbst neu ordnen.

Wenn wir Astrologie so betrachten, machen wir uns unabhängig von der Frage, ob sie «natürlich» ist oder nicht. So gesehen erscheint sie eher als kulturelle Errungenschaft denn als etwas Gemachtes, eine Fiktion eben, und weniger als (verkanntes) Naturgesetz. Diese Unabhängigkeit erlaubt es der Astrologie, ein

Dasein jenseits aller Skepsis seitens der Naturwissenschaften zu führen, denn die einzige Frage, die sie sich nun gefallen lassen muss, ist, ob sie für den Menschen nützlich ist oder nicht. Diese Frage kann die Naturwissenschaft nicht beantworten.

Das Prinzip der Sympathie sieht vor, dass Dinge und Phänomene miteinander verbunden sind, wenn sie einander ähnlich sind. Logischerweise gibt es auch Dinge und Phänomene, die einander *unähnlich* sind. Diese Gegenkraft zur Sympathie wird *Antipathie* genannt. Während Sympathie dafür sorgt, dass wir Zusammenhänge erkennen und Verbindungen herstellen, ist es die Aufgabe der Antipathie, Dinge, Themen und Phänomene voneinander zu *trennen*, ihre Unterschiede herauszustellen, damit sichtbar wird, dass sie nicht zusammengehören. Sympathie und Antipathie sind im Grunde zwei Seiten ein und derselben Medaille. Das Spannende dabei: Dinge können sich in einem Aspekt ähnlich sein und in einem anderen unähnlich. Nehmen wir unser Beispiel von der Brennnessel und dem Messer: Zwischen Brennnessel und Messer besteht eine Verbindung, die wir mit «Mars» beschreiben. Zugleich aber ist offensichtlich, dass sie auch Eigenschaften haben, die sie voneinander trennen. So ist eine Brennnessel zum Beispiel biegsam, ein Messer nicht. Auch dies können wir astrologisch ausdrücken: Alles Biegsame, Weiche kann mit «Mond» umschrieben werden, alles Harte und Starre mit «Saturn». In diesem Sinne sind Brennnessel und Messer voneinander verschieden.

Antipathie und Sympathie bedingen einander. Gemeinsam organisieren sie unsere Welt auf der Basis der Ähnlichkeit unserer Wahrnehmungen. Astrologie ist die Kunst, Ähnlichkeiten systematisch hervorzubringen, und greift dabei auf eine lange Geschichte der Bildung von Ähnlichkeiten zurück. Sie ist meines Erachtens eines der ältesten und zugleich ausgeklügeltesten Systeme, den Strom unseres Erlebens anhand der Kriterien von Sympathie (Zusammenhänge herstellen) und Antipathie (Unterschiede herstellen) zu ordnen. Über die Jahrhunderte, wenn nicht Jahrtausende, wurde dieses System perfektioniert, und heute verfügen wir damit über ein unglaubliches Instrument der Organisation unseres Wissens. Dabei funktioniert die Astrologie wie ein Gedächtnis: Sie bewahrt nicht so sehr die Erinnerungen in Form von Bildern auf, sondern in Form von Strukturen. Dies erlaubt uns, die Zusammenhänge (und Unterschiede) immer wieder aufs Neue herzustellen – und an die veränderten Bedingungen unserer Lebenswirklichkeit anzupassen. Dies macht Astrologie über alle Zeiten und alle Orte hinweg zu einem fantastischen Werkzeug, die Welt immer wieder neu zu begreifen und mit dem lebendigen Wissen der Gegenwart zu verbinden.

Das Prinzip der Ähnlichkeit erinnert an den Spruch des Hermes Trismegistos:

Das, was unten ist, ist so wie das, was oben ist,
Das, was oben ist, ist so wie das, was unten ist […].[15]

«So wie» – das drückt den Gedanken der Ähnlichkeit aus, stellt die Verbindung her: Die Brennnessel kann verletzen, *so wie* ein Messer verletzen kann. In der astrologischen Praxis spielen diese Verbindungen allerdings nur dann eine Rolle, wenn sie mit der Erlebniswelt des Klienten zusammenhängen und auf diese Weise neue Impulse setzen können, die in der Lage sind, seine Wirklichkeit neu zu organisieren, und zwar im Einklang mit seinen Wünschen und Bedürfnissen. Konkret bedeutet das, dass wir nicht willkürlich nach Ähnlichkeiten suchen, sondern diejenigen hervorbringen möchten, die einen Nutzen für uns haben. Wenn uns ein Mensch sein Anliegen schildert, dann möchten wir in das Horoskop blicken und sagen können: «Das, was Sie bewegt, ist aus astrologischer Perspektive wie …» und was auch immer wir dann sagen werden, es soll unserem Gegenüber einen neuen Blickwinkel auf seine gegenwärtige Situation ermöglichen.

Unser Instrument ist dabei das Horoskop mit seinen astrologischen Symbolen. Doch wie verwandeln wir die Zeichen und Linien auf dem Papier vor uns in etwas Nützliches? Wie verwandeln wir astrologische Symbole in Sprache? Lassen Sie uns diesen zentralen Punkt der astrologischen Deutungspraxis näher beleuchten.

Astrologie ist Sprache

Gedankenspiel: Als ich einen Klienten nach seinem Anliegen frage, antwortet er: «Meine Partnerschaft steckt in einer großen Krise. Die Probleme sind uns beiden so über den Kopf gewachsen, dass meine Freundin schon drauf und dran ist, sich von mir zu trennen.» Während er sein Anliegen schildert, betrachte ich sein Horoskop, das ich schon vorbereitet habe: Zurzeit bildet Uranus ein Quadrat auf seinen Deszendenten …

Was glauben Sie? In welchem Zusammenhang steht der Transit des Planeten mit dem Anliegen des Klienten?

Die Deutung des Horoskops gleicht auf den ersten Blick der Arbeit eines Übersetzers: Als Astrologinnen und Astrologen übertragen wir die Symbole des Horoskop in Alltagssprache, kleiden das, was wir im Horoskop sehen, in unsere Sprache, sodass wir es zum Beispiel in einer Beratung mitteilen können – aus «astrologisch» wird «deutsch» (oder jede andere Sprache, die wir beherrschen und die unser Gegenüber versteht).

Auch wenn wir noch sehen werden, dass dieser Vergleich schwierig ist, macht er doch auf ein wesentliches Merkmal astrologischer Arbeit aufmerksam: Es geht immer auch um die *Umwandlung von Astrologie in Sprache*. Man könnte sogar so weit gehen, dass ohne Sprache Astrologie nicht denkbar ist. Erst das menschliche Wort verwandelt das Horoskop in etwas Bedeutsames. Dies ist natürlich besonders augenfällig, wenn es um Beratungen geht, aber es gilt ganz allgemein für jeden Deutungsprozess.

Was auf den ersten Blick trivial erscheint, ist auf den zweiten Blick ganz und gar nicht trivial. Jeder Übersetzer weiß, dass übersetzen auch bedeutet, Verluste in Bezug auf Bedeutung hinzunehmen, denn die meisten Wörter besitzen mehr als nur eine Bedeutung, und erst der Zusammenhang, in dem sie auftauchen, zeigt, in welchem Sinn sie verwendet werden. Nehmen wir das englische Wort «odd»: Es kann «merkwürdig» bedeuten, aber auch «ungerade» und «gelegentlich». Wann bedeutet es nun was? Je nachdem, in welchem Kontext uns das Wort begegnet, werden wir es wissen: Ist die Rede von «odd numbers», dann wissen wir, es geht sehr wahrscheinlich nicht um merkwürdige Zahlen, sondern um ungerade, und wenn wir hören: «This was an odd thing to do», dann können wir davon ausgehen, dass dem Sprecher etwas Merkwürdiges begegnet ist, während jemand, der von einem «odd job» spricht, sehr wahrscheinlich Gelegenheitsarbeiter ist.

Übersetzen heißt entscheiden, welche Bedeutung ich einem Wort gebe, und ich nehme damit in Kauf, dass möglicherweise viele Nuancen, die in der Originalsprache mitklingen, verloren gehen. Denken Sie jetzt an Uranus, der im Quadrat zum Deszendenten steht. Welche Bedeutung hat er? Umbruch in der Partnerschaft oder eher eine Art Wende in der Beziehung? Oder ist eine ganz allgemeine Lebenskrise gemeint? Oder heißt es, dass ungewöhnliche Begegnungen auf dem Plan stehen? Oder dass sich jemand uns gegenüber ungewöhnlich verhält? Oder dass sich unsere Umwelt verändert? Und wenn das so ist: Verändern wir diese Umwelt, oder wird sie verändert? Sie merken: Die Übersetzung dieses Transits ist alles andere als einfach. Erst die Einschränkung durch das Anliegen erlaubt es uns, die Konstellation in einem bestimmten Zusammenhang zu sehen und zu deuten. Dabei gehen zunächst alle anderen Deutungszusammenhänge, die ebenfalls denkbar wären, verloren. Aus diesem Grund ist astrosystemische Beratung klientenzentriert: Nicht wir als Astrologen bestimmen, in welchem Zusammenhang etwas zu betrachten ist, sondern der Klient legt den Deutungsrahmen über das Anliegen fest, das er uns stellt. Genau aus diesem Grund legen wir so viel Wert auf eine gründliche Klärung des Anliegens, denn nur dieses erlaubt es uns, astrologische Konstellation in ihrer Bedeutung präzise auf das Leben des Klienten zu beziehen. *Keine Beratung ohne Anliegen.*

Das mag auf den ersten Blick trivial erscheinen, und das ist es vielleicht auch, wenn wir vom alltäglichen Verständnis von Sprache ausgehen, nach dem Sprache ein Werkzeug ist, um das, was wir wahrnehmen, zu kommunizieren, also anderen mitzuteilen. Sprache ist dann nichts anderes als ein Medium, das bestehende Sachverhalte ausdrückt. Wenn Sie «Baum» sagen, dann meinen Sie auch einen Baum und gehen davon aus, dass die Bedeutung des Wortes «Baum» klar und eindeutig ist. Das gesprochene Wort dient lediglich dazu, die Wirklichkeit zu beschreiben. Jemand, der Ihnen zuhört, wird genau wissen, was Sie gerade gesagt haben: Ein Baum ist ein Baum.

Für das Wort «Baum» ist dies sicherlich noch gut nachvollziehbar, sicherlich auch für Katze, Stein, Haus.[16] Doch wie sieht es mit Wörtern aus, die weniger gegenständlich sind und zum Beispiel Zustände oder Empfindungen beschreiben? Wenn Sie zum Beispiel von «Depression» sprechen oder von einem «Eheproblem», wissen Sie dann ganz genau, dass Ihr Gegenüber auch genau das darunter versteht, was Sie damit ausdrücken wollen? Ich meine: Können Sie sich wirklich ganz sicher sein? Bleiben wir bei der Astrologie: Astrologen sagen, Venus stehe für «Hingabe». Aber was genau meinen sie damit? Und was meinen Sie damit, wenn Sie von Hingabe sprechen? Und was glauben Sie, höre ich oder irgendein anderer, wenn Sie von Hingabe sprechen? Können Sie sich sicher sein, dass ich genau das Gleiche darunter verstehe wie Sie?

Hier merken wir, dass das Alltagsverständnis von Sprache in den meisten Fällen gut genug ist, um Verständigung zu gewährleisten. Die Grenzen werden sichtbar in genau den Bereichen des Lebens, die zum täglichen Brot der meisten Astrologinnen und Astrologen gehören: wenn wir über den Charakter eines Menschen sprechen möchten, über seine psychischen Eigenheiten, seine Verhaltensweisen, die Merkmale seiner Persönlichkeit.

Ein etwas erweitertes Verständnis von Sprache versucht diesem bekannten Umstand Rechnung zu tragen, indem wir Begriffe, wenn wir sie verwenden, zu definieren versuchen, um Zweideutigkeiten zu vermeiden. Das ist das Prinzip eines Wörterbuchs: Hier werden alle Bedeutungen eines Wortes aufgelistet. Schlagen wir also in einem Wörterbuch unter «Hingabe» nach, dann würden wir vielleicht Erklärungen finden, die das Wort in wenigstens drei unterschiedliche Kategorien einteilen: Hingabe im Sinne einer Überlassung, also etwas weggeben, Hingabe im Sinne von Leidenschaft für eine Sache, und Hingabe im Sinne von Opferbereitschaft. Alle drei Bedeutungen des Wortes «Hingabe» haben etwas gemeinsam (sind sich ähnlich), aber sie unterscheiden sich auch, sodass es sinnvoll sein kann, darauf hinzuweisen, was wir damit meinen, wenn wir als Astrologen von «Venus» und «Hingabe» sprechen.

Diese Sichtweise von Sprache geht davon aus, dass Wörter dazu da sind, die Wirklichkeit auf eine bestimmte Weise wiederzugeben, auch wenn dies bedeutet, dass wir prüfen müssen, ob das Wort, das wir verwenden, auch wirklich mit dem Sachverhalt, den wir beschreiben möchten, übereinstimmt. Doch wenn wir diese Unsicherheit beseitigt haben, ist Sprache ein präzises Mittel, um die Realität abzubilden, so die Annahme. Wir gehen demnach davon aus, dass es so etwas wie «Hingabe» gibt und die Sprache in manchen Kontexten nur zu ungenau ist, um das Wort im ersten Anlauf zu erfassen.

Auch wenn dieser Standpunkt gegenüber dem Alltagsverständnis von Sprache differenzierter ist, geht er von der gleichen gedanklichen Voraussetzung aus: Sprache bildet die Wirklichkeit ab, und über Sprache lässt sich herausfinden, was wirklich ist.

Dem stelle ich eine dritte Sichtweise gegenüber: *Sprache ist Wirklichkeit.* Das bedeutet: Was wir mit Wörtern ausdrücken, existiert, weil wir es mit Wörtern ausdrücken. Das, worauf das Wort hinweist, entsteht erst in dem Augenblick, in dem es gesprochen wird, und kann nicht unabhängig von demjenigen betrachtet werden, der das Wort benutzt, und nicht unabhängig vom Zusammenhang, in dem es benutzt wird, sowie von der Person, an die es gerichtet wird. Anhand des Wortes «Hingabe» haben wir gesehen, wie instabil eine Bedeutung sein kann. Erst wenn wir wissen, wer dieses Wort verwendet, bekommt es eine feste Bedeutung. Eine vom Kontext unabhängige Bedeutung eines Wortes gibt es in dieser Sichtweise nicht – und damit auch keine Gewissheit darüber, was ein Mensch *wirklich sagt*, wenn er etwas sagt.

Wenn ich ein Wort höre, dann muss es durch die Filter meiner Wirklichkeit. Ich begegne diesem Wort vor dem Hintergrund meiner gesammelten Erfahrungen, die mich zu einem einzigartigen Individuum machen. Was auch immer derjenige meinte, als er dieses Wort zu mir sagte, bleibt ungewiss. Sicher sein kann ich mir nur über das, was dieses Wort bei mir auslöst. Das wohl bekannte Modell von Sender und Empfänger, nach dem der Sender die Bedeutung einer Botschaft empfängt, muss an dieser Stelle korrigiert werden: Nicht der Sender bestimmt die Botschaft, sondern der Empfänger. Und der Sender kann nur mutmaßen, welche Bedeutung ein Wort, das er dem Empfänger mitteilt, haben wird.

Wörter wie «Hingabe» sind Konstruktionen desjenigen, der den Begriff benutzt, und Konstruktionen desjenigen, der sie hört.

Kommunikation ist demnach ein ständiger Anpassungsprozess: Wir müssen immer wieder prüfen, wie das, was wir sagen, bei unserem Gegenüber ankommt und unsere eigene Ausdrucksweise daran aussteuern. Gerade in der Beziehung zwischen Berater und Klient ist es sehr wichtig, dass wir uns an der Sprache unseres Klienten orientieren, wenn wir wollen, dass wir vom Gleichen und nicht aneinander vorbei sprechen.

Sprache ist Wirklichkeit, das mag auf der einen Seite zu der Erkenntnis führen, dass ständige Missverständnisse der Normalzustand von Kommunikation sind, doch auf der anderen Seite wissen wir auch: Sprache kann mehr als Botschaften übermitteln – sie kann Wirklichkeiten *verändern*. Dies ist der Schlüssel zu einer gelungenen astrologischen Beratung: Astrologische Symbole, die in Sprache umgewandelt werden, sind in der Lage, die Wirklichkeit eines Menschen so zu verändern, dass sie im Einklang mit seinen Bedürfnissen und Zielen steht. Ein wesentliches Mittel in der systemischen Beratungspraxis ist dabei die Arbeit mit Metaphern.

Arbeit mit Metaphern

«Weil wir grad vom Aquarium redn, ich hab nämlich früher – nicht im Frühjahr – in der Sendlinger Straße gewohnt, nicht in der Sendlinger Straße, das wär ja lächerbar, in der Sendlinger Straße könnt man ja gar nicht wohnen, weil immer die Straßenbahn durchfährt, in den Häusern hab ich gwohnt in der Sendlinger Straße. Nicht in allen Häusern, in einem davon, in dem, das zwischen den andern so drin steckt, ich weiß net, ob Sie das Haus kennen. Und da wohn ich, aber nicht im ganzen Haus, sondern nur im ersten Stock, der ist unter dem zweiten Stock und ober dem Parterre, so zwischen drin, und da geht in den zweiten Stock so eine Stiege nauf, die geht schon wieder runter auch, die Stiege geht nicht nauf, wir gehen die Stiege nauf, man sagt halt so.»[17] *(Karl Valentin, aus: Sturzflüge im Zuschauerraum)*

Haben Sie schon einmal versucht zu sprechen, ohne in irgendeiner Form eine Metapher zu verwenden? Dann wird es Ihnen wohl so ergangen sein wie Karl Valentin: Eine ausschließlich logische Sprache zu sprechen, in der jedes Wort wirklich nur eine und nur die eine Bedeutung hat, ist schlichtweg unmöglich.

Unsere Kommunikation ist voller Metaphern, auch wenn wir diesem Umstand in der Regel kaum Aufmerksamkeit *schenken*. Haben Sie schon mal *über* Metaphern nachgedacht? Wenn ja, aus welchem *Blickwinkel*? Oder haben Sie jemandem schon einmal *nahegebracht*, was Metaphern sind? Was ist Ihr *Standpunkt* dazu? Was *verknüpfen* Sie damit? Haben Sie Lust, etwas *Licht* ins *Dunkel* der Metapher zu bringen und zu erfahren, wie Metaphern nützliche *Werkzeuge* für Ihre astrologische Arbeit sein können?

Woran denken Sie, wenn Sie an das Wort «Alter» denken? Nehmen Sie sich einen Augenblick Zeit und notieren Sie sich einfach das, was Ihnen dazu spontan und ungefiltert einfällt. Vielleicht sieht Ihre Aufzählung ähnlich aus wie diese hier:

Herbst, Vergänglichkeit, Tod, Jugend, Reife, Ruhe …

Metaphern reichern einen Begriff an und verbinden ihn mit etwas Neuem. Beispiel: Für den Begriff «Alter» können wir «Abend des Lebens» setzen. In dem Augenblick ergänzen wir das Wortfeld «Alter» durch alle Assoziationen, die wir mit «Abend» verbinden, entsprechend verschwinden alle anderen Assoziationen zu Alter, und es bleiben nur die übrig, die wir auch mit «Abend» assoziieren. Vielleicht sehen wir uns am Lebensabend auf einer Parkbank sitzen oder auf einer Veranda, während das Licht der untergehenden Sonne die Landschaft in ein rotgoldenes Licht taucht. Oder wir denken an die Phase des Tages, in der wir zur Ruhe kommen oder uns vielleicht mit unseren Freunden treffen, um mit ihnen etwas zu unternehmen. Sie merken schon: Die Metapher «Lebensabend» löst in uns eine Kaskade an emotional geladenen Bildern aus, vornehmlich positive. Wer also das Alter als Lebensabend oder als Herbst des Lebens bezeichnet, der lässt alle Themen des Altwerdens in einem bestimmten Licht erscheinen.

Metaphern funktionieren auf genau dieser Basis: Sie verändern und erweitern Bedeutung, indem sie etwas Bekanntes mit einer Bezeichnung belegen, die so nicht zu erwarten ist, die nicht selbstverständlich ist. «Die Metapher ist eine Abweichung … vom prototypischen Gebrauch eines Wortes, der Standardbedeutung.»[18] Wichtig für die Wirksamkeit einer Metapher ist, dass uns die Abweichung vom Standardgebrauch auffällt.

Ob etwas eine Metapher ist oder nicht, entscheidet der Zusammenhang, in dem ein Wort gebraucht wird. Wenn wir zum Beispiel sagen «Judith ist eine Schauspielerin», dann erhält dieser Satz dann eine metaphorische Bedeutung, wenn Judith nicht von Beruf Schauspielerin ist. Der Satz «Die Bäume flüsterten im Wind» ist im Zusammenhang eines Märchens durchaus im Wortsinn zu verstehen und wird erst in der Alltagswirklichkeit zu einer Metapher.

Es gibt jede Menge Metaphern, die für uns längst keine mehr sind, zum Beispiel die Motorhaube, das Stuhlbein, der

Wolkenkratzer oder der Verkehrsfluss. Auch gibt es Metaphern, die zwar bei näherer Betrachtung noch als solche erkennbar sind, die aber schon so zum Klischee geworden sind, dass sie uns kaum auffallen, zum Beispiel *die Sonne lacht*, *etwas steht in voller Blüte* oder *Parteienlandschaft.* Diesen Metaphern fehlt das Überraschende, das uns emotional bewegende Moment. Sie sagen uns nichts, vermitteln keine weitere Information, brechen mit keiner Konvention.

Eine starke, lebendige Metapher ist eine, die eine Konvention bricht und uns überrascht. Sie setzt einen Spielraum für Bedeutungen frei, lädt ein, Vergleiche zu bilden und Umschreibungen zu finden, ohne dass sie den Wortsinn erschöpft. Starke Metaphern stören das Geregelte und machen auf diese Weise etwas sichtbar, was sich im Gewöhnlichen versteckt.

«Metaphern haben die Macht, neue Wirklichkeiten zu schaffen und unser Begriffssystem zu verändern.»[19] Eine starke Metapher kann Wandlungen in Gang setzen, indem sie gewohnte Begriffswelten infrage stellt und uns auf die Suche nach ihrem Sinn schickt. Sie verknüpft mit einem bekannten Sachverhalt Vorstellungen, Assoziationen, Meinungen und Empfindungen, die wir aus einem anderen Bereich kennen, und setzt Gefühle frei. Diese führen uns zu einem neuen Erleben des metaphorisch Betrachteten. Indem wir uns mit der Metapher konfrontieren, erzeugen wir Bedeutungen, die wiederum unsere Einstellung zu den Dingen verändern können und unsere Handlungen neu ausrichten. In diesem Sinne ist die Metapher eines der wirksamsten Mittel zur Konstruktion von Wirklichkeit in beraterischen Prozessen.

Symbole versus Metaphern

Oft sprechen wir von astrologischer Symbolik und meinen damit die Zeichen, mit denen wir die Horoskopfaktoren wie Planeten und Tierkreiszeichen bezeichnen. Auch wird immer wieder davon gesprochen, dass Astrologie auf einer «symbolischen Ebene» wirke. Auch wenn die Verwendung des Wortes *Symbol* im ersten Fall als eine Verwechslung mit dem Wort *Zeichen* anzusehen ist, so wie ein Verkehrszeichen auf einen bestimmten, durch Konvention festgelegten Sachverhalt verweist, bleibt die Frage, was mit einer *symbolischen Wirkung* gemeint sein könnte. Dies ist alles andere als klar.

Unter *Symbol* wird herkömmlich ein Gegenstand, Zeichen, Vorgang oder eine Handlung verstanden, es steht stellvertretend für etwas nicht Wahrnehmbares, etwas Gedachtes oder Geglaubtes. Der deutsche Begriff *Sinnbild* kommt diesem Gedanken am nächsten. Oft steht das Symbol als Teil für etwas Größeres: So steht zum Beispiel das Kreuz für den christlichen Glauben allgemein oder die gekreuzten Schlägel und Eisen für den Bergbau als Ganzen. Dem Symbol haftet immer etwas Übergeordnetes an, und in vielerlei Hinsicht hat es einen transpersonalen Anstrich, erhebt also den Anspruch, etwas zu versinnbildlichen, was über das Individuum hinausgeht. Indem etwas zu einem Symbol wird, wird es verbunden mit Ideen, die den persönlichen Bezugsrahmen des Menschen überschreiten: Symbole sind nicht persönlich, sondern kollektiv.

Die Vorstellung, dass Horoskopfaktoren *Symbole* seien, korrespondiert mit dem Gedanken, man könne aus dem Horoskop eine dem Menschen übergeordnete oder ihm innewohnende Struktur herauslesen, ob wir dies nun Schicksal oder Bestimmung nennen. Sie geht von der Idee aus, das Horoskop offenbare eine *Tiefenstruktur* des Menschen, etwas, was unterhalb seiner ihm bewussten Persönlichkeit angesiedelt ist, die dann im Grunde nichts anderes ist als eine Oberfläche.

Astrologische Symbole transportieren einen tieferen Sinn, der sich dem Zugriff über den Verstand zu entziehen versucht. Als Symbole scheinen sie ein Eigenleben zu führen, beinhalten ein Wissen, ganz unabhängig von uns selbst. Wenn wir vom Symbol des Horoskops sprechen, dann wird ganz häufig damit verbunden, dass unser Horoskop auf Inhalte verweist, die über uns selbst hinausreichen. Symbole suggerieren etwas Schicksalhaftes, Archetypisches. Sie stehen dem Bewusstsein nicht zur Verfügung beziehungsweise können von ihm nicht in ihrer Ganzheit erfasst werden. Wenn wir das Horoskop als ein *Symbol* für das Individuum betrachten, suggerieren wir zugleich, dass dieses Individuum seinen Ursprung in etwas hat, worauf es keinen Einfluss hat.

An dieser Stelle offenbart sich der totalitäre Charakter eines Symbols: Es zwingt uns seinen Sinn auf. Die Metapher hingegen lädt uns ein, Sinn zu gestalten, indem wir unseren Erfahrungen neue Bedeutungsräume eröffnen, ohne uns in eine bestimmte Richtung zu drängen. Metaphern kleiden sich nicht in den Mantel der Allgemeingültigkeit, sie geben nicht vor, der Schlüssel zu einem bis dahin verschlossenen Bereich des menschlichen Bewusstseins zu sein, sie reorganisieren unsere Erfahrungen neu und ermöglichen uns auf diese Weise, unsere Wirklichkeit im Einklang mit unseren Wünschen und Hoffnungen neu zu konstruieren.

Da *Symbole* etwas versprechen, was sie aus systemisch-konstruktivistischer Sicht nicht halten können, schlage ich vor, nicht länger von astrologischen Symbolen zu sprechen, oder nur aus Gründen der Konvention, wenn damit die Zeichen gemeint sind, wie wir sie in Horoskopen als Stellvertreter für die entsprechenden astrologischen Faktoren eintragen. Besser wäre es, von *astrologischer Metaphorik* zu sprechen, denn meiner Auffassung nach geschieht nichts anderes während der Betrachtung eines Horoskops:

Sachverhalte werden in die «Sprache» der Astrologie *übertragen* und dort metaphorisch umgestaltet. Neue Zusammenhänge werden durch die besondere Organisation der astrologischen «Symbole» sichtbar, Informationen erzeugt – als Unterschiede, die einen Unterschied machen und in der Lage sind, die Wirklichkeit neu zu beschreiben.

Wenn wir diesen Prozess im Sinne der Lösungsorientierung[20] verstehen wollen, dann «füttern» wir das Horoskop mit

Informationen über unsere gegenwärtig als problematisch erlebte Situation und organisieren den Strom des Erlebens neu. Das Horoskop wird zu einem heuristischen Instrument: Mit Hilfe des Horoskop *finden* wir nicht Wirklichkeit, sondern wir *erfinden* Wirklichkeit.

Wenn man so will, ist Metaphernarbeit eine Arbeit an der Oberfläche der Persönlichkeit und steht damit im Einklang mit der konstruktivistischen Idee, dass wir ohnehin nicht wissen können, was das *wahre Wesen* eines Menschen ist. Im Grunde können wir nur auf das zurückgreifen, was in der Kommunikation zwischen uns und dem Klienten geschieht, ob auf verbaler oder non-verbaler Ebene. Die Vorstellung, dass man mit dem Horoskop die von den Äußerungen eines Menschen unabhängige Wahrheit herausfinden könne, lässt sich daher mit einer systemisch verstandenen Astrologie kaum in Einklang bringen. Warum das so ist und wie wir dies nutzen können, ist Gegenstand der folgenden Kapitel.

Was heißt hier systemisch?

«Die Bedeutung eines Wortes ist sein Gebrauch in der Sprache.» (Wittgenstein, Philosophische Untersuchungen 43)

«Systemisch» – was heißt das eigentlich? Nachdem wir uns schon mit den Kerngedanken des Konstruktivismus und seinen Folgen für die astrologische Arbeit bekannt gemacht haben, ist es nun an der Reihe, diesen Begriff zu definieren. Jedoch: Eine klare, eindeutige Definition des Wortes «systemisch» scheint es nicht zu geben. Wenn ein Arzt von einer «systemischen Erkrankung» spricht, meint er sehr wahrscheinlich etwas anderes als ein Therapeut, der seine Therapie «systemisch» nennt, und es ist nicht auszuschließen, dass sich die Bedeutung des Begriffs wieder in eine andere Richtung verändert, wenn wir ihn in Zusammenhang mit Astrologie verwenden. Es ist daher notwendig, sich über den

Gebrauch dieses Wortes ein wenig Gedanken zu machen, bevor wir ihn nutzbringend auf die Astrologie beziehen, denn der Gebrauch des Wortes bestimmt seine Bedeutung, wie es Wittgenstein formuliert hat. Wie wollen wir also in diesem Rahmen «systemisch» verwenden, damit es sinnvoll und nützlich ist?

«Systemisch» leitet sich von «System» ab und könnte daher am einfachsten umschrieben werden als etwas, was sich mit Systemen beschäftigt oder im engeren oder weiteren Sinne mit ihnen zu tun hat. Versuchen wir uns also in einer möglichst allgemeingültigen Definition des Begriffes «System»:

Der Begriff selbst stammt aus dem Altgriechischen und bedeutet so viel wie «Zusammenstellung». Ein deutsches Wort, das diesem Begriff wohl am nächsten kommt, ist «Gebilde».

Gedankenexperiment: Ein Auto besteht aus vielen verschiedenen Einzelteilen. Angenommen, alle Einzelteile lägen auf einem Haufen in einer völlig willkürlichen Anordnung – könnten wir dies als Auto bezeichnen? Und wenn nicht – was ist der Unterschied zwischen dieser Ansammlung von Einzelteilen und einem Auto, das aus denselben Einzelteilen besteht?

Wenn Sie sich auf dieses Gedankenexperiment eingelassen haben, haben Sie sehr wahrscheinlich ganz von selbst einige der wesentlichen Merkmale eines Systems herausgefunden:

- Ein System besteht aus Einzelteilen, die so aufeinander bezogen oder miteinander verbunden sind, dass sie als eine in sich geschlossene und nach außen hin abgrenzbare Einheit wahrgenommen werden.

Systeme sind demnach auf irgendeine Weise sinnvoll zusammengestellte Einzelteile: Durch ihre besondere Anordnung können bestimmte Aufgaben erfüllt und bestimmte Ziele erreicht werden. Aus Einzelteilen wird also dann ein System, wenn sie so miteinander in Wechselwirkung stehen, dass sie eine Struktur bilden, von deren Aufrechterhalten wiederum die Funktionstüchtigkeit des ganzen Systems abhängt. Ein gutes Beispiel dafür ist das Auto aus unserem Gedankenexperiment:

Die Einzelteile eines Autos, auf einen Haufen geworfen, würden wir nicht «Auto» nennen. Erst wenn Lenkrad, Reifen, Achsen, Stoßstangen, Lampen … richtig angeordnet werden, entsteht eine neue, geschlossene Einheit, das System «Auto», das uns als Fahrzeug dienen kann.

Halten wir diese drei fundamentalen Aussagen über Systeme im weitesten Sinne fest:

1. Ein System ist eine komplexe Einheit, die aus verschiedenen Bestandteilen gebildet wird und sich so von der Umwelt abhebt. Das System weist also Grenzen zur Umwelt auf, die Aussagen darüber zulassen, was zum System gehört und was nicht.
2. Entscheidend für ein System ist die Art und Weise, wie die Einzelteile miteinander verbunden sind. Ein System kennzeichnet sich durch eine Struktur aus Beziehungen zwischen den Bestandteilen.
3. Ein System besteht also immer aus seinen Bestandteilen *und* deren Beziehungen.

Aus diesen drei ganz rudimentären Merkmalen lassen sich einige interessante Beobachtungen ableiten, die das Verhalten eines Systems beleuchten.

Beobachtung 1:
Das Ganze ist mehr als die Summe seiner Teile

- Ein System verhält sich anders, als man aus der Beobachtung der Einzelteile schließen könnte – oder wie es gerne heißt: Das Ganze ist mehr als Summe seiner Teile. Dies wird «Emergenz» genannt.

Beispiel: Dass ein Auto jemanden von A nach B transportieren kann, ist aus dem Verhalten der Kupplung, der Räder, der Karosserie allein nicht ersichtlich. Erst wenn das Auto komplett zur Verfügung steht, sich also alle Einzelteile an dem dafür vorgesehenen Platz befinden, tritt das typische «Verhalten» eines Autos auf.

Das Besondere an einem System ist, dass wir es nicht studieren können, indem wir es auseinandernehmen, denn ein System verliert seine typischen Eigenschaften, wenn wir es in seine Einzelteile zerlegen. Wir können zwar Erkenntnisse über die Funktionsweise eines Autos gewinnen, indem wir es auseinanderbauen, doch sein Fahrverhalten können wir nur beobachten, wenn es intakt ist.

Beobachtung 2: Kleine Veränderungen – große Wirkungen

- Alle Teile eines Systems sind miteinander direkt oder indirekt verbunden. Die Veränderung eines Teiles des Systems hat Folgen für das gesamte System. Dabei können schon kleine Veränderungen große Wirkungen zeigen.

Beispiel: Wenn ich die Zündkerze eines Autos entferne – ein verhältnismäßig kleines Teil –, dann lege ich das gesamte System «Auto» lahm. Selbst ein Kratzer im Lack kann über kurz oder lang zu drastischen Schäden führen, weil zum Beispiel Rost die Karosserie durchfrisst.

Für uns ist daran besonders interessant, dass Veränderungen in Systemen auch durch sehr kleine Impulse stattfinden können. Diese kleinen Impulse setzen sich im System fort und können einen Domino-Effekt auf das ganze System haben. Dies widerspricht der Vorstellung, dass «auf einen groben Klotz ein grober Keil» gehört, oder der Idee, dass große Veränderungen eine starke Krafteinwirkung benötigen.

Beobachtung 3: Mit Nebenwirkungen ist zu rechnen

- Systeme sind ein Netzwerk aus Beziehungen. Es ist daher typisch, dass sich eine Veränderung an vielen Stellen des Systems manifestieren wird.

Komplexität ist das Schlagwort. Die Beziehungen in einem System können so vielfältig sein, dass es nahezu unmöglich wird, vorauszusagen, an welcher Stelle ein Impuls seine Wirkung entfaltet. Auf den Menschen übertragen, können wir sagen, dass sich Veränderungen, die sich ursprünglich in einem Lebensbereich ergeben haben, Folgen für andere Lebensbereiche haben können. So könnte eine neue Partnerschaft Konsequenzen im Beruf haben, weil auf einmal mehr Zeit für den Partner aufgewendet wird und dadurch der Enthusiasmus für den Job nachlässt. Oder die schlechte Stimmung am Arbeitsplatz wird auf die Familie zu Hause übertragen und führt dort zu Streit. Oder der berufliche Erfolg verbessert die Ausstrahlung eines Menschen so sehr, dass er auf einmal seine Schwierigkeiten im Aufbau von Beziehungen lösen kann. Veränderungen bringen stets das ganze System «in Schwingung», und es ist nur sehr begrenzt möglich, zu kontrollieren, wie sich diese Veränderungen auswirken werden.

Beobachtung 4:
Wirkungen sind keine Einbahnstraßen

- Weil alle Teile eines Systems miteinander verbunden sind, beziehen sie sich wechselseitig aufeinander. Es kommt zu Rückkopplungen und Feedback-Schleifen. Damit ist gemeint, dass Veränderungen sich nicht nur in eine Richtung fortpflanzen (Wirkung folgt Ursache), sondern dass die Wirkungen einer Veränderung auch auf die Ursache der Veränderung zurückwirken.

Beispiel: Wenn wir mit einer bestimmten Geschwindigkeit Auto fahren wollen, dann steuern wir dies über das Gaspedal. Je mehr Gas wir geben, umso schneller werden wir. Wir verlieren an Geschwindigkeit, wenn wir das Gaspedal loslassen. Wenn wir beispielsweise in einer geschlossenen Ortschaft mit genau 50 km/h unterwegs sein wollen, dann müssen wir immer wieder etwas Gas geben, um die Geschwindigkeit konstant zu halten, sobald wir den gewünschten Punkt überschritten haben, müssen wir das Gas zurücknehmen, bis wir den Punkt unterschreiten, dann müssen wir wieder Gas geben usw. Man kann an diesem Beispiel gut sehen, dass nur das Wechselspiel zwischen den beiden Polen «Gas geben» und «Gas zurücknehmen» eine gleich bleibende Geschwindigkeit garantiert: Stabilität ist hier das Ergebnis eines ständigen Feedbacks des einen auf das andere.

Als Systeme können wir betrachten: Maschinen, Organismen, soziale Systeme (zwischenmenschliche Beziehungen, Organisationen, Gesellschaften), psychische Systeme.

Astrosystemische Deutungspraxis

Nachdem wir uns ausreichend mit den astrologischen Grundlagen einer Systemischen Astrologie auseinandergesetzt haben, ist es an der Zeit, die praktische Seite zu beleuchten. Wie setzen wir die Ideen des astrosystemischen Ansatzes in die Praxis um?

Das Instrument der Astrologie ist das Horoskop. Es ist eine spezielle Form der Abbildung des Himmels und scheint mit seiner Komplexität geeignet zu sein, annähernd die Komplexität des Systems «Mensch» abzubilden. Man könnte auch sagen, das Horoskop ist eine Schablone, mit der wir die chaotischen Zustände, die wir als Mensch erleben, sortieren und bis zu einem gewissen Grad vereinfachen, indem wir die Ordnung des Himmels auf das menschliche Leben übertragen. In diesem Vorgang des Sortierens und Ordnens werden Zusammenhänge sichtbar, die uns neue Impulse für die Überwindung unseres Leidens und die Lösung unserer Probleme geben können. Dass es sich dabei um eine Vereinfachung handelt, liegt auf der Hand, die vom Horoskop beschriebene Persönlichkeit eines Menschen ist zwangsläufig unendlich komplexer als das, was die Horoskopgrafik hergibt. Doch gerade hier liegt die Stärke des astrologischen Ansatzes: So wie das Horoskop nicht den gesamten Himmel und seine Phänomene darstellt, sondern eine bewusste Vereinfachung der tatsächlich sichtbaren Verhältnisse zeigt, reduziert das Horoskop gleichermaßen die vorhandene Information auf besonders betonte Muster. Für einen Augenblick wird die Komplexität des Menschen symbolisch erfasst und damit «handhabbar»: Wir können etwas damit tun, können praktisch daran arbeiten. Das Horoskop ist eine bewusste Reduktion des Menschen auf klare Strukturen.

Doch Vorsicht: Das Horoskop ist nicht der Mensch! Das Horoskop ist nur ein Werkzeug, um den Menschen zu beschreiben. Das Horoskop ist auch kein System – es ist jedoch geeignet, bestimmte Systeme abzubilden. Ohne den dazugehörigen Menschen, ist das Horoskop ein nichtssagendes Bündel aus Kreisen, Strichen, Zeichen. Erst die Gegenwart des Horoskopeigners haucht ihm Leben ein. Einmal mit Informationen aus der konkreten Erlebenswelt des Menschen gefüttert, beginnt es, alternative Bedeutungen für unsere Wahrnehmung der Welt hervorzubringen, und erhöht so unsere Wahlfreiheit, bringt uns in Kontakt mit unserem Sinn für Möglichkeiten.

Dies sollten Sie bitte immer im Auge behalten, wenn wir uns in diesem Kapitel mit Deutungsstrategien beschäftigen, die meines Erachtens besonders gut geeignet sind, den Menschen als System abzubilden.

In Kreisen denken

Systemisches Denken beruht im Wesentlichen auf den vier Beobachtungen über Systeme, wie sie bereits vorgestellt wurden. Insbesondere die vierte Beobachtung, dass jede Veränderung in einem System auf den Auslöser des Systems zurückwirkt und sich so die Ausgangsbedingungen für weitere Veränderungen wandeln, gilt als zentrale Erkenntnis des systemischen Ansatzes.

Diese Art der Rückkopplung zwischen zwei miteinander verbundenen Elementen kennen wir aus vielen Bereichen unseres Lebens. Besonders eindrücklich erfahren wir dies in Diskussionen: Person A sagt ihre Meinung, diese löst bei Person B eine Reaktion aus, zum Beispiel, dass auch sie ihre Meinung

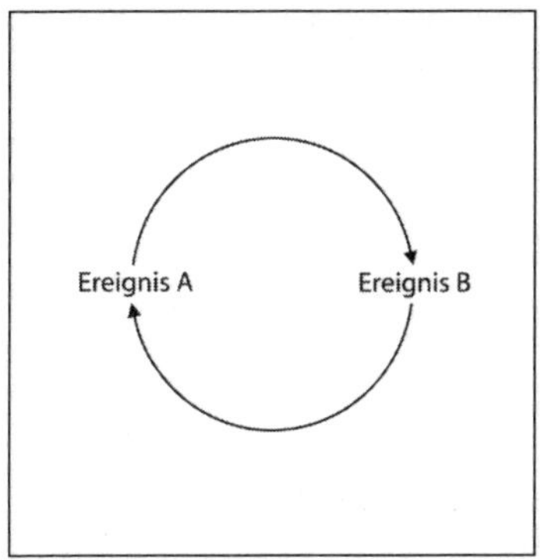

Feedback-Schleife: Die Wirkung wirkt auf ihre eigene Ursache zurück.

kundtut. Diese Äußerung wiederum verändert möglicherweise die Meinung von Person A, was wiederum Auswirkungen auf die Meinung von Person B hat und so weiter. Mit jeder Schleife, die wir in dieser Rückkopplung durchmachen, verändert sich das gesamte System und hat die Chance, eine neue Stufe zu erreichen. Oft wird diese Art der Rückkopplung auch als Feedback bezeichnet, was wörtlich so viel heißt wie «zurückfüttern» – die ausgesendeten Impulse kehren an ihren Ausgangsort zurück, werden dort integriert und verändern die nachfolgenden Impulse.[21]

Das Denken in Kreisläufen bietet eine neue Betrachtungsweise der Abfolge von Ursache und Wirkung (Kausalität), wie wir es im westlichen Denken in der Tradition von Descartes gewohnt sind. Üblicherweise stellen wir uns Ursache und Wirkung als eine Kette vor, bei der auf jede Ursache eine Wirkung erfolgt, die wiederum Ursache für eine neue Wirkung ist und so weiter. Dies führt zu der Vorstellung, dass jede Wirkung aus einer Ursache abgeleitet werden kann und Wirkungen aus Ursachen errechnet werden können – nach dem Motto: «Wenn ich auf diesen Schalter drücke, dann geht das Licht an.» So glaubte man lange Zeit, dass Lebewesen ganz ähnlich funktionieren: Sie

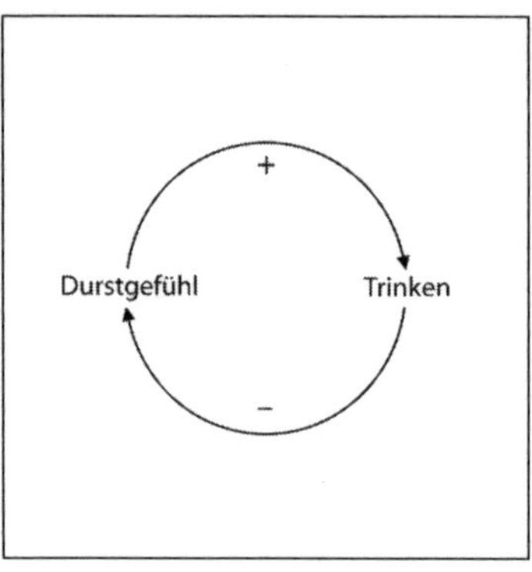

Durstgefühl und Trinken steuern sich wechselseitig.

reagieren streng nach dem Muster von Ursache und Wirkung. Manche Handlungen eines Menschen mögen so aussehen, als ob sie nach diesem Muster funktionieren, doch in Wirklichkeit schließen sich Ursache und Wirkung zu einem Kreislauf zusammen.

Durst ist hierfür ein gutes Beispiel: Wenn Sie sich bewusst werden, dass Sie Durst haben, werden Sie beispielsweise Wasser trinken. Indem Sie trinken, verringert sich das Durstgefühl. Diese Verringerung des Durstes hat die Folge, dass Sie weniger trinken werden, und zwar immer weniger, bis das Durstgefühl verschwunden ist. Anders gesagt: Wie viel Wasser Sie trinken, verändert Ihren Durst, und Ihr Durst verändert die Wassermenge.

Von außen betrachtet sieht es so aus, als ob der Durst die Ursache für das Wassertrinken ist und das Wassertrinken die Ursache für die Befriedigung des Durstes. Bei dieser Betrachtungsweise geht aber verloren, dass dieser Prozess nicht gradlinig verläuft, sondern sich in einem Aussteuerungsprozess abspielt , bei dem sich beide Elemente so lange gegenseitig beeinflussen, bis eine wesentliche Veränderung erreicht wird und die Handlung beendet wird. Etwas anderes wäre es nur dann, wenn Sie im Vorfeld schon genau wüssten, wie viel Wasser Sie trinken müssten, um einen vorhandenen Durst zu löschen. Das aber wird erst während des Prozesses durch einen fortwährenden Rückkopplungskreislauf entschieden.

Das Denken in Kreisen ist wesentlich für systemisches Denken und muss sich folglich auch in einer systemischen Astrologie widerspiegeln. Im Grunde haben wir es bereits kennengelernt, als wir den Zusammenhang zwischen dem Himmel «oben» und der Erde «unten» als einen solchen Kreislauf betrachtet haben, in dem das eine auf das andere einwirkt: Indem wir den Himmel wahrnehmen, erkennen wir seine Ordnung, diese Ordnung wiederum verändert unsere Wahrnehmung von unseren Erfahrungen auf der Erde, was wiederum unseren Blickwinkel auf die Möglichkeiten der Ordnung «oben» verändert und so fort. Ordnung ist in diesem Kreislauf nicht etwas, was «oben» gegeben ist, sondern eher ein *Prozess des Ordnens*, der sich aus der Rückkopplung, dem Feedback zwischen «oben» und «unten» ergibt. Das Horoskop mit seinen Konstellationen ist dann eine Möglichkeit, diesen Prozess abzubilden, zu systematisieren und vor allen Dingen in Sprache umzuwandeln und damit nutzbar zu machen. Doch dazu später mehr.

Der Schneeballeffekt

Bleiben wir noch einmal bei dem Beispiel eines Gesprächs. Sicher kennen Sie das auch: Sie sitzen mit Ihrem besten Freund oder Ihrer besten Freundin zusammen und geraten beide über etwas ins Schwärmen: Jeder setzt als Reaktion auf das, was der andere von sich gibt, noch eins drauf, die Ideen überschlagen sich, gleiten ins Fantastische ab, die Stimmung überschlägt sich. Das Gleiche ist bei der Eskalation eines Streitgesprächs zu beobachten: Ein Wort gibt das andere, verstärkt die Aggression im Gegenüber – bis das System die Kontrolle verliert. Diesen Prozess nennen wir *sich verstärkende Rückkopplung*, er erinnert an den Schneeballeffekt.

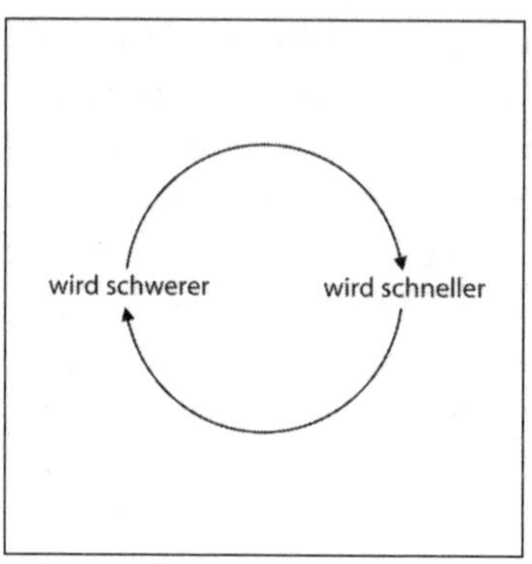

Der «Schneeballeffekt»: Sich verstärkende Rückkopplung erzeugt Eskalation.

Wenn wir vom Schneeballeffekt sprechen, meinen wir in der Regel eine sich aufschaukelnde Kette von Reaktionen: Es beginnt mit einem fast unbedeutendem Impuls und endet in einem heftigen und oft unkontrollierbaren Geschehen – wie der kleine Schneeball, der vom Gipfel des Berges ins Tal rollt und dabei unaufhörlich an Masse zunimmt, bis er zu einer zerstörerischen Lawine geworden ist. Je mehr er an Masse zunimmt, umso schwerer und umso schneller wird er. Seine Wucht nimmt exponentiell zu, das heißt, sein Wachstum und damit seine Wirkung verdoppeln sich unaufhörlich – bis zur Katastrophe.

Ein Ereignis A hat ein Ereignis B zur Folge, welches wiederum auf Ereignis A zurückwirkt. Im Fall des Schneeballeffektes ist diese Rückwirkung eine Verstärkung.

Je schwerer der Schneeball wird, umso schneller wird er von der Schwerkraft ins Tal gezogen, umso mehr Schnee bleibt an ihm haften, umso größer wird er, umso schwerer wird er, umso schneller ist er … bis zur Eskalation.

Diese sich verstärkende Feedbackschleife kennen wir auch aus anderen Zusammenhängen – zum Beispiel, wenn wir uns in etwas hineinsteigern. Für Menschen mit Angststörungen nimmt dieser Effekt dramatische Folgen an, wenn auf diese Weise aus der Wahrnehmung körperlicher Vorgänge wie der Herzschlagrate eine Panikattacke entsteht: Diese Menschen beobachten, wie ihr Herzschlag sich erhöht, interpretieren dies als Gefahr, was Angst auslöst, die wiederum den Herzschlag erhöht und so weiter.

Auch Stress kann als eine solche sich selbst verstärkende Feedbackschleife verstanden werden: Unter Zeitdruck werden wir unaufmerksamer, machen Fehler, die wiederum dazu führen, dass wir noch mehr unter Zeitdruck geraten. Wenn wir den Ausstieg aus diesem Teufelskreis nicht schaffen, dann droht der nervliche Kollaps.

Aber auch positive Beispiele gibt es: So stärkt wechselseitiges Vertrauen wiederum die Bereitschaft, einander zu vertrauen. In allen Fällen aber gibt es eine Grenze des Wachstums: Der Schneeball, der zur zerstörerischen Lawine geworden ist, wird am Ende seine Kraft am Talboden verlieren; die panische Angst entlädt sich in einer Panikattacke – und ist dann verschwunden; Stress, der sich ununterbrochen steigert, gipfelt in totaler Erschöpfung – und zwingt zur Ruhe; Vertrauen, das keine Grenzen kennt, wird zu Vertrauensseligkeit – und fordert den Vertrauensbruch heraus. Die sich selbst verstärkende Rückkopplung führt zur Übertreibung, die wiederum eine Gegenreaktion heraufbeschwört, welche die Übertreibung regulieren möchte, um ein Gleichgewicht herzustellen. Diese Gegenbewegung wird in der Systemtheorie die *neutralisierende Rückkopplung* genannt.

Ausgleich der Kräfte

Die neutralisierende Rückkopplung widersetzt sich einem unaufhörlichen Wachstum offensichtlich. Sie wirkt daher zunächst wie ein Widerstand, wie eine Mauer, die sich der Lawine entgegenstellt und an der diese sich bricht und Energie verliert. Innerhalb eines Systems wirkt diese Art des Feedbacks als Hemmung des Wachstums. Sie versucht,

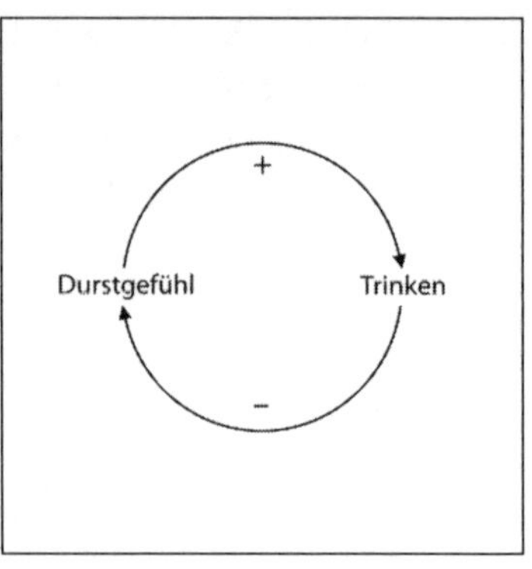

Durstgefühl steigert das Bedürfnis zu trinken und das Trinken senkt das Durstgefühl.

Veränderungsprozesse so zu kontrollieren, dass ein angestrebter Zustand erreicht werden kann, aber nicht über das Ziel hinausgeschossen wird. Sie wirkt der Eskalation entgegen. Damit trägt die neutralisierende Rückkopplung entscheidend zur Stabilität des Systems bei.

Erinnern Sie sich an das Beispiel vom Durst: Wenn unser Körper einen Mangel an Flüssigkeit hat, verspüren wir ein Durstgefühl. Dieses veranlasst uns, etwas zu trinken – der Flüssigkeitspegel in unserem Körper steigt. Doch wenn der Sollzustand erreicht ist, gibt der Körper das Signal, dass es genug ist – der Durst ist gelöscht, und wir hören auf zu trinken. Dieser Kreislauf dient also dazu, den Flüssigkeitspegel in unserem Körper stabil zu halten – alles andere würde ihm schaden.

Damit der Rückkopplungseffekt also nicht zur Zerstörung des Systems führt, benötigt er eine ausgleichende Kraft, die sich dem ursprünglichen Impuls widersetzt und dessen Wirkung verringert. Dadurch kann das System sich stabilisieren und einen bestimmten Zustand aufrechterhalten. Denken Sie hier an das Beispiel der konstanten Geschwindigkeit beim Autofahren, die erreicht wird, indem zwei entgegengesetzte

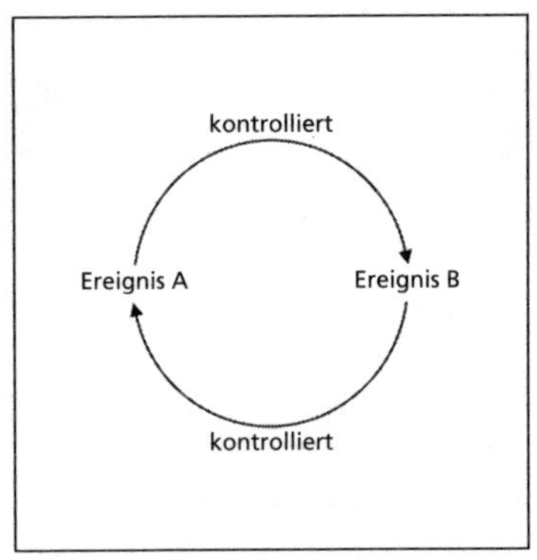

Neutralisierende Rückkopplung erzeugt Stabilität im System.

Kräfte ständig ausgeglichen werden: durch Beschleunigung und Verlangsamung, durch Gasgeben und Bremsen. Man könnte auch sagen: Ereignis A kontrolliert Ereignis B und umgekehrt. Auf diese Weise entsteht Gleichgewicht im System.

Auch in der Astrologie finden wir dieses Prinzip. Wir sind ihm bereits im Prinzip der Ähnlichkeit begegnet: Die Kraft der *Sympathie* wird durch die Kraft der *Antipathie* ausgeglichen. Die Sympathie entspricht der Kraft der Verbindung von Phänomenen und Dingen, die sich ähnlich sind, während die Antipathie Phänomene und Dinge voneinander trennt, weil sie sich unähnlich sind.

Trennung und Verbindung

Damit sind wir bei einer Grundkategorie des astrologischen Denkens angekommen, die sich wunderbar mit der systemischen Sichtweise der Welt verknüpfen lässt: Trennung und Verbindung als Grunderfahrung des Menschlichen.

Betrachten Sie folgende Grafik:

Was sehen Sie?

Zwei Elemente befinden sich in Beziehung zueinander, und diese Beziehung wird durch eine Linie symbolisiert, die sich zwischen beiden Elementen befindet und sie mit jeweils einem Ende berührt.

Diese Linie verkörpert die Beziehung – aber wie könnten Sie diese Beziehung genauer beschreiben? Vielleicht stellen Sie auf den ersten Blick fest: «Diese Linie verbindet die beiden Elemente.» Dann wäre die Art der Beziehung eine Verbindung zwischen zwei eigentlich getrennten Elementen.

Aber halt! Stellen Sie sich vor, die beiden Elemente besäßen einen unbändigen Drang, sich aufeinander zuzubewegen, einen Magnetismus, der sie anzieht, und nur diese Linie hält sie noch auseinander, wie die Stange zwischen den Gewichtkugeln einer Hantel. Aus diesem Blickwinkel wird aus der Verbindungslinie ein Symbol für die Stabilität der Distanz zwischen beiden. Wir könnten mit Fug und Recht sagen: «Diese Linie trennt die beiden Elemente voneinander.» Aus dieser Perspektive handelt es sich also um eine Trennungslinie zwischen zwei Elementen, die ansonsten miteinander verbunden wären.

Beide Sichtweisen sind vorstellbar und gleichermaßen gültig, auch wenn vermutlich die Mehrheit der Betrachter die Linie als verbindende Kraft sieht, wohl aus der Gewohnheit heraus, dass wir grundsätzlich in unserer Denkkultur von einer Getrenntheit der Dinge ausgehen. Dies führt zu der Annahme, die Aufgabe einer Linie bestünde in der Verbindung.

Tatsächlich aber gilt beides: Beziehungen verbinden und trennen zugleich. Dies sind die beiden Grundkategorien jeder Beziehung. Verbindung und Trennung sind die beiden Seiten der Medaille «Beziehung».

Übung: Probieren Sie einen Moment folgende Betrachtungsweise der Grafik: Versuchen Sie immer dann, wenn Sie gerade wahrzunehmen glauben, dass die Linie die beiden Elemente verbindet, sich vorzustellen, wie sie gleichzeitig beide Elemente voneinander trennt. Und sobald Ihnen dies gelungen ist, schalten Sie wieder um in den Betrachtungsmodus der Verbindung. Lassen Sie eine Weile Ihre Wahrnehmung zwischen diesen beiden Zuständen wechseln: verbinden – trennen – verbinden – trennen ... immer schneller. Beobachten Sie dabei, welche Empfindungen und Körperwahrnehmungen in Ihnen auftauchen. Und vielleicht gelingt es Ihnen, einen Augenblick lang beides zugleich wahrzunehmen, so wie wir stets mit dem rechten *und* dem linken Auge wahrnehmen, um ein vollständiges dreidimensionales Bild der Welt zu erhalten.

Trennung und Verbindung können auch wie zwei Pole betrachtet werden, deren Wechselspiel erst die Stabilität des Ganzen aufrechterhält und die letztlich nur zwei Aspekte ein- und desselben sind: der Art und Weise, wie Beziehung zwischen zwei Elementen gedacht werden kann. Polaritäten sind uns aus der Astrologie wohl vertraut, ob es sich nun um Aszendent/Deszendent, Widder/Waage oder Sonne/Mond handelt. Auch das Häusersystem, die Tierkreiszeichen und die Planeten können aus der Perspektive polarer Dynamik gesehen werden.

Während die Polaritäten im System der Häuser und der Zeichen augenfällig sind und aus der Gestalt des Häuser- bzw. Tierkreises erschlossen werden können, bedürfen sie bei den Planeten der näheren Betrachtung. Ich möchte im Folgenden die Beziehungen der Planeten aus dem Blickwinkel des systemischen Denkens beleuchten und zeigen, wie sich daraus ein praktikables Modell für die Deutung ableiten lässt, das ich in Anlehnung an das Kybernetische Modell der Planeten, das auf Michael Roscher und seine Transpersonale Astrologie zurückgeht und an dem ich mich formal und inhaltlich orientiere, das *Systemische Modell der Planeten* nennen möchte.

In meiner astrosystemischen Deutungspraxis sind Planeten und Häuser die beiden wichtigsten Stützpfeiler. Die Tierkreiszeichen spielen nur noch eine untergeordnete Rolle.[22] Ich orientiere mich an dem, was ich «Astro-Logik» nennen möchte: die Ableitung astrologischen Wissens aus der Anschauung des Himmels.[23] In den sumerischen Anfängen unserer Astrologie wurden die Planeten «wilde Schafe» genannt, im Vergleich zu den «zahmen Schafen», den Fixsternen. Wild deshalb, weil sie, so scheint es, ein Eigenleben führen, ihren Platz ständig verändern, mal in die eine, dann wieder in die andere Richtung laufen.

Planeten, so könnte man sagen, führen ein Eigenleben, während die Zeichen und Häuser in einer starren Struktur gebunden sind und in einem festen und unverrückbaren Muster aufeinander bezogen bleiben müssen: Die Reihenfolge im Tierkreis und des Häuserkreises ist unveränderbar. Die Planeten hingegen haben die Freiheit, sich im Horoskop beliebig zu platzieren. Jeder Planet kann in jedem Zeichen und in jedem Haus zu stehen kommen. Und auch in ihrer Bezogenheit aufeinander, die sich in den Aspekten ausdrückt, gibt es bis auf wenige Ausnahmen[24] keine Begrenzungen: Zwischen Konjunktion und Opposition ist zwischen zwei Planeten alles möglich.

Allein dieser Umstand erzählt uns etwas sehr Wichtiges über die Wandelsterne, die Wanderer am Himmel: Während Häuser Lebensbereiche markieren, in denen wir «zu Hause» sind, und sich im Muster der Tierkreiszeichen eine durchdachte Ordnung von Erlebnisqualitäten zeigt, haben Planeten mehr mit jenen Kräften in uns zu tun, die in Bewegung sind, sich immer wieder zu neuen Mustern – zum Beispiel in den Aspekten – zusammenschließen, sich dann aber wieder voneinander lösen, einander begegnen, sich wieder trennen, sich miteinander verbinden, um dann wieder eigene Wege zu gehen.

Planeten scheinen sich immer wieder neu zu organisieren, gehen immer wieder neue Beziehungen zueinander ein und zeichnen immer wieder neue Muster an den Himmel. Das aktuelle Muster der Planeten ist etwas Unwiederbringliches. So wie die Planeten im Moment am Himmel stehen, wie sie sich aufeinander beziehen, werden wir sie nie wieder vorfinden.

Doch erst wenn die Planeten, Häuser und Zeichen im individuellen Horoskop zusammenspielen, bilden sie das ganze Erfahrungsspektrum des Menschen ab. Jeder Mensch erlebt seine Persönlichkeit von diesen beiden Seiten der Veränderung und Entwicklung (Planeten) einerseits und der Beständigkeit und Kontinuität andererseits (Häuser und Tierkreis).

Das, was wir als beständig in uns erleben, können wir unsere Identität nennen: Darin verkörpert sich all das, was uns über alle Phasen unseres Lebens hinweg die Gewissheit gibt, *ich* zu sein – ob mit fünf, fünfzehn, fünfunddreißig oder fünfzig Jahren. Und doch sind wir in diesen Lebensphasen auch immer anders gewesen: Es besteht ganz offensichtlich ein Unterschied zwischen dem Fünfjährigen und dem Fünfzigjährigen – wir haben uns entwickelt.

Aus diesen Überlegungen lässt sich eine einfache Idee zur Deutung ableiten:

- Häuser geben Auskunft über das, was ein Mensch als seine *Identität* erlebt. Sie spiegeln die Erfahrung, dass es einen roten Faden in der Vielfalt meiner Erlebnisse gibt und dass mein Leben auf etwas Gleichbleibendem ruht, unabhängig von allen Veränderungen, die ich durchlebe. Auf dieses Gleichbleibende beziehen wir uns gewöhnlich, wenn wir von «Ich» sprechen. Ich bezeichne dieses Gleichbleibende als das *Wesen*.
- Planeten erzählen etwas über die *Entwicklungen* eines Menschen, denn sie bilden die Erfahrungen ab, die uns als veränderliches Wesen kennzeichnen. Sie erzeugen im Rahmen der Kontinuität unseres Wesens Unterschiede und ziehen damit Trennlinien zwischen Zuständen unserer Persönlichkeit, sowohl zeitlich («Ich heute – ich früher») als auch innerlich («ein Teil in mir, ein anderer Teil in mir»). Das, was sich in uns entwickelt, nenne ich die *Person*.

Einige Planeten scheinen es zu ermöglichen, dass wir eine Verbindung mit der Welt eingehen können, während andere eher die Funktion zu haben scheinen, uns wieder auf Distanz zu ihr zu bringen. Einer der ersten, der dies erkannte, war Michael Roscher, der damit begann, Planeten in zwei polare Kategorien einzuteilen.[25] Die eine Kategorie bezeichnete er als Energie aufnehmend, die andere als Energie freisetzend. Des Weiteren unterschied er vier Ebenen, auf denen Energie vom Menschen aufgenommen beziehungsweise freigesetzt werden kann: die Ebene des Egos, die Ebene der Umwelt, die Ebene der Gesellschaft und die transpersonale Ebene. Auf jeder Ebene ist ein Planet dafür zuständig, Energie aufzunehmen, und ein anderer dafür, Energie freizusetzen. So entstand das Kybernetische Modell der Planeten.

Die Planeten Merkur und Uranus fungieren in diesem Modell als Vermittler zwischen den aufnehmenden und freisetzenden Funktionen. Sie bilden neutrale Puffer, damit es nicht wie beim Aufeinandertreffen eines elektrischen Plus- und Minus-Pols zu einem Kurzschluss kommen kann. Merkur und Uranus sorgen dafür, dass die Energie sich im Kreislauf einer Ebene weiterentwickeln kann, denn das Ziel jeder Ebene ist es, einen solchen geschlossenen Regelkreis zu bilden: Nachdem die Energie auf der einen Seite aufgenommen, im Inneren verarbeitet und neu organisiert wurde, wird sie auf der anderen Seite des Modells wieder freigesetzt. Diese Freisetzung bewirkt eine Veränderung der Bedingungen, in welche das System als Ganzes gestellt ist. Die so veränderte Welt wird wiederum zur Grundlage eines neuen Kreislaufes von Aufnahme und Freisetzung von Energie.

Die Anordnung der Planeten in diesem Modell folgt auf der einen Seite traditionellen Mustern, auf der anderen Seite aber auch der Anschauung, wobei gilt: Je schneller ein Planet im (scheinbaren) Umlauf um die Erde ist, umso individueller ist

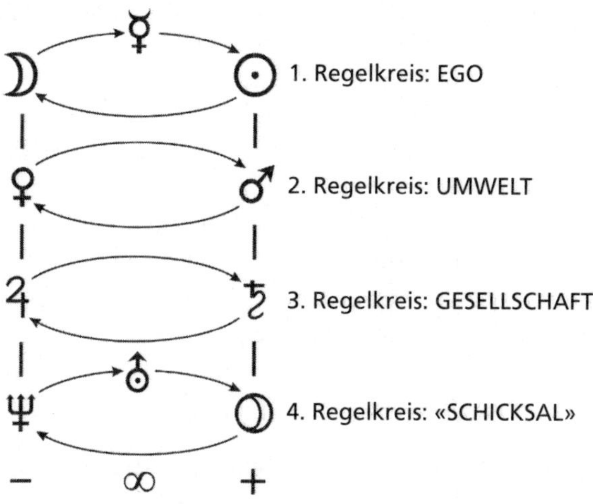

Das Kybernetische Modell der Schule für Transpersonalen Astrologie (TPA)

die Ebene, auf der er wirkt. So befinden sich Mond, Merkur und Sonne auf der Ebene des ersten, Venus und Mars auf der Ebene des zweiten, Jupiter und Saturn auf der Ebene des dritten und Uranus, Neptun und Pluto auf der Ebene des vierten Regelkreises. Die Idee der Polarität der Planeten geht auf früheste astrologische Schriften zurück, in denen von «männlichen» und «weiblichen» Planeten die Rede ist, wobei die Bezeichnung wohl im Einklang mit den zu jenen Zeiten vorherrschenden Vorstellungen von Geschlechterrollen geschehen ist.[26] Die «männliche Natur» wurde mit dem Tag und dem Prinzip der Aktivität (Tatkraft) in Verbindung gebracht, die «weibliche Natur» mit der Nacht und dem Prinzip der Passivität (Ruhe).

Das Modell überrascht an einer Stelle: Während Jupiter meistens als «männlich» angesehen wird, und Saturn, wenn überhaupt, als eher «weiblich», ist es im Kybernetischen Modell der Planeten genau umgekehrt. Das hat mit der Haltung an die

Gesellschaft zu tun: Während Jupiter eher der *passiven* Erwartung an die Gesellschaft entspricht, finden wir in Saturn eine Kraft, Gesellschaft *aktiv* zu strukturieren. Wir werden auf die Sinnhaftigkeit dieser Zuordnung noch näher eingehen.

Während die horizontale Ordnung nach dem Prinzip der Polarität erfolgt, folgt die vertikale Ordnung dem Prinzip der Ähnlichkeit: Planeten, die eine ähnliche energetische Ausrichtung nach den Kategorien «freisetzen» und «aufnehmen» besitzen, bilden einen Strang. Sie sind dabei von oben nach unten nach ihrer Geschwindigkeit geordnet.

Planeten trennen und verbinden

In der Sprache des systemischen Denkens würden wir anstatt von Energie aufnehmenden beziehungsweise Energie freisetzenden Planeten von Planeten sprechen, die uns mit der Welt *verbinden*, und solchen, die uns von der Welt *trennen*. Dadurch stellen beide Planetengruppen Aktionspotenziale dar: Mond, Venus, Jupiter und Neptun sind nicht einfach nur «passiv» und «reaktiv», sondern bilden selbst einen aktiven Vorgang ab, nämlich das Sich-Verbinden mit der Welt. Damit wird deutlicher betont, dass es ein kreativer Prozess ist, die Welt wahrzunehmen – ganz im Sinne des Konstruktivismus und seinem Grundgedanken, dass der Blick in die Welt die Welt selbst organisiert: Wahrnehmung ist ein schöpferischer Akt.

Eine systemischere Variante des Kybernetischen Modells sähe demzufolge so aus:

- Mond, Venus, Jupiter und Neptun bilden die Gruppe der Planeten, die unsere Beziehung zur Welt regeln, indem sie dafür sorgen, dass wir uns mit ihr verbinden. Sie ermöglichen uns, unsere Grenzen zur Welt aufzugeben und uns ihr als System zu öffnen, um an ihren Impulsen teilzuhaben und aus ihren Möglichkeiten zu schöpfen.
- Sonne, Mars, Saturn und Pluto regeln unsere Beziehung zur Welt, indem sie uns wieder in Distanz zur Welt bringen. Sie

trennen die Verbindung zur Welt wieder, grenzen uns von ihr ab, damit wir uns nicht in ihr verlieren. Sie sorgen dafür, dass wir eine stabile Identität aufbauen können, die uns von der Welt unterscheidet.

Die vier Ebenen des Kybernetischen Modells bleiben erhalten und werden als vier Ebenen der Konstruktion von Wirklichkeit verstanden.

- Wir bauen unsere individuelle Wirklichkeit durch Verbindung und Trennung von der Welt auf, in die wir eingebettet sind. Dieser von Mond und Sonne gesteuerte Prozess geschieht unwillkürlich und ohne unser Zutun.
- Venus und Mars sind dafür zuständig, aus dieser Welt noch spezifischere Objekte «herauszutrennen», auf die wir uns als unsere Umwelt beziehen können, zum Beispiel in Gegenständen, Personen.
- Jupiter und Saturn wiederum regeln unsere Beziehungen zur Gesellschaft, ein eher abstraktes Konstrukt, welches den objektbezogenen Beziehungen zu unserer Umwelt übergeordnet ist und diese zu etwas Größerem zusammenfasst.
- Und Neptun und Pluto stehen schließlich für jene Ebene der Wirklichkeit, die, so scheint es, sich unseren Einflussmöglichkeiten als Individuum entzieht: der transpersonale Bereich.

Merkur und Uranus bleiben Vermittler zwischen den Welten. Wir können sagen, dass sie der Linie selbst entsprechen (wie in der Abbildung auf Seite 76), dem Kanal, der die Beziehung als solche verkörpert und insofern eine neutrale Zwischenposition darstellt. Mehr noch: Ihre Aufgabe ist es, sich weder auf die eine noch auf die andere Seite zu stellen, sondern beide Seiten im Auge zu haben. Daher ist der Begriff «neutral» nicht ganz korrekt, denn er leitet sich von lateinisch «ne-utrum» ab, was so viel wie *keines von beiden* bedeutet. Merkur und Uranus sind aber nicht unabhängig von der Polarität, sondern ein integraler, wichtiger Bestandteil. Daher ziehe ich es vor, sie als «allparteilich» zu bezeichnen: Sie stehen auf allen Seiten des Spiels.

Planeten stehen als Wandelsterne weniger für Zustände als vielmehr für Aktionsformen: Sie beschreiben nicht etwas Gegebenes, sondern stellen Kräfte im Horoskop dar, die erst durch ihre Aktivität etwas hervorbringen.

Mein Mars, mein Saturn, mein Uranus «ist» nicht etwa so oder so, steht nicht für diesen oder jenen festgelegten Wesensanteil in mir, sondern als prinzipiell auf Aktion ausgerichtete Kraft *verhält* er sich so oder so. Eine Bewertung der Planeten ist so gesehen nicht mehr möglich, ein Planet kann nicht grundsätzlich «gut» oder «schlecht» sein. Wir können lediglich sagen, dass das Aktionspotenzial eines Planeten in diesem oder jenem Zusammenhang angemessen und zielführend ist oder eben nicht. Angemessen bedeutet an dieser Stelle nichts anderes als im Einklang mit den eigenen Motiven und Absichten.

Die Rolle der Planeten ist recht einfach: Sie stellen die Kräfte in uns dar, mit denen wir aktiv dafür sorgen können, dass wir in der Welt, in die wir geboren werden, uns als eigenständiges System im Unterschied zur Welt erfahren können, und zwar im Wechselspiel zwischen Verbindung und Trennung.

Die Planeten des Trennens sorgen dafür, dass wir Unterschiede zur Welt produzieren, damit wir uns als Individuum mit einer eigenen Absicht erleben können. Die Planeten des Verbindens haben den Auftrag, uns mit der Welt in Berührung zu bringen, damit wir die Unterschiede auch spüren können. Entscheidend ist das sich gegenseitig bedingende Wechselspiel zwischen beiden Gruppen: Die Aktivität eines Planeten der Verbindung ruft im Sinne der neutralisierenden Rückkopplung eine ausgleichende Aktivität des entsprechenden Planeten der Trennung auf der gleichen Ebene hervor.

Verbindung und Trennung halten sich im systemischen Modell die Waage. Was aber passiert, wenn dieses System aus dem Gleichgewicht gerät?

Wir können uns vorstellen, dass der Akt der Verbindung mit der Welt sowohl als heilsam als auch als leidvoll erlebt werden kann. Stellen Sie sich vor, der Übergang von Verbindung zu Trennung ist unterbrochen, und das System verharrt im Zustand der Bindung, kann sich aus diesem Zustand nicht mehr lösen. Wenn keine Trennung erfolgt, dann verlieren wir unsere Grenzen, verlieren dadurch an Gestalt und erleben uns als Opfer der Umstände. Wir können diesen Zustand der Verbindung als *Vermengung oder Vermischung* betrachten. Jeder verbindende Planet kann sich auf diese Weise in uns äußern. Dann aber erzeugt er Leid.

Die Lösung für diesen leidvollen Zustand der Verbindung ist die Aktivierung unserer Fähigkeiten zur Trennung: Das, was vermengt und vermischt ist, wird wieder strukturiert, es entstehen Unterschiede, welche die Eigenständigkeit von der Welt erleben lassen und die Kontrolle über das eigene Leben zurückgeben. Die Heilung des Zustandes der Vermengung ist also die Trennung des Vermengten.

Auch Trennung kann als leidbringend erlebt werden, wenn sie nicht durch Verbindung ausgeglichen wird. Wenn wir in Trennung verharren, schließen wir uns von der Welt aus oder werden von der Welt ausgeschlossen.

Die Heilung von diesem Zustand kann nur in der Einbeziehung dessen, was ausgeschlossen ist, bestehen. Wir verbinden uns wieder mit dem, was wir als dauerhaft von uns getrennt erleben.

Die *Einbeziehung des Ausgeschlossenen* und die *Unterscheidung des Vermengten* sind die Lösungen, wenn der Fluss zwischen Verbinden und Trennen unterbrochen wurde und wir in einem als Leid erlebten Zustand verharren.

Damit erweitern wir die Kategorie von Trennung und Verbindung um zwei Aspekte:

	Verbindung	Trennung
Heilsam	Einbeziehung	Unterscheidung
Leidbringend	Vermengung	Ausschluss

Anders ausgedrückt:

- *Verbindung* kann durch die Einbeziehung von Ausgeschlossenem *Trennung* heilen.
- *Trennung* kann durch die Unterscheidung von Vermengtem *Verbindung* heilen.

Auf jeder der vier Wirklichkeitsebenen gibt es ein Planetenpaar, das über den Fluss zwischen Verbinden und Trennen unsere Beziehung zur Welt regelt. Jeder der beiden Planeten ist auch das Heilmittel des anderen, wenn dieser Fluss unterbrochen wird und wir in einen Zustand der Vermengung mit der Welt oder des Ausgeschlossenseins von der Welt geraten. Dieser Grundgedanke ist sehr wichtig, denn er zeigt:

Jeder Planet auf der einen Seite des Modells steht in unmittelbarer Wechselwirkung mit einem anderen Planeten auf der anderen Seite des Modells. Beide können nicht unabhängig voneinander betrachtet werden, sie bedingen und beeinflussen sich wechselseitig.

- Beispiel: Mond bedingt Sonne, und Sonne bedingt Mond. Eine sinnvolle Deutung des Mondes beinhaltet aus systemischer Sicht immer auch die Deutung der Sonne und umgekehrt.

Ein Planet der Verbindung bildet zusammen mit einem Planeten der Trennung eine Rückkopplungsschleife (Regelkreis), deren Funktion es ist, die Stabilität des Systems an dieser Stelle aufrechtzuerhalten.

- Beispiel: Sonne und Mond bilden zusammen eine Feedbackschleife: Während Sonne dafür sorgt, dass wir uns von der Welt unterscheiden (Verhalten, Persönlichkeitsausdruck), ist Mond dafür zuständig, uns mit der Welt zu verbinden (Wahrnehmung, Eingebettetsein in die Welt). Zusammen bilden sie unseren Zugang zur Welt ab.

Wenn das Gleichgewicht zwischen Verbindung und Trennung nicht gewährleistet werden kann, kommt es zu einer einseitigen Betonung: Aus Trennung von der Welt wird Ausgeschlossensein von der Welt, aus Verbindung mit der Welt wird Vermengtsein mit der Welt.

- Beispiel: Wenn ich mich in meinem Verhalten zu sehr von der Welt absondere (Sonne) und es mir nicht mehr gelingt, mich mit den Konsequenzen meines Handelns zu verbinden (sie wahrzunehmen, zu empfinden – Mond), dann kapsele ich mich zunehmend von der Welt ab, mein Verhalten wird zum Selbstläufer ohne Bezug zu dem, was ich gerade wirklich brauche (zum Beispiel Aktionismus, Egozentrik).
- Wenn ich im Eingebettetsein in der Welt (Mond) verharre, ohne entsprechend meine Eindrücke in Impulse zur Gestaltung der Welt zu übersetzen (Sonne), verliere ich meine Grenzen zur Welt. Ich kann meine eigenen Bedürfnisse nicht mehr klar empfinden, verliere den Kontakt zu mir selbst.

Ausgeschlossensein als leidvolle Trennung von der Welt wird «geheilt» durch das Prinzip der Verbindung, indem das Ausgeschlossene wieder einbezogen wird. Umgekehrt gilt für das Vermengtsein mit der Welt, dass es ausgeglichen wird durch das Prinzip der Trennung, indem das Vermengte unterschieden wird.

- Beispiel: Wenn ich zunehmend in Aktionismus verfalle (Sonne), zum Beispiel als Workaholic, schaffe ich Ausgleich, indem ich die Konsequenzen meines Verhaltens wahrzunehmen beginne (Mond). Ich verbinde mich so auf eine neue Weise mit meinen Bedürfnissen (Mond) und kann so mein Verhalten ändern (Sonne).
- Wenn ich mich mit dem, was ich wahrnehme, so stark

identifiziere (Mond), dass ich mich der Welt ausgeliefert fühle (zum Beispiel bei einer Depression oder einer Panikattacke), schaffe ich den Ausgleich, indem ich bewusst unterscheide: Was gehört zu mir, was nicht – worauf kann ich Einfluss nehmen, worauf nicht. Die Heilung geschieht durch bewusste Aktivität, durch bewusstes Handeln (Sonne), und sei es noch so unbedeutend und klein. In dem Augenblick, in dem ich etwas tue, zeige ich mir selbst, dass ich noch in der Lage bin, die Situation zu gestalten. Ich nehme wahr, dass das, was ich tue, die Welt verändern kann, ich ihr also nicht ausgeliefert bin (Mond). Im gleichen Augenblick übernehme ich wieder die Steuerung über mein Verhalten (Sonne).

Indem wir bei der Deutung eines Planeten Wert darauf legen, ihn immer in Wechselwirkung mit seinem Gegenpol zu verstehen, betonen wir das Entwicklungspotenzial eines Menschen in Bezug auf seinen Umgang mit der Welt. In der herkömmlichen Deutungspraxis wird jeder Planet als Eigenschaft der Persönlichkeit gedeutet. In der systemischen Deutung steht kein Planet für sich allein, sondern nur in Zusammenhang mit anderen. Anstelle von Eigenschaften treten dynamische Muster und Beziehungen. Dies erlaubt uns, den Menschen als ein Wesen zu verstehen, das sich ununterbrochen verändert, auch wenn es sich scheinbar in einem stabilen Zustand befindet: «Veränderung geschieht immer.» Es ist nur noch die Frage, wie wir die vorhandene Kraft der Veränderung nutzen können, um leichter unsere Wünsche erfüllen und unsere Ziele erreichen zu können – anders gesagt: um leidvolle Erfahrungen zu heilen, indem wir die Kraft, die wir bislang für die Aufrechterhaltung eines problematischen Zustands (Ausgeschlossensein und Vermengtsein) aufgewendet haben, wieder in eine Richtung lenken, die uns nützt.

Das Systemische Modell der Planeten ist deshalb eine wichtige Grundlage der astrosystemischen Deutungspraxis, wenn es darum geht, positive Veränderungen in Gang zu setzen.

Neben der Polarität zwischen den Planeten der Trennung und der Verbindung besteht das Systemische Modell der Planeten aus den gleichen vier Ebenen wie das Kybernetische Modell. Jede Ebene verkörpert auch hier einen anderen Zugang des Menschen zur Welt, betont eine andere Perspektive auf seine Wechselwirkung mit der Welt, zeigt eine andere Facette der Beziehung zwischen dem Einzelnen und der Welt.

In dieser Unterscheidung spiegelt sich der Versuch, Grunderfahrungen des Menschen zu systematisieren. Sie hilft uns wesentlich spezifischer vorzugehen, wenn wir später nach Lösungsmöglichkeiten für Probleme und nach Entwicklungschancen suchen, weil wir die Ebene bestimmen können, auf der eine Veränderung sich am ehesten zeigen wird.

Eine der Grunderfahrungen des Menschen besteht darin, sich als ein von der übrigen Welt getrenntes Individuum zu empfinden. Dieser Gegensatz könnte mit der Überschrift versehen werden «Ich und der Rest der Welt» oder «Ich und die Welt». Für diese Beziehung ist das Wechselspiel zwischen Sonne und Mond zuständig, das wir schon betrachtet haben. Er ist entscheidend für das Empfinden des Menschen, sich in der Welt auch aufgehoben zu fühlen. Wenn hier ein Ungleichgewicht entsteht, wird es sich auf das ganze System gravierend auswirken, weil es die Basis aller weiteren Ebenen ist, die auf diesem Fundament aufbauen.

Die zweite Ebene, gebildet aus der Polarität Venus/Mars, kann als eingebettet in die erste Ebene betrachtet werden – sie ist so etwas wie ein besonderer Fall der ersten Ebene. Auf dieser Ebene der Erfahrung betrachten wir uns in Gegensatz zu Menschen und Objekten: «Ich und die Anderen», wobei der zwischenmenschliche Bereich hier zwar stärker betont wird, aber nicht das ausschließliche Thema des Wechselspiels zwischen Venus und Mars ist. Man könnte die Beziehung zwischen diesen beiden so auf den Punkt bringen: Venus ist zuständig für das, was wir anziehend finden (Waage-Aspekt der Venus) und deshalb haben wollen (Stier-Aspekt der Venus), während Mars für die Fähigkeit steht, es uns holen.

Auf der dritten Ebene, im Regelkreis zwischen Jupiter und Saturn, entdecken wir, dass die Objekte meiner Umwelt in Strukturen existieren, die ihnen eine bestimmte Bedeutung verleihen. Ich erkenne, dass nicht nur ich in Wechselwirkung mit den Dingen in der Welt stehe, sondern auch die Dinge in der Welt sich untereinander in Wechselwirkung befinden und sich damit unabhängig von mir organisieren. Ich entdecke, dass alles, was in dieser Welt existiert, in bestimmten Zusammenhängen existiert. Diese Zusammenhänge sind in der Regel sozio-kultureller Natur und werden allgemein unter dem Begriff «Gesellschaft» zusammengefasst, ein Überbegriff für eine bestimmte Form des Zusammenlebens, Staatsform oder Kultur, in die ich hineingeboren wurde und deren Spielregeln ich zunächst, ob ich will oder nicht, unterworfen bin. Die Werte der Gesellschaft prägen mich, sie bestimmen meine Erwartungen an sie (Jupiter) und zugleich, welche Erwartungen an mich gestellt werden (Saturn), wo ich gefördert werden will (Jupiter) und wo ich gefordert werde (Saturn).

Schließlich kann ich entdecken, dass selbst auf dieser Ebene noch nicht Schluss ist. Vielleicht mache ich Erfahrungen, die mir verdeutlichen, dass die Zusammenhänge zwischen den Objekten der Welt von einer Instanz organisiert werden, die von meiner Persönlichkeit unabhängig zu agieren scheint. Meine Beziehung zu diesen überpersönlichen («transpersonalen») Zusammenhängen wird in der vierten und letzten Ebene des Modells abgebildet: Neptun und Pluto. Diese vierte Ebene ist rätselhaft, denn sie beschreibt einen Teil der Wirklichkeit, der sich jenseits unserer Person abspielt und unserem Bewusstsein nicht zur Verfügung steht. Sie stellt gewissermaßen die Grenze zu einem Bereich dar, der im Sinne Wittgensteins als «mystisch» gelten kann: «Es gibt allerdings das Unaussprechliche. Dies *zeigt* sich, es ist das Mystische.» und «Wovon man nicht

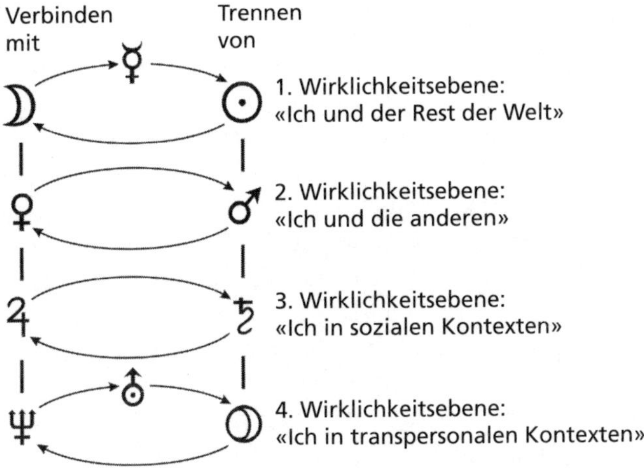

Das Systemische Modell der Planeten

sprechen kann, darüber muss man schweigen.»[27] Die Erfahrungen auf der Ebene des letzten Regelkreises sind nicht in in Sprache zu fassen – sie können sich nur *zeigen*, aber nicht beschrieben werden. Daher müssen wir über sie schweigen.

Jede der vier Ebenen wird von der vorangehenden eingeschlossen oder schließt umgekehrt die vorangehenden ein, je nachdem, aus welcher Perspektive wir das Ganze betrachten. Für die astrosystemische Deutungspraxis bringt die Betrachtung der ersten beiden Regelkreise den größten Gewinn, da die meisten Menschen hier die größten Entwicklungsmöglichkeiten vorfinden können. Das liegt daran, dass wir uns selbst am nächsten sind und deshalb hier die größten Chancen haben, Veränderungen in Gang zu setzen. Auch im zwischenmenschlichen Bereich haben wir noch gute Aussichten, auf das Wechselspiel der Kräfte aktiv Einfluss zu nehmen. Schon auf der Ebene der Gesellschaft stoßen die meisten Menschen an ihre Grenzen, denn hier erleben sie sich weniger als Akteure ihres Lebens, sondern in erster Linie als «Opfer der Umstände». Schließlich haben wir uns die Gesellschaft, in die wir geboren wurden, nicht ausgesucht.[28] Eine aktive Einflussnahme auf die Möglichkeiten dieses Wechselspiels zwischen Jupiter und Saturn bedarf eines Bewusstseins dafür, dass ich als Individuum nicht nur abhängig von der Gesellschaft bin, in der ich lebe, sondern auch *Gestalter* – sei es durch meinen Beruf, durch meine Teilnahme an der Politik oder durch andere Wege, die Gesellschaft bewusst zu prägen. Schon hier zeigt sich, dass Planeten nicht einfach «wirken», sondern dass sie sich je nach unserer Entwicklungsstufe äußern werden. Für manche Menschen mag es genügen, wenn sie die ersten beiden Ebenen für sich als Entwicklungschance nutzen, andere wiederum haben höhere Ziele und suchen die Konfrontation mit den Strukturen der Gesellschaft. Das eine ist nicht weniger wert als das andere, jedoch vermehren sich für Menschen, die sich für ihre Einbettung in sozio-kulturelle Zusammenhänge interessieren, die Möglichkeiten, das Leben zu gestalten und die eigene Entwicklung voranzutreiben. Zugleich aber erhöht sich das Risiko, dabei zu scheitern – eine Aussicht, die viele Menschen dadurch zu umgehen versuchen, dass sie die Möglichkeiten, auf der dritten Ebene aktiv zu werden, von Vornherein ausschlagen und sich lieber auf die Konsumentenrolle beschränken. Von der letzten Ebene ganz zu schweigen: Diese entzieht sich ganz unserem persönlichen Zugriff. Hier sind wir dem, was über die gesellschaftliche Ebene hinaus unsere Welt bestimmen mag, ausgeliefert.

Aus diesen Überlegungen heraus konzentrieren wir uns in der astrosystemischen Deutungs- und Beratungspraxis auf die ersten beiden Regelkreise: Mond-Merkur-Sonne und Venus-Mars.

Um diese besser zu verstehen und vor allen Dingen die Rolle Merkurs, die wir bislang nur kurz angesprochen haben, zu beleuchten, möchte ich den ersten Regelkreis noch einmal ausführlicher darstellen. Dabei greife ich auf die theoretischen Grundlagen des «Brügger Modells» zurück, einer lösungsorientierten therapeutischen Richtung.[29]

Sonne, Mond und Merkur: Wie wir in Beziehung zur Welt treten

Grundlage des Systemischen Modells der Planeten ist, wie wir gesehen haben, die Grunderfahrung des Menschen, dass wir als Individuum in die Welt eingebettet sind und uns zugleich als von ihr getrennt erleben.

Diese Unterscheidung mag eine Konstruktion sein, die wir philosophisch und neurobiologisch hinterfragen können, aber sie trifft das Empfinden der allermeisten Menschen, also auch der Menschen, die zu uns in eine Beratung kommen.

Diese Grunderfahrung können wir in einer Grafik veranschaulichen, wie auf Seite 94 abgebildet.

Auf der einen Seite steht die Welt, auf der anderen Seite das Individuum. Die Linie dazwischen hat zwei Funktionen: Einerseits versinnbildlicht sie unseren Eindruck, dass wir als Individuum von der Welt getrennt sind, andererseits ist sie auch eine Kontaktstelle zwischen Individuum und Welt, eine Art Membran. Sie trennt von und verbindet mit der Welt zugleich, sorgt für Austausch mit ihr und grenzt mich zugleich von ihr ab.

Diese Wechselwirkung zwischen Individuum und Welt kann als Kreislauf dargestellt werden: Die Welt wirkt auf das Individuum ein, es tritt in Kontakt mit ihr, dann wirkt es auf die Welt ein und grenzt sich wieder von ihr ab.

Diese Prozesse können wir vom Standpunkt des Individuums aus als den Vorgang der Wahrnehmung der Welt und den Vorgang des Handelns in der Welt beschreiben:

Indem das Individuum die Welt wahrnimmt, kann diese auf das Individuum einwirken. In dem Augenblick, in dem es mit seinen Sinnen auf die Welt ausgerichtet ist, nimmt es die Welt gewissermaßen in sich auf. Über die Wahrnehmung ist es mit ihr verbunden.

Andererseits wirkt es auch auf die Welt ein, indem es handelt. Mit seinen Handlungen verändert es die Welt, gestaltet es sie. Mit jeder Handlung erzeugt es einen Unterschied in der

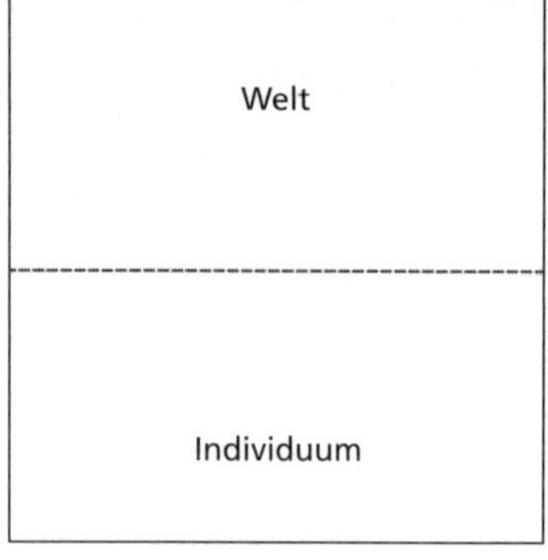

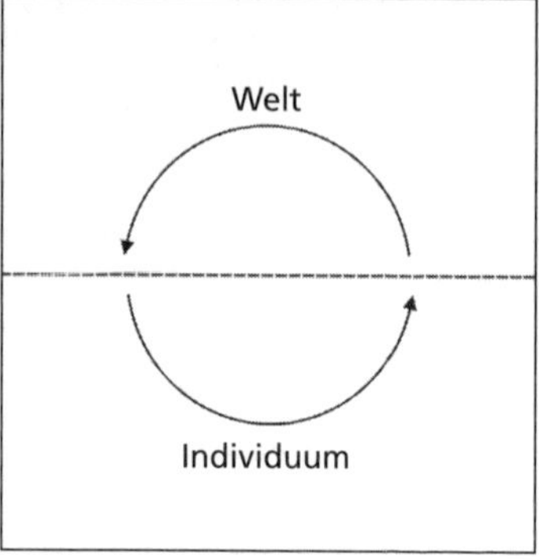

Individuum und Mensch werden als getrennt erlebt und wirken aufeinander ein.

Welt, prägt ihr etwas von seiner Individualität auf. Dadurch wird das Individuum in der Welt präsent – und ist von ihr unterschieden.

Wahrnehmen und Handeln sind also die zwei Grundaktionen, mit denen wir uns mit der Welt in Beziehung setzen. *Fassen wir zusammen: Mit der Wahrnehmung verbinden wir uns mit der Welt, mit der Handlung trennen wir uns von ihr.*

Dabei vertreten die beiden Planeten des ersten Regelkreises, Sonne und Mond, die Erfahrungen, die wir mit diesen beiden Grundaktionen verknüpfen. Der Mond übernimmt dabei den Part der Wahrnehmung, die Sonne steht für das Handeln oder auch Verhalten.

Nun ist es ganz offensichtlich nicht so, dass wir wie eine Maschine funktionieren: Einen Eindruck aus der Welt, einen Impuls, den wir wahrnehmen, beantworten wir in aller Regel nicht einfach mit einer Standardhandlung. Es ist nicht so, als ob bei uns nur ein Knöpfchen gedrückt werden müsste und wir vorhersehbar reagieren würden, auch wenn es manchmal den Anschein hat. Tatsächlich ist der Prozess, der von einer Wahrnehmung zur Handlung führt, sehr viel komplexer.

Schon bei der Wahrnehmung stellen wir fest, dass ein und

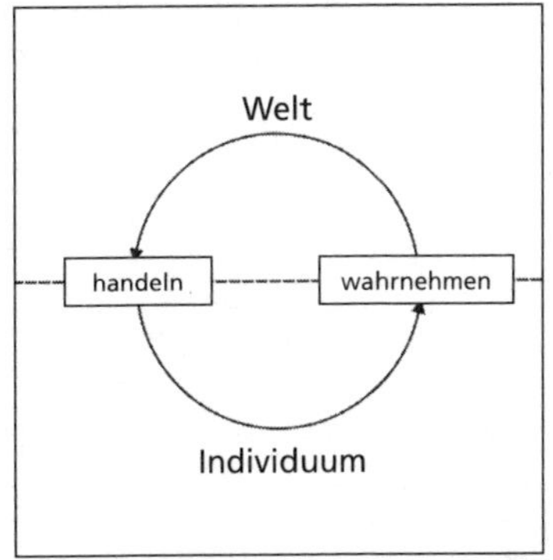

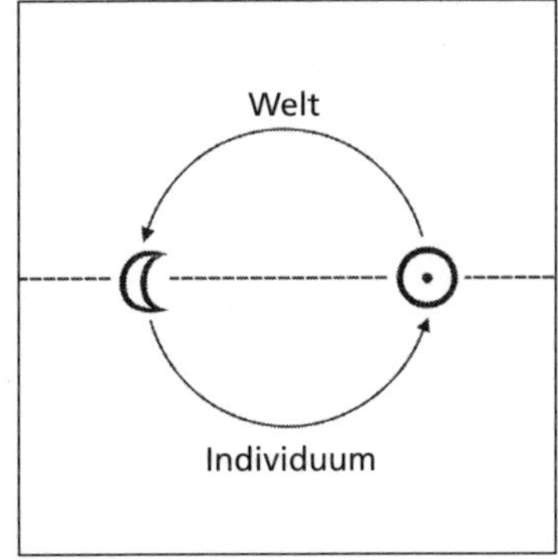

Wahrnehmung und Handeln entsprechen Mond und Sonne.

dieselbe Sache von verschiedenen Menschen ganz unterschiedlich beurteilt wird. Und selbst ein und derselbe Mensch mag eine Wahrnehmung einmal so und ein andermal so bewerten. Wahrnehmung ist nicht gleich Wahrnehmung: Wir geben dem, was wir gerade wahrnehmen, stets eine Bedeutung. Welche Bedeutung wir einer Wahrnehmung geben, ist eine Wahl, die wir treffen. Diese Wahl nennen wir die «semantische Wahl» oder «Bedeutungswahl».

Jeder Mensch hat grundsätzlich die Wahl, welche Bedeutung er einer Wahrnehmung gibt. Ob diese Wahl eine bewusste Wahl ist, ist eine andere Frage.

Beispiel: Ich sehe ein Stück Schokolade. Sofort bekomme ich Appetit, dieses Stück zu verspeisen – denn ich liebe Schokolade. Schokolade bedeutet für mich: ein leckerer Genuss. Etwas anderes ist es, wenn ich gerade eine Diät mache. Dann gebe ich diesem Stück Schokolade eine andere Bedeutung: Ab sofort ist sie kein Genuss mehr, sondern eine Versuchung, etwas, was meine Pläne bedroht.

Je nachdem, wie wir eine Sache wahrnehmen und welche Bedeutung wir ihr zuordnen, wird unsere Handlung ausfallen. Es leuchtet ein, dass wir anders reagieren werden, wenn

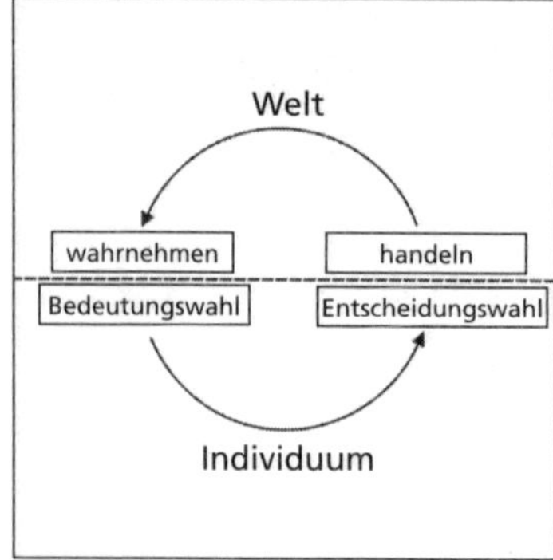

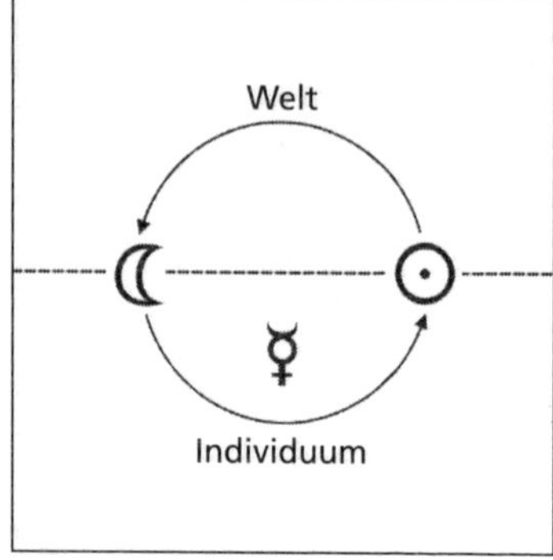

Der Vorgang des Wählens wird durch das astrologische Prinzip des Merkur vertreten.

uns etwas Angst macht (wir also etwas als «angsteinflößend» wahrnehmen) oder ob wir Freude empfinden. Das eine Mal werden wir sehr wahrscheinlich Handlungen einleiten, die den Abstand zwischen mir und dem, was mir Angst macht, vergrößern, während wir im anderen Fall darauf zugehen werden. Die Bedeutungswahl bestimmt auch unser Verhalten, genauer: Sie bestimmt, welche Handlung wir aus dem Repertoire aller möglichen Verhaltensweisen an den Tag legen werden. Diese Auswahl aus unserem Verhaltensrepertoire nennen wir die «pragmatische Wahl» oder «Entscheidungswahl».

Beispiel: Ich entscheide mich, die leckere Schokolade zu essen. Ich könnte sie allerdings auch für später aufheben, um den Genuss noch hinauszuzögern, vielleicht als Belohnung für etwas, was ich noch zu erledigen habe. Oder ich esse sie gleich, denn mir läuft ja jetzt das Wasser im Munde zusammen. Wenn ich eine Diät mache, dann entscheide ich mich – schweren Herzens – ganz gegen den Konsum dieser Süßigkeit.

In unserem Modell übernimmt Merkur die Funktion dieser Wahl. Er steht für alle Prozesse, die mit der Auswahl an Bedeutung und Verhalten zu tun hat, er regiert die Wahl über die Bedeutung, die wir einer Wahrnehmung geben, und die Wahl über die Entscheidung, wie wir uns verhalten. Beide Formen der Wahl hängen voneinander ab: Ist die Wahl der Bedeutung eingeschränkt, ist die Wahl des Verhaltens ebenfalls begrenzt, und je mehr Bedeutungen ich einer Situation geben kann, umso mehr Möglichkeiten des Verhaltens habe ich auch. Astrologisch entspricht die semantische Wahl oder Bedeutungswahl der Zwillinge-Seite Merkurs, die pragmatische Wahl oder Entscheidungswahl seiner Jungfrau-Seite.

Merkur spielt in diesem Modell eine weitaus wichtigere Rolle, als sie ihm gemeinhin zugetraut wird: Er ist der Planet der Wahlmöglichkeiten – indem wir ihn betrachten, finden wir heraus, wovon es abhängt, ob das Spektrum unserer Wahlmöglichkeiten groß oder klein ist.

Die Wahl zu haben, ist der Schlüssel zur Veränderung von leidvollen Situationen, denn Leiden kann als ein Zustand definiert werden, in dem wir die Freiheit der Wahl verloren haben: Wir können nicht wählen, die Welt anders zu sehen, und auch nicht, anders in ihr zu handeln.

Beispiel: Ich will Diät halten. Nun sehe ich das Stück Schokolade vor mir – eine große Versuchung! Es gelingt mir nicht, die Schokolade aus meinem Kopf zu bekommen. Immerzu schwebt mir diese Köstlichkeit vor Augen und ruft mir zu: «Iss mich!» Schließlich gibt es nur noch ein Wahl: Ich muss die Schokolade nehmen und verspeisen – ungeachtet meiner ursprünglichen Absicht. Ich kann einfach nicht anders.

Wenn wir in bestimmten Situationen gegen unsere Absichten handeln und so unsere Ziele nicht erreichen, entsteht Frustration – wir haben ein Problem, weil wir uns nicht selbst steuern können. Es kommt uns vielleicht so vor, als ob etwas die Kontrolle über uns hat und verhindert, dass wir die Welt auch anders sehen können und in der Folge anders handeln können. Wir haben nicht die Wahl.

Lösung von Problemen besteht demnach darin, die Wahlfreiheit wiederherzustellen – das Ziel der lösungsorientierten Vorgehensweise, die Sie im Rahmen der astrosystemischen

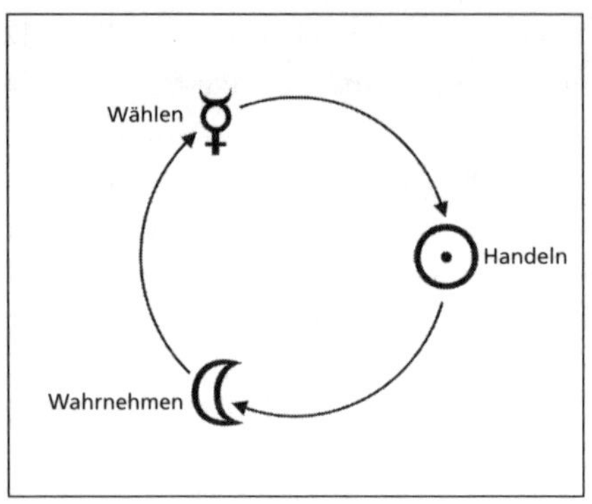

Der erste Regelkreis aus Mond, Merkur und Sonne im Systemischen Modell der Planeten.

Deutungs- und Beratungspraxis noch ausführlich kennenlernen werden. Der Schlüssel ist dabei, astrologische Beratung als eine Umgebung zu installieren, in der Menschen sich inspiriert fühlen, ihre Wahlmöglichkeiten zu erkunden und ihr Potenzial an Wahlmöglichkeiten zu erweitern. Dabei hat die Arbeit der astrologischen Metaphorik, wie sie bereits vorgestellt wurde, eine zentrale Stellung.

Den ersten Regelkreis können wir so zusammenfassen:

Mond – Prinzip der Wahrnehmung. Der Mond nimmt die Welt einfach wahr. Er sammelt wie ein großes Gefäß alle Eindrücke, die aus der Welt auf uns einströmen, und verbindet uns auf diese Weise mit der Welt. Jedes Individuum hat einen anderen Zugang zur Welt: Dies können wir an den Konstellationen des Mondes im Horoskop ablesen.

Merkur – Prinzip der Wahl. Merkurs Aufgabe besteht darin, die Eindrücke, die ihm vom Mond übermittelt werden, mit Bedeutungen zu versehen. Ist das, was ich wahrnehme, gut oder schlecht? Angenehm oder unangenehm? Ist es wichtig oder nicht? Ist es nützlich? Ist es dringlich? Merkur überprüft die Eindrücke nach ihrem augenblicklichen Stellenwert und legt somit Prioritäten für Handlung fest.

Beispiel: Ich verspüre Hunger. Das ist ein eher unangenehmer Eindruck. Gleichzeitig lese ich gerade ein spannendes Buch, das ich auf keinen Fall aus der Hand legen möchte. Merkur gibt hier dem Eindruck «Hunger» die Bedeutung «unangenehm». Dies erfordert eine Handlung: Nahrungsaufnahme. Ein anderer Impuls aber steht diesem Eindruck entgegen: das Buch, das so spannend ist, dass ich jetzt weiterlesen möchte. Merkur muss abwägen: Ist der Hunger noch zu vertrösten? Wie lange kann ich es ohne Nahrungsaufnahme noch aushalten? Ist das angenehme Gefühl des Lesens wichtiger als das unangenehme des Hungers? Dabei greift Merkur auf das gesamte Repertoire unseres aktiven und passiven Wissens über uns zurück. Er greift in der Regel auf bereits bekannte Muster zurück, auf das, was sich schon als erfolgreich bewährt hat. Aus diesen im Bruchteil von Sekunden in unserem Kopf ablaufenden Überlegungen entsteht die Wahl der Handlung: *Ich bleibe sitzen und lese noch das Kapitel zu Ende.* Die Stellung Merkurs im Horoskop verrät uns etwas über die Kriterien, nach denen Merkur bevorzugt Eindrücken Bedeutungen verleiht und Handlungsstrategien daraus ableitet.

Sonne – Prinzip des Verhaltens. Mein Verhalten ist nichts anderes als die Folge der Entscheidungswahl. Das, was «die Sonne an den Tag bringt», die Handlungen, die dann letztlich sichtbar werden und mit denen ich auf die Eindrücke aus der Welt reagiere, folgt dem, was Merkur an Strategien für sie gewählt hat. Mit dieser Handlung verändere ich die Welt und damit die Grundlage für meine Wahrnehmungen – der Kreis schließt sich. Die Stellung der Sonne im Horoskop zeigt uns, auf welche Weise sich bevorzugt unser Verhalten in der Welt zeigt.

Beispiel: Indem ich sitzen bleibe und weiterlese, verstärkt sich das Hungergefühl (Mond). Es wird unerträglich und duldet keinen weiteren Aufschub mehr (Merkur). Ich unterbreche schließlich meine Lektüre und kümmere mich um etwas zu essen (Sonne).

Mit der Kenntnis der Dynamik des ersten Regelkreises haben

wir einen Schlüssel zur Verwandlung von Leid und der Lösung von Problemen auf der Ebene dieses Regelkreises in der Hand. Die Idee ist, den ohnehin ablaufenden Prozess der Wechselbeziehung zwischen Individuum und Welt so zu nutzen, dass wir wählen können, auf welche Weise wir die Welt wahrnehmen und wie wir in ihr handeln werden.

Lösung von Problemen durch Heilung von Leid

Die Unterscheidung des Vermengten und die Einbeziehung des Ausgeschlossenen sind die beiden Grundmuster für die Heilung von als leidvoll erlebten Zuständen. Wenn der Fluss zwischen Eingebettetsein in die Welt (Mond) und Gestaltung der Welt (Sonne) unterbrochen ist oder stagniert, ist der Schlüssel die Erhöhung der Wahlmöglichkeiten (Merkur), damit auf einer der beiden Seiten Veränderung möglich wird.

Sonne heilt Mond

- **Prinzip:** Leidvolles Vermengtsein mit der Welt (Mond) wird ausgeglichen durch heilende Unterscheidung von der Welt (Sonne).
- **Problem:** Wenn der Zustand des Eingebettetseins in der Welt (Mond) nicht ausgeglichen wird durch die Gestaltung der Welt (Sonne), dann entsteht Leid daraus, dass wir uns mit der Welt vermengen und den Bezug zu uns selbst verlieren.

Im Horoskop können wir anhand der Position des Mondes beschreiben, wie ein Mensch dieses Vermengtsein mit der Welt erleben mag. Wenn wir beispielsweise einen Neptun-betonten Mond haben (Mond in den Fischen, Mond/Neptun-Aspekt, Mond in Haus [12] ...) kann das Grundgefühl vorhanden sein, allen Einflüssen aus der Welt hilflos ausgeliefert zu sein, völlig durchlässig zu sein für das, was in der Welt geschieht und nicht mehr unterscheiden zu können, ob das, was einem begegnet, einen betreffen sollte oder nicht. Bei einem Saturn-betonten Mond (Mond in Steinbock, Mond/Saturn-Aspekt, Mond in Haus [10] ...) kann das ganz anders aussehen: Damit fühlt man sich vielleicht wie abgeschnitten von der Welt, erstarrt in einem Gefühl, betrachtet die Welt nur noch aus diesem Gefühl heraus (typisch für eine Depression). Die Folgen dieses Vermengtseins mit der Welt spiegeln sich natürlich auch im Verhalten (Sonne): Dieses dürfte ebenfalls deutlich in seiner Variationsbreite eingeschränkt sein und sehr wahrscheinlich dazu dienen, den Eindruck, Opfer der Welt zu sein, noch zu verstärken (im Sinne eines sich verstärkenden Feedbacks). Beispiel: Ist meine Sonne geprägt von Mars (Sonne/Mars), könnte sich dies in aggressivem Verhalten äußern, entweder in Bezug auf meine Umwelt oder in Bezug auf mich selbst (Autoaggression). Mit Mond/Saturn sehe ich die Welt als feindselig an und reagiere mit Sonne/Mars aggressiv darauf, zum Beispiel durch Sarkasmus. Dieser Sarkasmus führt wiederum dazu, dass andere sich von mir distanzieren. Dies bestätigt wiederum, dass die Welt feindselig ist – der Kreislauf setzt sich fort.

- **Ziel**: Indem wir wieder in die Handlung kommen, setzen wir Unterschiede in der Welt (Sonne). Wir prägen durch unsere Handlungen der Welt unsere Individualität auf. Dadurch wird uns bewusst, dass es einen Unterschied zwischen uns und der Welt gibt. Wir beginnen, uns als Gestalter unserer Wirklichkeit wahrzunehmen und nicht mehr als Opfer.

Die Sonne ist das Ziel der Veränderung. Wenn es uns gelingt, der Wahrnehmung eine Handlung folgen zu lassen, können wir die Welt so gestalten, dass sie für uns besser wird, wobei «besser» heißt, dass der unangenehme Zustand abgelöst wird von einem anderen, nach Möglichkeit angenehmeren, in jedem Fall aber angemesseneren. Wichtiger aber als das ist die Aktivierung des Bewusstseins, dass ich etwas tun kann, dass ich Zustände, in denen ich festzustecken scheine, ändern kann, dass ich die Welt gestalte und nicht Opfer der Welt bin. Im Fall von Mond/

Neptun würde aus dem Gefühl, sich in der Welt auflösen zu müssen, ein steuerbarer Zustand werden, indem ich mich einfach als Teil der Welt fühle, und für Mond/Saturn könnte dann die Depression einfach Trauer über einen Verlust sein[30]. An der Position der Sonne können wir ablesen, wie eine solche Veränderung aussehen kann, woran ein Mensch merken könnte, dass er wieder in seiner Kraft ist und die Welt gestalten kann. Hat die Sonne beispielsweise Sonne/Mars-Qualitäten, dann könnte «in der eigenen Kraft sein» bedeuten «sich freudig in der Welt durchsetzen, Dinge freudig in Angriff nehmen, am Wettbewerb des Lebens teilnehmen». Würde die Sonne Sonne/Uranus-Qualitäten besitzen, dann könnte es bedeuten «seine Individualität zeigen, etwas Besonderes tun, anders sein als die anderen». Das Verhalten unterbricht nun die sich verstärkende Rückkopplung, bestätigt und verstärkt also nicht mehr die Wahrnehmung, sondern gleicht die Wahrnehmung aus und ermöglicht so eine neue Stufe der Entwicklung.

– **Lösungsansatz:** Merkur ist der Schlüssel zur Lösung, mit ihm erhöhen wir die Zahl der Möglichkeiten, die Welt zu sehen. Da das Problem beim Vermengtsein mit der Welt hauptsächlich auf der Seite des Mondes liegt, sollte vor allen Dingen an der Bewertung von Wahrnehmungen gearbeitet werden: Indem ich meine Eindrücke von der Welt anders interpretiere, wird klar, dass es nicht nur die eine, leiderzeugende Perspektive auf die Welt gibt, sondern viele verschiedene. Jede Veränderung des Blickwinkels lässt mich neue Ideen finden, wie ich auf mein Empfinden, in dieser Welt eingebettet zu sein, anders reagieren kann.

Die Position von Merkur zeigt uns: Unter welchen Bedingungen kann ich den Eindrücken die größtmögliche Bandbreite an Bedeutungen geben, sodass ich mich für immer andere Verhaltensweisen entscheiden kann? Gehen wir noch einmal von Mond/Saturn aus. Angenommen in einem Horoskop finden wir Merkur in einer Merkur/Jupiter-Konstellation vor (Merkur in

Haus [9], Merkur/Jupiter-Aspekt...), dann könnten wir unseren Blickwinkel dadurch erweitern, dass wir an Merkurs Interesse an Erweiterung des Horizontes appellieren. Wir wissen dann, dass Merkur Interesse hat, die Welt in ihrer Vielfalt zu erkunden – eine gute Voraussetzung, um die eingeschränkte Wahrnehmung (Mond/Saturn) zu erweitern. Wie kommen wir an diese Möglichkeit heran? Wir könnten natürlich einfache Ratschläge geben: «Lesen Sie ein Buch über Philosophie!» oder «Unternehmen Sie eine Fernreise!» Doch die Chance, dass wir etwas finden, was wirklich auf die Situation des Betroffenen passt, ist recht gering. Wir wissen ja nicht, ob er gerne liest oder gerne verreist. Einfacher ist es, die Merkur/Jupiter-Konstellation selbst «zu Wort kommen» zu lassen, indem wir den Betroffenen fragen, wann es schon einmal besser war – und was er oder sie damals anders gemacht hat. Dieses lösungsorientierte Vorgehen[31] hat den Vorteil, dass wir uns nichts ausdenken müssen, sondern direkt an dem arbeiten, was der Betroffene ganz von selbst mitbringt. Die Erinnerung daran, dass etwas schon einmal geklappt hat und vor allen Dingen, dass er etwas dazu beitragen konnte (darum fragen wir nicht, was anders **war**, sondern was er anders **gemacht** hat), bringt ihn in Kontakt mit den eigenen Ressourcen und gibt die Gewissheit, dass wir alles, was wir brauchen, um uns weiterzuentwickeln, bereits in uns tragen. Wir begeben uns so nicht wieder in die Abhängigkeit von der Welt, sondern erkunden unsere eigenen Möglichkeiten. Indem wir die Position von Merkur im Horoskop betrachten, können wir die Umstände, unter denen wir schon einmal ähnlichen Situationen andere Bedeutungen zugeschrieben haben, genauer beschreiben. Vielleicht erfahren wir dann, dass ein Mensch mit Merkur/Jupiter tatsächlich durch die Lektüre eines spirituellen Buches oder durch den Austausch mit anderen Menschen über ihre Sicht der Dinge neue Perspektiven gewonnen hat – oder wir lernen eine ganz andere Art und Weise kennen, wie Merkur/Jupiter sich zeigen kann.[32]

Wie wir gesehen haben, kann eine Form des Leids eine andere hervorrufen, sie können sich gegenseitig bedingen und sich gegenseitig verstärken: Ich sehe nur das Schlechte in der Welt (Mond/Saturn) und verhalte mich entsprechend aggressiv-feindselig (Sonne/Mars), was ablehnende Reaktionen meiner Umwelt hervorruft und meine negative Einstellung zur Welt bestätigt. Mein Verhalten verstärkt meine Abhängigkeit von der Welt, mein Vermengtsein mit ihr.

Mond heilt Sonne

- **Prinzip:** Leid durch Ausgeschlossensein von der Welt (Sonne) wird geheilt durch Einbeziehung des Ausgeschlossenen in die Welt (Mond).
- **Problem:** Wenn ich mich ständig so verhalte, dass die Trennung von der Welt aufrechterhalten bleibt, indem ich zum Beispiel nicht aufhöre, gestalterisch auf die Welt einzuwirken (Sonne), und wenn kein Ausgleich stattfindet, indem ich dem, was ich durch meine Handlungen bewirke, auch wieder Gelegenheit gebe, meine Sicht der Welt zu verändern (Mond), dann entsteht Leid daraus, dass wir uns von der Welt ausschließen und uns nicht mehr von den Folgen unseres Handelns beeindrucken lassen.

Ein typisches Beispiel für diese Problematik ist die Verhaltensweise eines Workaholics oder jedes andere Verhalten, das die Wahrnehmung des Eingebettetseins in die Welt ignoriert. Dazu gehören jedes zwanghafte Verhalten, alle sich verselbstständigenden Gewohnheiten, unkontrolliertes Verhalten. Eine Sonne/Saturn-Konstellation (zum Beispiel Sonne in Haus [10], Sonne/Saturn-Aspekt...) könnte sich dann in einem leistungsorientierten Verhalten äußern, das sich streng an Normen und Konventionen hält («was man darf, und was nicht») und durch das man sich von der Welt ausschließt, weil man sich keine Abweichungen erlaubt, sondern starr einen einmal eingeschlagenen Weg verfolgen muss. Die «Effekte» auf den Mond bleiben nicht aus: Haben wir zum Beispiel gleichzeitig eine Mond/Mars-Konstellation (Mond in Widder, Mond/Mars-Aspekt,

Mond in Haus [1] ...), wird die Welt zunehmend als aggressiv erlebt, als eine ständige Forderung, immer besser zu werden. Scheitert Sonne/Saturn darin, die Vorgaben zu erfüllen («Versager»), kann Mond/Mars zum quälenden Gefühl der Unzulänglichkeit werden – und im Sinne des verstärkenden Feedbacks Sonne/Saturn zu noch besserer «Performance» anstacheln. Der Kreislauf schließt sich – es kommt zum Kollaps («Burn-out»).

- **Ziel:** Indem wir uns wieder mit der Welt verbinden (Mond) und die Anteile wieder in unser Leben einbeziehen, die wir durch unser Verhalten ausgeschlossen haben, schaffen wir eine Grundlage, unser Verhalten zu ändern. Wir können unsere Bedürfnisse besser spüren und unsere Handlungen so einrichten, dass wir nicht gegen uns selbst vorgehen müssen. Wir erleben uns im Handeln nicht mehr als von einer fremden Kraft getrieben, sondern entscheiden auf der Grundlage unserer Bedürfnisse, was zu tun ist – und was nicht.

An den Konstellationen des Mondes können wir ablesen, woran ein Mensch merken wird, dass er sich wieder mit der Welt verbunden hat. Bei einer Mars-Betonung wird aus einer feindseligen, zu immer mehr Leistung antreibenden Welt eine Welt, in der es sich lohnt, sich für seine Bedürfnisse einzusetzen, ein «gesunder Egoismus». In der Konsequenz kann sich das Verhalten von Sonne/Saturn verändern: Anstelle des Drucks könnte beispielsweise eine an den eigenen Bedürfnissen ausgerichtete Disziplin treten, ein planvolles Vorgehen.

- **Lösung:** Merkur ist auch hier der «zuständige Ansprechpartner», um die Wahlfreiheit zu erhöhen, indem wir unseren Horizont für mehr Möglichkeiten des Verhaltens öffnen. Wenn der Schwerpunkt der Problematik auf der Seite des Sonne liegt, haben wir es sehr wahrscheinlich mit einem Menschen zu tun, der gut in die Handlung kommt und dem es eher schwerfällt, mal eben abzuschalten – auch wenn es genau das ist, was er gerade bräuchte. Doch wenn Sie schon einmal an die Einsicht eines Workaholics appelliert haben und ihm den gut gemeinten Rat erteilt haben, er solle sich doch einfach mal eine Auszeit gönnen, dann wissen Sie, wie erfolgreich das ist. Leichter ist, den Menschen auf der Ebene zu begegnen, auf der sie besonders gut sind – und wenn dies die Ebene der Handlungen ist, dann ist dies der beste Zugang. Daher muss Merkur in diesem Fall eher eine pragmatische Wahl oder Entscheidungswahl treffen: Wir suchen also nicht nach neuen Bedeutungen für Wahrnehmungen, sondern nach weiteren Möglichkeiten, sich zu verhalten.

Wenn Merkur/Uranus (Merkur in 11, Merkur/Uranus-Aspekt ...) das Thema ist, dann wissen wir, was die Alternativen zum gegenwärtigen Verhalten sein können: Sie haben möglicherweise etwas damit zu tun, von der Norm abzuweichen, eine individuelle Note in die Vorgaben einfließen zu lassen, mit dem Ziel, etwas besser zu machen. Es ist ein Ausbruch aus der Tretmühle, etwas einfach nach Vorgaben zu tun und sich dabei strikt an diese anzupassen. Indem ich mit Merkur/Uranus meine Individualität einbringe, mache ich etwas anders. Dies wiederum produziert unvorhergesehene Ergebnisse, die wiederum meine Wahrnehmung verändern werden und damit die Chance erhöhen, mein Verhalten auf die nächste Stufe der Entwicklung zu bringen.

Es würde zu weit führen, das Wechselspiel der Polaritäten im Systemischen Modell der Planeten für jede Ebene so ausführlich darzustellen. Ich möchte dies der Kreativität und der Inspiration des Lesers überlassen, die Prozesse des ersten Regelkreises auf die übrigen zu übertragen. Ohnehin wird es so sein, dass die meisten Probleme sich im Rahmen einer Analyse des ersten Regelkreises lösen lassen und wenn eine Problematik auch zunächst auf einer anderen Ebene zu liegen scheint, so können wir sie immer auch auf diese erste Ebene herunterbrechen, die in der Regel die Wurzel allen Leids ist. Wenn wir hier beginnen, dann setzen wir genau dort an, wo die meisten Probleme ihren Ausgang nehmen. Die übrigen Regelkreise «reagieren» durch ihre systemische Verbundenheit auf jede Veränderung im ersten Regelkreis, wo wir Probleme nachhaltig und am Fundament der Persönlichkeit lösen können.

Wenn wir also ein Problem auf der Ebene von Venus/Mars zu lösen haben (zum Beispiel ein Beziehungsthema), dann ist es sinnvoll, es zuerst auf der Mond/Sonne-Ebene anzugehen, denn Venus baut auf Mond auf und Mars auf Sonne. Erst wenn wir auf der Mond/Sonne-Ebene die grundlegende Dynamik verstanden haben und Wege zu mehr Wahlfreiheit erarbeitet haben, kehren wir zum Wechselspiel zwischen Venus und Mars zurück. Oft haben die Erkenntnisse, die aus der Arbeit mit dem ersten Regelkreis entspringen, die Perspektive auf das Thema so verändert, dass sich die Lösungen auf dieser Ebene wie von selbst ergeben.

Die Funktionen der Planeten – Übersicht

Die folgende Übersicht fasst die wesentlichen Funktionen der einzelnen Planeten im Systemischen Modell der Planeten zusammen. Außerdem möchte ich auf einige Besonderheiten eingehen, die sich aus der Organisation der Planeten in diesem Modell ergeben, und sie mit den konventionellen Deutungen vergleichen.

Planeten der Verbindung			
Mond	die Fähigkeit, in Verbindung mit der Welt zu treten	Was für ein Ort ist diese Welt für mich? Wie nehme ich die Welt wahr? Was brauche ich, um mich in der Welt aufgehoben zu fühlen?	Der Mond ist unser größtes «Wahrnehmungsorgan». In der systemischen Betrachtungsweise steht er nicht in erster Linie für Gefühle, sondern für die Art und Weise, wie wir uns als Teil der Welt fühlen. Die Schale des Sichelmondes kann als Bild für diese Funktion dienen: alles in sich aufnehmen, was aus der Welt an Impulsen auf uns einströmt.

Planeten der Verbindung			
Venus	die Fähigkeit, in Verbindung mit (etwas oder jemandem) anderen zu treten	Wovon fühle ich mich angezogen? Was zieht meine Aufmerksamkeit auf sich? Wie nehme ich Begegnungen wahr? Was wünsche ich mir in Beziehungen?	Venus ist eine Verfeinerung des Mondes. Man könnte es mit dem Blick in ein Schaufenster vergleichen: Wir können zwar alles wahrnehmen (Mond), aber nur bestimmte Dinge, die uns anziehen, geraten in den Fokus unserer Aufmerksamkeit – genau dies entspricht Venus. Die traditionelle Bedeutung der Venus als Planet der Liebe wird erweitert: Es geht nicht ausschließlich um Partnerschaft, sondern um die grundsätzliche Fähigkeit, mich für etwas oder jemanden zu interessieren.
Jupiter	die Fähigkeit, in Verbindung mit größeren Zusammenhängen zu treten	Was erwarte ich von der Gesellschaft? Was sind meine Hoffnungen und Wünsche? Wie nehme ich die Gesellschaft wahr?	Jupiter, traditionell das «Große Glück», wird in diesem Modell wertneutral betrachtet. Er öffnet uns in Richtung der «Wir-Dimension», der Gemeinschaft, den sozio-kulturellen Zusammenhängen. gerade die beiden Planeten des dritten Regelkreises können auf eher passive oder eher aktive Weise gelebt werden. Für Jupiter bedeutet dies, dass wir einerseits etwas erwarten (wir machen die Hand auf, damit wir etwas bekommen) und andererseits unser Leben als Teil der Gesellschaft wahrnehmen und den Wunsch haben, etwas beizutragen (wir machen die Hand auf, um etwas zu geben). Die passive Variante finden wir häufiger, denn sie ist bequemer. Die aktive setzt die Erkenntnis voraus, dass wir als Teil des Ganzen auch Einfluss auf das Ganze haben und nicht nur Opfer der Umstände sind.
Neptun	die Fähigkeit, mit überpersönlichen Zusammenhängen Verbindung aufzunehmen	Die selbst-lose Wahrnehmung. Wie erlebe ich Überpersönliches? Wie komme ich in Berührung mit dem Transpersonalen?	Neptuns Wahrnehmung ist frei von persönlichen Einfärbungen. Man könnte auch sagen: Neptun bedeutet, die Welt zu sehen, wie sie wirklich ist.

Planeten der Trennung			
Sonne	die Fähigkeit, in der Welt einen Unterschied zu machen	Wie verhalte ich mich? Wie handle ich? Wie gestalte ich die Welt? Wie zeige ich meine Persönlichkeit?	Die Sonne wird in der konventionellen Astrologie oft als der wichtigste «Planet» im Horoskop betrachtet und mit dem Willen oder dem Ich gleichgesetzt. In diesem Modell muss sie sich mit einer etwas bescheideneren Rolle begnügen: Sie steht für das, was von unserer Persönlichkeit ans Licht der Welt dringt («Die Sonne bringt es an den Tag.») und Einfluss auf die Welt nimmt.
Mars	die Fähigkeit, zwischen mir und anderen einen Unterschied zu machen	Wie behaupte ich mich gegen die Wünsche anderer? Wie hole ich mir das, was ich will? Wie gehe ich auf andere zu?	Die Funktion von Mars im Systemischen Modell ist wertfreier, als wir es aus der traditionellen Astrologie kennen. Tatsächlich betonen wir hier mehr seine Fähigkeit, auf etwas, was uns interessiert (Venus), zuzugehen.
Saturn	die Fähigkeit, in größeren Zusammenhängen einen Unterschied zu machen	Was erwartet die Gesellschaft von mir? Was ist mein Beitrag zur Gemeinschaft? Wie nehme ich aktiv an der Gestaltung von Gesellschaft teil?	Während Saturn in der konventionellen Astrologie der klassische Übeltäter ist und auch in der modernen Astrologie die positiven Stimmen selten sind, ist seine Funktion hier die aktive Beteiligung an der Gesellschaft. Diese kann – siehe Jupiter – in einem passiveren und einem aktiveren Sinne verstanden werden: einmal als der Tribut, den jeder von uns an das größere Ganze zu leisten hat, aber auch als aktive Teilnahme an der Gestaltung der Gesellschaft. Wie schon bei Jupiter finden wir erstere Entsprechung häufiger, und zwar genau in der Vorstellung, dass Saturn uns etwas wegnimmt, während die andere Vorstellung davon ausgeht, dass wir der Gesellschaft etwas von uns geben.

Planeten der Trennung			
Pluto	die Fähigkeit, sich von überpersönlichen Zusammenhängen zu distanzieren	Das selbst-lose Handeln. Wie zeigt sich das Überpersönliche in meinem Leben? Welche Auswirkungen hat das Transpersonale auf mein Leben?	Pluto entspricht dem selbst-losen Handeln, das heißt dem Handeln ohne persönliche Absicht – etwas, was im Grunde nicht möglich ist. Transpersonale Planeten entziehen sich unserem Bewusstsein, wir verfügen in der Regel nicht aktiv über sie. Daher erleiden wir ihre Auswirkungen eher, als dass wir sie bewusst hervorrufen. Deshalb entspricht Pluto auch der Verneinung des Selbst durch übergeordnete Zusammenhänge, zum Beispiel durch Schicksalsschläge.
Planeten der Vermittlung			
Merkur	vermittelt zwischen Wahrnehmen der Welt (Mond) und Handeln in der Welt (Sonne)	Wie gebe ich meinen Wahrnehmungen Bedeutung? Wie erweitere ich mein Spektrum an Handlungsmöglichkeiten?	Die Rolle Merkurs in der traditionellen Astrologie wird häufig mit «Kommunikation» umschrieben. In diesem Modell ist sehr klar bezeichnet, was darunter zu verstehen ist: die Vermittlung zwischen dem, was ich sehe, und der Art und Weise, wie ich darauf reagiere. Wie Venus hat auch Merkur zwei Gesichter. Wir können den Zwillinge-Merkur als die eher kognitive Seite sehen und den Jungfrau-Merkur als die eher emotionale Seite, die beide zusammenwirken, um aus unseren Wahrnehmungen eine Sicht der Dinge mit bestimmten Bedeutungen zu machen.
Uranus	vermittelt zwischen überpersönlicher Wahrnehmung und überpersönlicher Handlung	Die selbst-lose Erkenntnis. In welchen Bereichen begegnen mir überpersönliche Erkenntnisse? Wie verändert die Begegnung mit dem Transpersonalen meine Art und Weise, der Welt Bedeutung zu geben?	Uranus bildet in der Triade der transpersonalen Planeten den Bereich der selbst-losen Erkenntnis ab, das heißt eines Wissens, das nicht auf der persönlichen Geschichte eines Menschen aufbaut, sondern aus anderen, transpersonalen Quellen gespeist wird. Am ehesten werden wir dies bei einem «Aha»-Effekt erleben oder bei spontanen Eingebungen, die uns wie der Blitz treffen. Wie bei allen transpersonalen Planeten können wir diese jedoch nicht bewusst herbeiführen.

Arbeiten mit dem Systemischen Modell der Planeten

Das Systemische Modell der Planeten ist nicht nur als Leitfaden für die Deutung geeignet. Wenn Sie das grundlegende Prinzip der Regelkreise als Feedbackschleifen verstanden haben, dann können Sie das Wissen um die «unsichtbaren» Verbindungen zwischen den Planetenprinzipien nutzen, um neue Lösungsvorschläge zu entwickeln. Zudem können Sie Probleme auf eine Art beschreiben, die weniger den problematischen Inhalt betont, sondern auf die darin liegenden Ressourcen und Stärken hinweist, denn Sie wissen: Ein Problem ist keine Eigenschaft einer Situation, sondern etwas Dynamisches, was aus einer fehlerhaften Steuerung des Rückkopplungsprozesses resultiert, wobei «fehlerhaft» bedeutet, dass etwas «fehlt», um die ununterbrochen stattfindenden Veränderungen in die gewünschte Richtung, also in Einklang mit unseren Absichten zu bringen.

Als negativ erlebte «Eigenschaften» sind also nicht Merkmale dessen, was wir erleben, sondern Ausdruck einer Dynamik, über die wir die Steuerung verloren haben. Das Systemische Modell der Planeten ist eine Möglichkeit, die Perspektive auf mögliche «Maßnahmen» sichtbar werden zu lassen, die Impulse zur Lösung von Problemen geben können.

Besonders nützlich für ein besseres Verständnis der praktischen Arbeit mit dem Systemischen Modell der Planeten ist das so genannte *Werte- oder Entwicklungsquadrat.*[33]

Das Wertequadrat

Die Idee des Wertequadrates beruht auf der Dialektik des Aristoteles und geht von der Prämisse aus, dass zu jedem Wert (jeder Eigenschaft, jedem Prinzip, jedem Charakterzug) ein Gegenwert gestellt werden kann. Dieses Wertepaar hält sich gegenseitig die Balance, beide gleichen sich gegenseitig aus und halten sich in ihrer positiven Ausdrucksform aufrecht – ganz im Sinne des neutralisierenden Feedbacks. Wenn diese

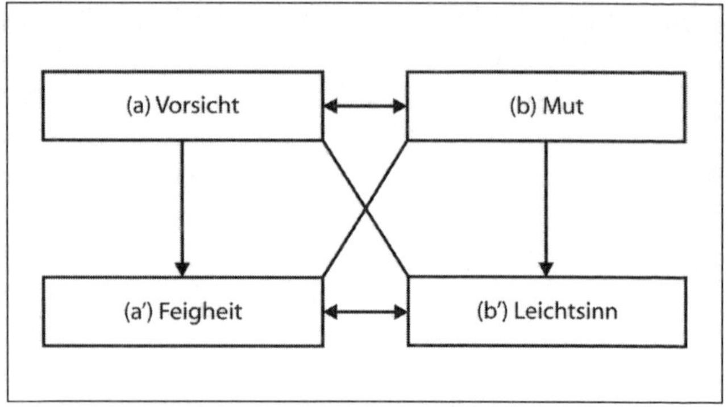

Das Wertequadrat am Beispiel der Pole «Mut» und «Vorsicht».

wechselseitige Balance nicht gelingt, beginnen die Werte zu verfallen – sie werden «ent-wertet» und zeigen sich von ihrer ungünstigen, problematischen Seite.

Ein Beispiel:

Der Gegenpol des Wertes (a) *Vorsicht* könnte der Wert (b) *Mut* sein. Was passiert, wenn Vorsicht und Mut entwertet werden? Dann könnten sie zu (a') *Feigheit* und (b') *Leichtsinn* werden.

Diese beiden Wertepaare bilden zusammen die vier Ecken des Wertequadrats.

Man könnte dies so übersetzen: Vorsicht verkommt zu Feigheit, wenn sie nicht mit Mut ausgeglichen wird, und Mut wird zu Leichtsinn, wenn Vorsicht fehlt.

Wichtig ist der Gedanke, dass weder Vorsicht noch Mut für sich genommen positive Werte sind, sondern sich nur in der dynamischen Balance, im Spannungsverhältnis ihrer Wechselwirkung, konstruktiv entfalten können. Sobald auch nur eine Seite die andere abwertet oder vernachlässigt, entwertet sie sich auf Dauer selbst.

Betrachten Sie das Netzwerk aus Beziehungen, das sich zwischen den vier Werten aufspannt:

- Die Beziehung zwischen (a) und (b) bildet die ideale, angestrebte Balance zwischen zwei Werten.
- Die diagonalen Beziehungen zwischen (a) und (b') sowie (b) und (a') können als Gegensätze gelesen werden.
- Die Beziehung zwischen (a) und (a') sowie (b) und (b') zeigt die beiden Seiten von ein und demselben Wert, und zwar in seiner gewünschten und in seiner unerwünschten Form.
- Die Beziehung zwischen (a') und (b') kann als Überkompensation betrachtet werden, als Flucht von einem unerwünschten Extrem in das andere.

Die diagonalen Beziehungen sind besonders interessant, weil sie in zwei Richtungen gelesen werden können: Von oben nach unten gelesen, bekommen wir so etwas wie die Perspektive des Vorwurfs: Die Vorsicht mag Mut als Leichtsinn empfinden, Mut erkennt in der Vorsicht Feigheit. Man könnte auch sagen: Wenn die Vorsicht den Mut fürchtet, warnt sie vor dessen Leichtsinn. Und wenn der Mut die Vorsicht von sich weist, bezeichnet er sie als Feigheit.

Umgekehrt verkörpern die oberen Werte Qualitäten, die integriert werden möchten, damit sich die unerwünschten Eigenschaften in erwünschte verwandeln können: Feigheit kann sich zu Vorsicht entwickeln, wenn Mut nicht länger abgewertet, sondern integriert wird. Und aus Leichtsinn wird Mut, wenn Vorsicht zugelassen wird.

Damit zeigt das Wertequadrat auch ganz konkrete Entwicklungschancen auf.

Probieren Sie das Wertequadrat einfach selbst aus, indem Sie beliebige Werte als Ausgangspunkt nehmen und sich entsprechende Gegenwerte überlegen. Sie werden feststellen, dass die Arbeit mit diesem Instrument sehr hilfreich ist, um neue Lösungsstrategien zu finden.

In Bezug auf das Systemische Modell der Planeten macht das Wertequadrat auf mehrere Punkte aufmerksam:

- Das, was wir als Eigenschaften eines Planeten bezeichnen, ist in Wirklichkeit Teil der Dynamik eines Planeten mit seinem Gegenpol. Die bekannten Eigenschaften von Saturn, zum Beispiel Sparsamkeit, sind ohne die Eigenschaften von Jupiter, zum Beispiel Großzügigkeit, nicht denkbar. Erst zusammen bilden sie ein Persönlichkeitsmerkmal.
- Wenn wir über einen Planeten sprechen, dann sprechen wir immer auch über den entsprechenden Gegenpol. Wenn wir beispielsweise Saturn deuten, dann deuten wir implizit Jupiter mit, da dieser im dritten Regelkreis der «Partner» von Saturn ist.
- Die unerwünschten («negativen») Eigenschaften eines Planeten haften diesem nicht unwiderruflich an, sondern resultieren aus einem Verlust der Balance zwischen ihm und seinem Gegenpol.
- Eine unerwünschte Eigenschaft ist daher eine erwünschte Eigenschaft, welcher der Ausgleich durch den Gegenpol fehlt. *Wir können also die unerwünschte Eigenschaft in eine erwünschte verwandeln, indem wir den Gegenpol stärken.*

Für die Praxis hat dies beträchtliche Folgen: Während in der herkömmlichen Astrologie Probleme wie Eigenschaften im Horoskop behandelt werden, die nur über die Auseinandersetzung mit dem entsprechenden Planetenprinzip zu lösen sind («Saturn anders leben», «Saturn erlösen» ...), zeigt das Systemische Modell der Planeten, dass eine Lösung auch indirekt gefunden werden kann, indem nicht das ohnehin als schwierig empfundene Element betont wird, sondern der möglicherweise leichter zugängliche Gegenpol. Es entspricht dem Grundsatz des systemischen Denkens, dass die Elemente eines Systems so miteinander verbunden sind, dass wir nicht zwingend an der Stelle zupacken müssen, an der es problematisch und schmerzhaft ist, sondern auch einen Weg wählen können, der weniger Widerstand hervorruft. Wir arbeiten also eher an dem, was schon gut läuft, und stärken so das Selbstvertrauen des Menschen, anstatt ihn mit seinem Leiden zu konfrontieren.

Dies ist ein völlig anderer Ansatz als die Philosophie der Katharsis, der Läuterung durch Leid: Lösung und Heilung sind nur möglich, wenn wir uns unseren Dämonen stellen, uns dem Schmerz bedingungslos ausliefern. Dorthin, wo es wehtut, führt der Weg. Das Menschenbild, das hinter diesem Ansatz steckt, ist ein zutiefst gnostisches: Der Mensch wird als gefallenes, sündiges Wesen betrachtet, der sich von seinen Lastern befreien muss, um von der Dunkelheit ins Licht zu steigen. In der astrologischen Sprache hat diese Ideologie ihren Niederschlag in Begriffspaaren wie «erlöst» und «unerlöst» gefunden: Wir können eine Konstellation in der unerlösten Form leben oder in der erlösten. Wobei es leichter zu sein scheint, die unerlöste Form zu wählen, denn der Weg zur erlösten Form ist anstrengend, und nicht alle schaffen es. So wird ein Menschenbild etabliert, das Leid als zwingend für die Entwicklung sieht. Es mag sein, dass dieser Weg für viele Menschen tatsächlich eine befreiende Wirkung hat. Ethisch bedenklich wird dies, wenn so das Leiden von Menschen in Kriegen, in Diktaturen, in Katastrophen, in armen Ländern als notwendig oder als Entwicklungschance stilisiert wird.

Im systemischen Menschenbild gibt es den Sündenfall des Menschen nicht. Er wird nicht als geboren in Sünde oder in Dunkelheit betrachtet, und es wird auch kein Streben nach dem Licht verlangt. Schmerz und Leid sind keine notwendigen Entwicklungsstufen, sondern Signale dafür, dass etwas nicht stimmt, dass uns etwas fehlt, in uns oder um uns aus dem Gleichgewicht geraten ist. Die Vermeidung von Schmerz und die Überwindung von Leid sind ein Grundbedürfnis und ein Grundrecht des Menschen. Daher kommt es nicht darauf an, einen Menschen dahin zu bringen, wo es ihm wehtut, sondern vielmehr darauf, ihn dorthin zu lenken, wo sich etwas für ihn löst. Das kann unter Tränen geschehen oder mit einem Lächeln – immer aber steht im Vordergrund, dass er ein Wesen voller Möglichkeiten ist – und kein hilfsbedürftiges Mängelwesen.

Wenn wir also bei der Horoskopdeutung dem Problem

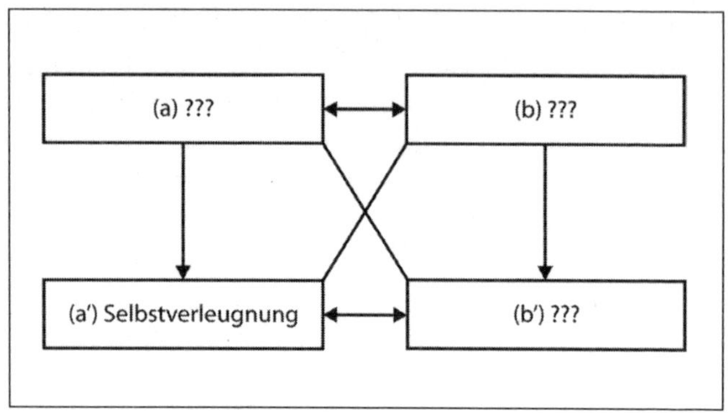

Was ist der unerwünschte Wert oder die problematische Eigenschaft?

scheinbar ausweichen, indem wir uns auf das konzentrieren, was gut läuft, anstatt das Problem zu analysieren, dann ist dies keine Vermeidungsstrategie, sondern die Überzeugung, dass etwas in uns funktioniert und gut ist, so wie es ist, dass wir nicht komplett falsch sind, wenn einmal etwas nicht so funktioniert, wie wir es uns wünschen. Das ist die Grundlage des lösungsorientierten Deutens, über das noch zu sprechen sein wird.

Wenn wir beispielsweise einen Menschen vor uns haben, dessen Problem mangelnde Selbstdurchsetzung ist, wenn er sich also mit seinen Bedürfnissen selbst verleugnet, dann würden wir astrologisch wohl eine Marsproblematik vermuten. Wir könnten zum Beispiel sagen: «Dieser Mensch lebt seinen Mars nicht in einem ausreichenden Maße.» Versuchen wir, dieses Problem mit dem Wertequadrat zu betrachten:

Da es sich um eine unerwünschte Eigenschaft handelt, können wir sie in eine der beiden unteren Ecken des Wertequadrates schreiben. Doch wie kann der Betroffene die übrigen Werte entwickeln?

Eine Möglichkeit besteht darin, das Entwicklungsziel zu bestimmen. Was soll statt der Selbstverleugnung da sein? Welche Eigenschaft würde der Betroffene besitzen, wenn er seine

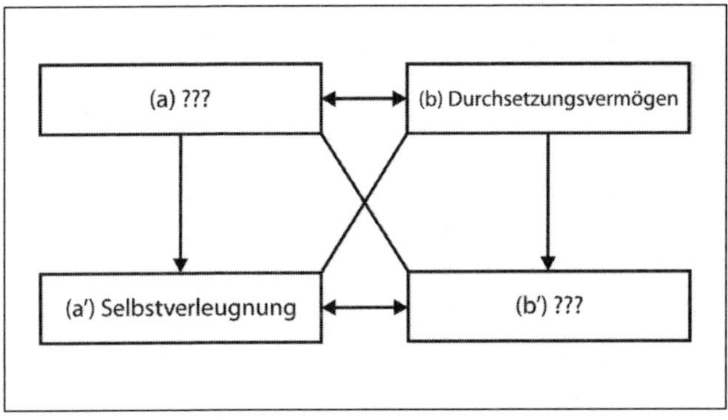

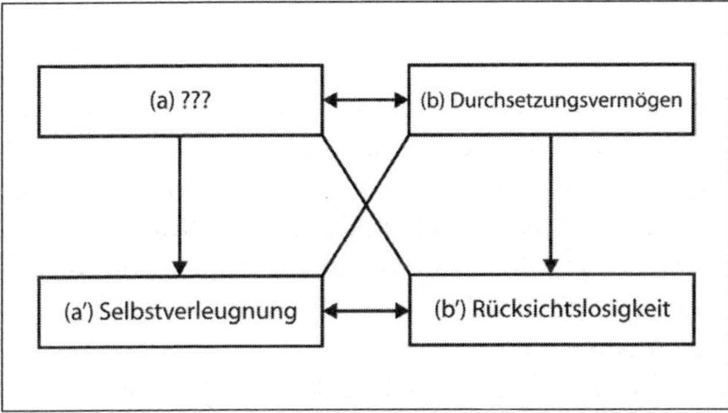

Was soll erreicht werden? Und was wird befürchtet, wenn es erreicht wird?

Bedürfnisse nicht mehr verleugnet? Er würde sich durchsetzen können.

Damit haben wir Ausgangslage und Ziel. Aber warum hat der Mensch dies bislang noch nicht erreicht? Was befürchtet er, wenn er sich durchsetzt? Dies ist der Gegenpol, das andere Extrem der beiden unerwünschten Werte. Vielleicht befürchtet er, als rücksichtslos zu gelten, wenn er auf die Befriedigung seiner Bedürfnisse pocht. Daher verleugnet er sich lieber selbst, als in den Augen anderer als Egoist zu gelten. Wir können das Wertequadrat um einen weiteren Wert ergänzen:

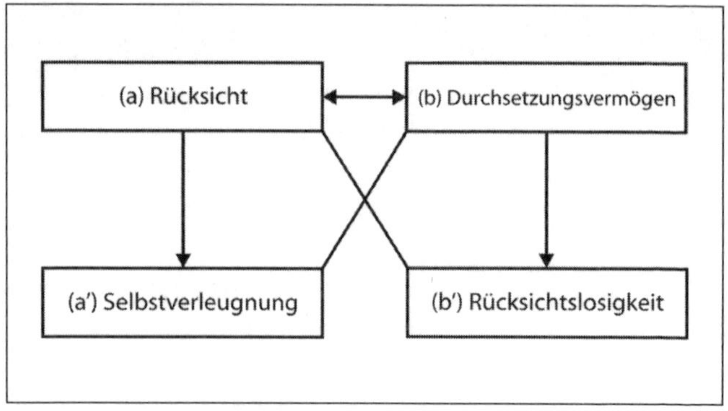

Welcher Wert ist als Ausgleich notwendig?

Die Dynamik wird immer deutlicher: Er setzt sich nicht durch, weil er Rücksichtslosigkeit verabscheut – zum Preis der Selbstverleugnung. Nun können wir fragen: Welcher innere Wert ist ihm so wichtig, dass er sich um den Preis der Selbstverleugnung nicht durchsetzen kann? Dieser innere Wert ist der diagonale Gegenwert zur Rücksichtslosigkeit – die *Rücksicht*. Das Wertequadrat ist komplett:

Nun wird klar: Hinter der Selbstverleugnung steckt ein Bedürfnis nach Rücksicht! Und noch mehr wird klar: Erst wenn der Betroffene diesem Bedürfnis gerecht werden kann, wird es ihm gelingen, ein gesundes Durchsetzungsvermögen zu entwickeln. Würden wir einfach den – gut gemeinten – Rat erteilen: «Du musst eben mal mit der Faust auf den Tisch hauen und deine Rechte einfordern!», würden wir dieses tief verwurzelte Bedürfnis ignorieren. Wir würden jemanden, dem Rücksicht wirklich wichtig ist, dazu auffordern, einen wesentlichen Teil von sich zu verleugnen. Hinter einer vermeintlichen Schwäche steckt eine große positive Kraft, eine Stärke! Diese will gewürdigt werden.

In einer astrologischen Beratung genügt es nicht, einem Menschen aufzuzeigen, wie er künftig seinen Mars rücksichtsloser leben kann. Vielmehr ist es wichtig, den Gegenpol einzubeziehen und in der Schwäche die Stärke zu sehen. Für das Beispiel passt das Prinzip der Venus sehr gut zu den beiden Werten auf der linken Seite des Wertequadrates. In der Praxis würden wir uns also auch um die Venus kümmern, sie als aktive Ressource des Horoskopeigners in die Deutung miteinbeziehen. Erst wenn ihr Rechnung getragen wird, kann auch Mars seine Rolle ausfüllen.

Das Beispiel zeigt, wie wir ein Problem im Systemischen Modell der Planeten erfassen und mit seiner Hilfe neue Sichtweisen und Ansätze für Lösungen finden können. Tatsächlich können wir auf allen Ebenen des Modells für jeden Regelkreis eine Palette von Begriffspaaren aufbauen, die uns in dieser Hinsicht nützlich sein können, denn so gut wie jeder Wert, ob erwünscht oder nicht, kann im Systemischen Modell der Planeten verankert werden. Zugleich trainieren wir damit die lösungsorientierte Sichtweise auf das Horoskop: Wir erkennen, dass hinter jedem unerwünschten Verhalten eine erwünschte Fähigkeit steckt. Daher ist der Wunsch, ein ungeliebtes Verhalten loszuwerden, im Grunde unerfüllbar, denn das würde bedeuten, dass wir gleichzeitig eine Kraftquelle aufgeben müssten. So erscheint es sinnvoller, diese Kraftquelle wieder freizulegen – und sie nicht noch weiter zu verschütten, indem man von einem Extrem ins nächste fällt.

Entsprechungen des Wertequadrats im Systemischen Modell

Erster Regelkreis

Mond	Sonne
Beeindruckbarkeit Fantasie beobachten, wahrnehmen	Ausdrucksfähigkeit Kreativität handeln
Hypersensibilität Träumerei passiv bleiben	Theatralik Produktionswut Aktionismus

Zweiter Regelkreis

Venus	Mars
Liebe Akzeptanz Zurückhaltung Rücksicht	Kampf Konfrontation Mut Durchsetzungsvermögen
emotionale Umklammerung «Ja-Sagerei» Feigheit Selbstverleugnung	Feindseligkeit Widerspruchsgeist Übermut, Leichtsinn Rücksichtslosigkeit

Dritter Regelkreis

Jupiter	Saturn
Großzügigkeit Toleranz Weitsicht	Sparsamkeit Abgrenzung Klarheit
Verschwendung Gleichgültigkeit Pathos	Geiz Diskriminierung Kälte

Vierter Regelkreis

Neptun	Pluto
Offenheit Liebe zur Wahrheit Visionen	Zielgerichtetheit selbstloses Handeln klare Prinzipien
Naivität Verblendung Illusion	Manipulation Machtmissbrauch Dogmatismus

Parallelzeichenherrscher

Der Wert des Systemischen Modells der Planeten besteht darin, dass es das Netzwerk der «unsichtbaren» Beziehungen zwischen Planetenprinzipien sichtbar macht. Es zeigt, dass es isolierte Planeten nicht gibt, denn sie sind alle eingebunden in ein Geflecht aus sich ausgleichenden Wechselwirkungen und Rückkopplungsprozessen – auch wenn die Horoskopgrafik dies nicht zeigt.

Die Zuordnung der einzelnen Planeten zum Tierkreis folgt einem System, das ursprünglich auf den klassischen sieben Planeten vor der Entdeckung der Transsaturnier Uranus, Neptun und Pluto beruht: Beginnend mit Löwe und Krebs, welche Sonne und Mond zugeordnet werden, wandert man parallel links und rechts herum durch den Tierkreis und verteilt die Planeten nach ihrer Umlaufgeschwindigkeit auf die Tierkreiszeichen. Der schnellste Planet nach Sonne und Mond ist Merkur: Er wird zur linken Seite den Zwillingen und zur rechten der Jungfrau zugeordnet. Es folgt Venus für Stier und Waage, Mars für Widder und Skorpion, Jupiter für Fische und Schütze, schließlich Saturn für Wassermann und Steinbock.

Da die eine Hälfte des Tierkreises von der Sonne angeführt wird, wird sie auch *Taghälfte* genannt, die andere Hälfte mit Mond an der Spitze folglich *Nachthälfte*. So hat nach der antiken Vorstellung jeder Planet (mit Ausnahme von Sonne und Mond) einen Tag- und einen Nachtcharakter und regiert in jeweils zwei parallelen Zeichen entlang der Achse 0° Löwe – 0° Wassermann, weshalb sie *Parallelzeichenherrscher* genannt werden.

Mit der Entdeckung von Uranus zerbrach diese Symmetrie: Er wurde dem Wassermann zugeordnet und verdrängte damit die Nachtherrschaft von Saturn über dieses Zeichen. Ähnliches widerfuhr Jupiter, der Neptun in den Fischen Platz machen musste, und Mars, der als Regent über Skorpion Pluto wich.[34] Dennoch, so sagt man, haben die alten Herrscher dieser drei

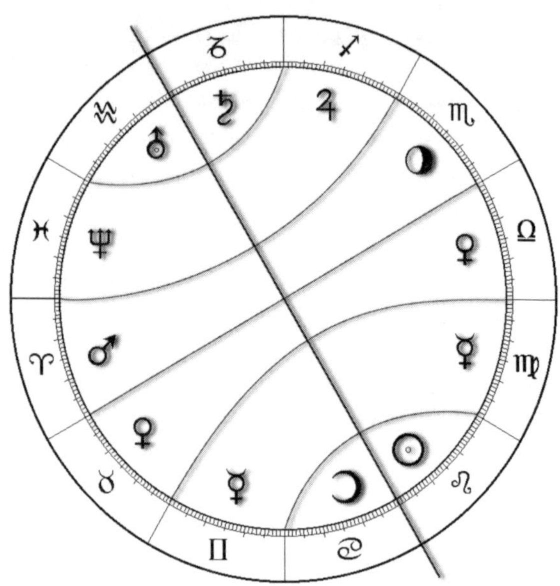

Das System der Parallelzeichenherrscher

Tierkreiszeichen ihre Regentschaft nicht ganz aufgegeben. Sie regieren «heimlich» als Schattenherrscher immer noch mit. Anders ausgedrückt: Sie bilden Paare von *Parallelzeichenherrschern.*[35] Zwischen den Herrschern der parallelen Zeichen herrscht eine «unsichtbare» Beziehung, es gibt also eine systemische Verwandtschaft zwischen Mars und Pluto, zwischen Jupiter und Neptun sowie zwischen Saturn und Uranus.

Großer Bruder – kleiner Bruder

Parallelzeichenherrscher sind wie ein ungleiches Geschwisterpaar, wie Kain und Abel: Was der eine aufbaut, will der andere zerstören oder übertrumpfen – wobei den drei transsaturnischen Planeten die Rolle des «großen Bruders» zukommt. Im

Zusammenspiel der Parallelzeichenherrscher liegt oftmals etwas Destruktives und nicht selten offenbart sich die ungeliebte Schattenseite einer Angelegenheit. Andererseits aber ermöglicht die enge Verwandtschaft zwischen zwei Parallelzeichenherrschern, dass sie sich gegenseitig besonders gut unterstützen können.

Saturn und Uranus

Saturn und Uranus haben beide ein Faible für alles Strukturierte, Geordnete. Doch während Saturn bemüht ist, alles in rechter Ordnung zu halten und die Struktur zu bewahren, legt es Uranus darauf an, dieselben Strukturen zu hinterfragen und im Zweifel zu zerstören. Beide brauchen einander: Uranus Saturn, weil dieser ihm eine feste Struktur zur Verfügung stellt, die er umstürzen kann, und Saturn Uranus, weil dieser ihm Gelegenheit gibt, sich als Meister der Ordnung zu beweisen, der alles wieder richtet. Der Sinn dieser Dynamik liegt auf der Hand: Strukturen bekommen so die Möglichkeit, sich immer wieder zu erneuern, auch wenn die Vorgänge an sich eher destruktiv erscheinen mögen.

Jupiter und Neptun

Zwischen Jupiter und Neptun ist das Verhältnis anders. Beide haben gemeinsam, dass sie sich für Grenzen interessieren. Doch während Jupiter die Grenzen ausdehnen, immer mehr Raum einnehmen möchte, indem er den Horizont erweitert, löst Neptun die Grenzen gleich ganz auf, macht sie durchlässig und damit überflüssig. Während Jupiter trotz seines Expansionsdranges noch Wert auf Grenzen legt, weil er sonst keinen Vergleich anstellen kann zwischen dem, was vorher war, und dem, was nun erweitert wurde, akzeptiert Neptun gar keine Grenzen mehr, lässt keine Definitionen mehr gelten. Neptun ist alles egal, gleichgültig – im engsten Sinne des Wortes: *gleich gültig*. Die Steigerungswut von Jupiter hat in Neptuns Reich keine Bedeutung.

Mars und Pluto

Mars und Pluto teilen den Kampf ums Überleben. Doch während Mars nur sich selbst Rechenschaft schuldig ist und als Einzelkämpfer immer wieder aufs Neue seinen Platz in der Welt verteidigt, sucht Pluto die radikale Veränderung: Er will die komplette Transformation der Welt. Pluto ist die Armee im Vergleich zum Partisanen Mars. Während Mars nur seinen eigenen Bedürfnissen gehorcht und diese immer wieder neu definieren kann, folgt Pluto einem höheren Auftrag, einer Mission, die keinen Widerspruch duldet. Er ist einem unumstößlichen Prinzip verpflichtet, wo Mars nur seinem Instinkt folgt: Wenn er Hunger hat, dann holt er sich etwas zu essen, wenn er angegriffen wird, zeigt er Zähne. Wo jedoch Plutos Armee gewütet hat, hinterlässt sie verbrannte Erde: Nichts wird jemals wieder so sein, wie es zuvor war. Alles, was bleibt, ist ein totaler Neuanfang.

Diese drei Geschwisterpaare wollen wir im Folgenden ebenfalls im Auge behalten. Ihre innige, aber zwiespältige Beziehung kann uns ebenfalls gute Dienste leisten, wenn es darum geht, neue Perspektiven auf Probleme zu erhalten. Ihr praktischer Nutzen besteht in ihrer offensichtlichen Unvereinbarkeit, in der wechselseitigen Provokation, die sie darstellen. Wenn wir zum Beispiel auf der Ebene von Saturn ein Problem bestimmen, dann können wir nicht nur Jupiter als Gegenpol von Saturn zurate ziehen, sondern auch Uranus befragen. Allerdings wird Uranus weniger Wert darauf legen, das Saturn-Prinzip in Ausgleich zu bringen, sondern er wird es provozieren, stören, aus der Ruhe bringen. Andererseits kann ein außer Rand und Band geratener Uranus durch Saturns Kraft wieder in einen vernünftigen Rahmen gebracht werden.

Die Wechselwirkung der Parallelzeichenherrscher zu nutzen, ist sicherlich nicht die erste Wahl. Sie kommt wohl am ehesten zum Einsatz, wenn wir einen relativen starken Anfangsimpuls brauchen, um etwas in Gang zu setzen. Dann aber ist es ratsam, wieder auf die balancierende Rückkopplung der Regelkreise zu setzen.

Eine astrosystemische Deutungspraxis berücksichtigt die Prinzipien des systemischen Denkens stärker als andere astrologische Richtungen. Für sie gilt vor allen Dingen: Ein Ansatz ist dann systemischer als ein anderer, wenn er von Einzeleigenschaften der Elemente eines Systems absieht und sich mehr auf die Wechselwirkungen (Beziehungen) der Elemente im System konzentriert.

Ganz konkret heißt das: Den Einzelfaktoren eines Horoskops wird weniger Bedeutung geschenkt als ihren Wechselwirkungen mit anderen Horoskopfaktoren. Daraus folgt, dass ein Horoskopfaktor (Planet, Haus, Zeichen) für sich genommen keinen eigenständigen Wert hat, sondern seine Bedeutung erst im Zusammenhang mit einem anderen Horoskopfaktor erhält.

Ein Beispiel: Jupiter ohne den Zusammenhang, in dem er im Horoskop auftaucht, ist bedeutungslos. Nun mögen Sie beispielsweise einwenden: «Jupiter ist doch das Prinzip der Expansion!» Das ist richtig, aber überlegen Sie: Was ist das für eine Aussage? Im Grunde sagen Sie nichts anderes aus, als dass es dieses Prinzip gibt, aber das ist nicht besonders bedeutsam für das Individuum, in dessen Horoskop Jupiter steht. Es ist keine Information, denn diese Aussage macht keinen bedeutsamen Unterschied, denn in jedem Horoskop steht Jupiter irgendwo. Erst wenn Sie beginnen, Jupiter im Zusammenhang mit anderen Horoskopfaktoren zu beschreiben, können Sie Unterschiede erzeugen: Jupiter in Haus *[3]* ist etwas anderes als Jupiter in Haus *[4]* – und dies ein relevanter Unterschied zwischen zwei Horoskopen. Für die Deutungspraxis bekommt Jupiter also erst dann einen Wert, wenn wir uns fragen: Expansion in Bezug worauf?

Diese Überlegung ist vielleicht so einfach wie einleuchtend, aber ihr wird in der Praxis zu wenig Aufmerksamkeit geschenkt. Denn wenn ich Sie fragen würde, was die kleinste

Einheit in einem Horoskop ist, dann würden Sie vielleicht antworten: ein Planet, ein Zeichen, ein Haus. Doch weder Planeten noch Zeichen noch Häuser können isoliert in einem Horoskop auftauchen – sie stehen *immer* in einem Zusammenhang mit einem anderen Horoskopfaktor. Es gibt in keinem Horoskop einfach nur Jupiter – es gibt immer nur Jupiter in Bezug zu einem *Faktor X*, also zu einem anderen Planeten, einem Haus und einem Zeichen.

Dies führt auch zu der Überlegung, dass die kleinste bedeutsame Einheit eines Horoskops nicht ein isolierter Horoskopfaktor sein kann, sondern mindestens aus zwei Horoskopfaktoren bestehen muss. Diese kleinste Einheit bezeichne ich als *Konstellation*.

Wie Konstellationen entstehen

Horoskopfaktoren können in drei wesentliche Kategorien eingeteilt werden: Planeten, Häuser und Zeichen.[36] Jedes Horoskop ist aus diesen drei Faktoren aufgebaut, es sind die unabdingbaren Bausteine eines Horoskops.[37] Jeder dieser drei Faktoren bringt typische strukturelle Eigenschaften mit sich, das heißt Merkmale, welche die Art und Weise bedingen, wie er sich mit einem anderen Faktor verbinden kann. So sind Planeten bewegliche Faktoren, die zueinander (fast) jede beliebige Position einnehmen können[38], während Zeichen und Häuser in eine feste Struktur gebunden sind, die zum Beispiel eine bestimmte Reihenfolge festlegt. Dadurch ist nicht jede beliebige Kombination in einem Horoskop denkbar. Manche Konstellationen bedingen andere und schließen wieder andere aus.

Beispiel: Ein Fische-Aszendent ist eine Kombination aus einem Zeichen und einem Haus, genauer gesagt, der Spitze von Haus [1]. Wenn diese Konstellation gegeben ist, dann ist die Konstellation für die meisten weiteren Hausspitzen zugleich festgelegt, denn die Struktur der Häuser sieht vor, dass auf das erste Haus das zweite folgt und auf dieses das dritte und so weiter. Dies schränkt die Kombination von Zeichen und Haus zum Beispiel für Haus [2] erheblich ein und schließt Jungfrau oder Wassermann an der Spitze von Haus [2] aus. Ebenso erzwingt ein Aszendent Fische einen Deszendenten Jungfrau aufgrund der Achsenbeziehung zwischen Haus [1] und Haus [7].

Letztlich sind astrologisch sinnvolle Konstellationen möglich zwischen …

1. Planet und Planet – Diese Konstellationen ergeben sich zum Beispiel durch Aspekte («orbitale Aspekte»), aber auch durch Spiegelpunkte, Halbsummen und Goldene Schnitte[39].
2. Planet und Haus – Konstellationen entstehen durch die Position eines Planeten X in einem Haus Y, aber auch durch Aspekte zwischen Planeten und Hausspitzen (sogenannte «axiale Aspekte»).
3. Planet und Zeichen – Ganz klassisch die Position eines Planeten in einem Tierkreiszeichen.
4. Haus und Haus – unter diese Kategorie fallen insbesondere die Verbindungen zwischen Häusern über die Häuserherrscher, diese benötigen aber einen Planeten als Träger (oder «Brücke») für diese Verbindung.
5. Haus und Zeichen – Konstellationen können gebildet werden durch Häuserspitzen, die in Tierkreiszeichen fallen, und durch Tierkreiszeichen, die in Häusern eingeschlossen sind.
6. Zeichen und Zeichen – Verbindungen zwischen Zeichen und Zeichen ergeben sich durch die Technik der Dispositoren[40]. Wie bei den Häuserherrschern bedarf es aber eines Planeten, der diese Verbindung herstellt.
7. Einen Sonderfall stellen Systeme dar, die Tierkreisgraden Bedeutungen zuordnen, wie zum Beispiel die so genannten «Kritischen Grade» nach Michael Roscher. Die Konstellationen der Grade leiten sich in einigen Fällen aus der Geometrie des Tierkreises selbst ab, in anderen Fällen wurden sie auf der Grundlage von Erfahrung und Forschung entdeckt. Da sie jedoch für die Deutung nur relevant werden, wenn

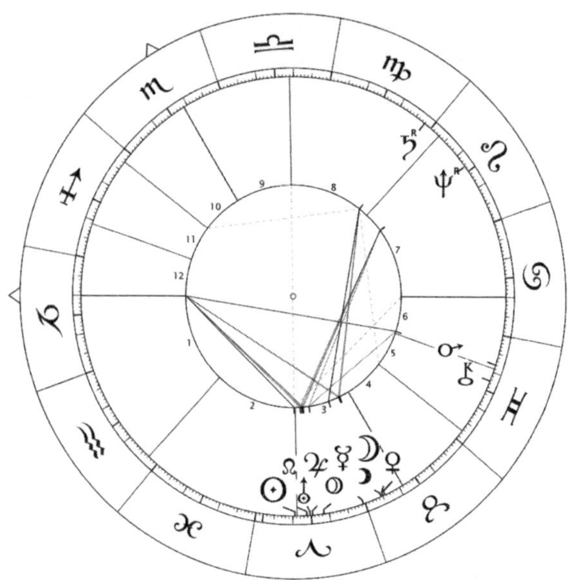

Beispielhoroskop: René Descartes, 31. 3. 1596, 2:00 LMT La Haye/F

sie von einem anderen Horoskopfaktor «besetzt» sind, zum Beispiel von einem Planeten oder einer Hausspitze, gehören sie im engeren Sinne zu Kategorie (3) und (5), auch wenn die Konstellation selbst aus einem anderen Zusammenhang heraus entwickelt wurde.[41]

Wie wir noch sehen werden, sind dies zwar alles Möglichkeiten, im Horoskop Konstellationen als kleinste Einheiten zu bilden, jedoch können wir die sich daraus ergebende Fülle sinnvoll eingrenzen, indem wir Kriterien aufstellen, die uns helfen, sie nach Wichtigkeit zu sortieren.

Zunächst aber ein praktisches Beispiel: Betrachten Sie obenstehendes Horoskop. Wenn Sie möchten, können Sie zunächst selbst überlegen, ob Sie für die oben genannten Kategorien zu Konstellationen Beispiele in diesem Horoskop finden.

1.	Planet/Planet	*Beispiele für Aspekte:* Sonne-Konjunktion-Jupiter, Sonne-Konjunktion-Uranus, Mond-Trigon-Saturn, Jupiter-Konjunktion-Uranus, Neptun-Trigon-Pluto *etc.* *Beispiele für Spiegelpunkte:* Merkur-Spiegelpunkt-Saturn *etc.* *Beispiele für Halbsummen:* Mars = Merkur/Neptun *etc.*
2.	Planet/Haus	*Beispiele für Planeten in Häusern:* Sonne in Haus [3], Jupiter in Haus [3], Uranus in Haus [3], Pluto in Haus [3], Mars in Haus [3], Neptun in Haus [7], Saturn in Haus [8] *etc.* *Beispiele für Planeten zu Hausspitze:* Sonne-Quadrat-Aszendent *etc.*
3.	Planet/Zeichen	*Beispiele für Planeten in Zeichen:* Mond in Stier, Sonne in Widder, Mars in Zwillinge, Saturn in Jungfrau, Pluto in Widder *etc.*
4.	Haus/Haus	*Beispiele für Häuserherrscher:* Herrscher von Haus [8] in Haus [3] (Sonne), Herrscher von Haus [7] in Haus [3] (Mond), Herrscher von Haus [1] in Haus [8] (Saturn), Herrscher von Haus [10] in Haus [3] (Pluto) *etc.*
5.	Haus/Zeichen	*Beispiele für Hausspitzen in Tierkreiszeichen:* Aszendent (Spitze Haus [1]) in Steinbock, Spitze Haus [3] in Widder, Imum Coeli (Spitze Haus [4]) in Stier, Spitze Haus [8] in Löwe *etc.* *Beispiele von Tierkreiszeichen in Häusern eingeschlossen:* Fische in Haus [2], Jungfrau in Haus [8].
6.	Zeichen/Zeichen	Löwe/Widder (Sonne als Dispositor), Widder/Zwillinge (Mars als Dispositor) *etc.*
7.	Sonderfälle	*Beispiele für Kritische Grade:* Aszendent (Spitze Haus [1]) auf 10° Steinbock = Mond/Venus, Merkur auf 29° Widder = Venus/Mars *etc.*

Wie Sie sehen, ergibt sich eine sehr große Anzahl von Einzelkonstellationen, die sich je nach verwendeter Technik fast beliebig steigern ließe – und ich bin sicher, dass Ihnen noch ein paar weitere Möglichkeiten einfallen werden, Konstellationen zu bilden.

Doch von einem rein praktischen Gesichtspunkt aus könnte

das ziemlich unhandlich werden, wenn es um die Deutung geht.

Es ist daher nützlich, sich im Vorfeld Gedanken darüber zu machen, wie wir Konstellationen sinnvoll reduzieren können, sodass sich aus der unüberschaubaren Fülle an möglichen Konstellationen diejenigen herauskristallisieren, die wir wirklich benötigen, um eine gute Deutung zu bewerkstelligen.

Wir müssen Spielregeln einführen, die es uns erlauben, Konstellationen nach Priorität zu sortieren. Weniger bedeutsame Konstellationen könnten dann einfach weggelassen werden. Ich bin mir bewusst, dass jeder praktizierende Astrologe seine eigenen Spielregeln entwickeln wird, nach denen er unterscheidet, was ihm wichtig ist für seine Deutung und was nicht. Dies hängt nicht zuletzt auch von der Schule ab, in der man Astrologie gelernt hat. So werden einige Schulen Aspekte für unverzichtbar halten (zum Beispiel die Huber-Schule), während andere die Bildung von Halbsummen für viel entscheidender halten (zum Beispiel die Hamburger Schule).

Wie Konstellationen sortiert werden

Die Spielregeln, die ich Ihnen im Folgenden vorschlage, basieren auf meinen Erfahrungen, und diese wiederum sind stark geprägt von der Schule für Transpersonale Astrologie (TPA) von Michael Roscher. Doch nicht nur Gewohnheit lässt mich diesen Ansatz bei der Bestimmung der Wertigkeit von Konstellationen bevorzugen, sondern auch weil er mich astrologisch und in meiner Praxis als beratender Astrologe am meisten überzeugt. Als Michael Roscher die Kriterien der Raum-Zeit-Spezifität entwickelte, versuchte er, sich an zwei wesentlichen Bedingungen zu orientieren:

1. Die Kriterien müssen im Einklang sein mit der der Astrologie innewohnenden Logik (sie müssen also im strengen Sinne astro-logisch sein und nicht anderen Quellen entstammen).

2. Die Kriterien müssen mich dazu befähigen, ein Horoskop so individuell wie möglich zu deuten, ausgehend von der Vorstellung, dass bei der Deutung eines Horoskops diejenigen Informationen die wichtigsten sind, die es mir erlauben, die Einzigartigkeit eines Menschen hervorzuheben.

Gerade der letzte Punkt ist auch aus systemischer Sicht besonders wichtig, steht er doch im Einklang mit dem Grundgedanken, dass eine Information ein Unterschied ist, *der einen Unterschied ausmacht (Gregory Bateson).* Wir suchen also bevorzugt diejenigen Konstellationen im Horoskop, die Unterschiede zu anderen Horoskopen sichtbar machen.

Raum-Zeit-Spezifität

Das Prinzip der Raum-Zeit-Spezifität wurde von Michael Roscher schon sehr früh für die Transpersonale Astrologie formuliert. Es geht darum. die Konstellationen herauszufinden, die wirklich wichtig sind für den Deutungsprozess, um die Informationsfülle sinnvoll zu reduzieren. Sinnvoll heißt: im Einklang mit der Absicht, eine möglichst individuelle Interpretation eines Horoskops zu erlauben. Eine Konstellation ist daher umso wichtiger für die Deutung, je individueller sie ist, je einzigartiger sie für ein bestimmtes Horoskop ist. Für die Praxis der Geburtsastrologie bedeutet das: Je weniger Menschen eine Konstellation mit mir gemeinsam haben, umso bedeutsamer ist diese Konstellation, weil sie mich von anderen Menschen unterscheidet, also meine Persönlichkeit umso individueller beschreibt. Astrologisch heißt das: Je weniger wahrscheinlich eine Konstellation im Zeitrahmen einer Geburt ist, umso individueller ist sie auch.

Nehmen wir unser Beispielhoroskop: Es handelt sich um das Horoskop von René Descartes, geboren am 31.03.1596 um 2:00 Uhr in La Haye, Frankreich.[42] Als Faustregel für einen veranschlagten Geburtstermin gilt ein Zeitraum von jeweils zwei Wochen davor und zwei Wochen danach als normaler Zeitrahmen, in dem mit der Geburt gerechnet werden kann. Diese Frist von vier Wochen dient als Maßstab für die Wahrscheinlichkeit von Konstellationen für das Ereignis einer Geburt. In unserem Beispiel betrifft dies den Zeitraum etwa vom 15.03. bis zum 15.04.1596.

Wie wahrscheinlich ist es, dass in diesem Zeitraum die Sonne im Tierkreiszeichen Widder steht? Die Sonne wechselte am 20.03.1596 in das Zeichen Widder, stand also ganze fünf von dreißig möglichen Tagen im Zeichen Fische. Aus diesem Grund können wir dieser Konstellation eine Wahrscheinlichkeit von mehr als 83 Prozent beimessen. Vergleichen wir dies mit der Konstellation des Mondes im Stier:

Wie wahrscheinlich ist es, dass zu diesem Zeitpunkt der Mond im Stier steht? Der Mond begann diesen Zeitraum mit einer Position im Zeichen Waage und beendete ihn nach einem kompletten Umlauf durch den Tierkreis im Zeichen Skorpion. Alle zwölf Zeichen sind demnach gleich wahrscheinlich, wobei der Skorpion sogar zweimal auftaucht und es deshalb eine leicht erhöhte Wahrscheinlichkeit für eine Position des Mondes in diesem Zeichen gibt. Die Wahrscheinlichkeit für Mond in Stier ist daher etwas mehr als 8 Prozent und damit deutlich geringer als die Wahrscheinlichkeit, dass die Sonne im Widder steht. Wir könnten auch sagen: Es ist weitaus weniger vorhersehbar, dass der Mond im Stier stehen wird als die Sonne im Widder. Die Mond-Konstellation besitzt demnach eine höhere individuelle Bedeutsamkeit als die Sonne-Konstellation.

Und wie sieht es mit Saturn aus? Er befand sich in diesem Zeitraum zwar rückläufig, aber doch stabil am Anfang der Jungfrau. Deshalb ist es leicht, Saturn in Jungfrau im Vorfeld festzulegen. Um es gleich vorwegzunehmen: Alle Langsamläufer weisen diese 100-prozentige Wahrscheinlichkeit hinsichtlich ihrer Position in einem Tierkreiszeichen auf. Sie sind entsprechend wenig individuell.

Vergleichen wir dies mit der Position eines Planeten im Haus: Hier müssen wir nicht zwischen den Geschwindigkeiten von

Planeten unterscheiden, denn alle Planeten bewegen sich mit der gleichen Schnelligkeit durch den Häuserkreis, der ja nichts anderes ist als eine Abbildung der täglichen Bewegung des Himmels um die Erdachse – ob Mond oder Pluto, sie alle benötigen rund 24 Stunden, um den Häuserkreis einmal zu durchlaufen. Dabei benötigen sie im Schnitt zwei Stunden für ein Haus. So gesehen befindet sich jeder Planet für etwa zwei Stunden jeden Tag in einem Haus, das macht für den von uns veranschlagten Zeitraum 60 Stunden, also ca. 2,5 Tage. Das entspricht wiederum einer Wahrscheinlichkeit von etwas mehr als 8 Prozent für den gesamten Zeitraum – genauso viel wie beim Mond im Zeichen. Die Positionen der Planeten in den Häusern ist also weitaus individueller, weil weniger gut vorhersehbar und weniger wahrscheinlich als die Positionen der Planeten in den Zeichen. Wenn wir nun nicht nur die Position eines Horoskopfaktors im Tierkreis*zeichen* untersuchen, sondern uns noch kleinere Einheiten aussuchen, zum Beispiel Tierkreisgrade, gewinnen die Häuser eine noch größere Bedeutung: Braucht der Mond für einen Tierkreisgrad immerhin noch mehr als 1,5 Stunden, so passiert eine Hausspitze einen Tierkreisgrad in durchschnittlich 4 Minuten!

Wir haben es hier mit dem zu tun, was Roscher die *Zeitspezifität* nennt, sie entspricht der Dauer, die eine Konstellation Gültigkeit hat. Je kürzer dieser Zeitraum ist, umso größer ist die Zeitspezifität einer Konstellation.

Der zweite Faktor ist die *Raumspezifität*, das heißt die Genauigkeit, mit der eine Konstellation für einen bestimmten Ort zuständig ist.[43] Bedenken Sie: Die Positionen der Planeten im Tierkreis sind für die ganze Welt gültig – steht der Mond im Stier, dann gilt das vom Nordpol bis zum Südpol.[44] Hier ist nur der Zeitfaktor entscheidend. Doch die Berechnung der Häuser erfolgt nicht nur über den genauen Zeitpunkt, sondern erfordert auch die Berücksichtigung des Ortes. Wenn also ein Planet in einem Haus steht, dann variiert dies nicht nur alle zwei Stunden, sondern hängt auch davon ab, wo das abgebildete Ereignis stattfindet. Steht also die Sonne im Horoskop von René Descartes in Haus [3] mit einem Geburtsort in La Haye, bewegt sie sich, je weiter wir uns nach Westen bewegen, deutlich in Haus [2]. In München steht sie beispielsweise zum gleichen Zeitpunkt mitten in Haus [2], in Moskau in Haus [1], während sie in New York in Haus [5] steht. Diese Abhängigkeit vom Ereignisort betrifft nur Konstellationen im Zusammenhang mit den Häusern: Nur Häuser besitzen sowohl eine Raum- als auch eine Zeitspezifität. Daher besitzen alle Konstellationen, die sich auf das Häusersystem beziehen, die größte individuelle Bedeutung im Horoskop.

Genau aus diesem Grund kam Michael Roscher zu dem Schluss, dass die Positionen der Planeten im Tierkreis – bis auf den Mond – weniger bedeutsam sind als die Positionen der Planeten im Häuserkreis. Für uns liefert dies einen wichtigen Hinweis auf die Frage, welche Konstellationen denn wichtiger sind – und hier machen eindeutig Häuserkonstellationen das Rennen.

Spielregeln: Was ist wichtig und was nicht?

Wenn wir die Kriterien der Raum-Zeit-Spezifität anlegen, bekommen wir eine Hierarchie der Bedeutsamkeit von Konstellationen, die uns nützlich sein kann, wenn es darum geht, die Komplexität der Informationen zu reduzieren und uns auf die Konstellationen zu konzentrieren, deren Information eine größere Chance aufweist, ein Unterschied zu sein, der einen Unterschied ausmacht.

Unsere Liste der Möglichkeiten, Konstellationen zu bilden, kann nun umgestellt werden:

1. Haus/Haus-Konstellationen, zum Beispiel Häuserherrscher. Diese Konstellationen besitzen die größte individuelle Bedeutsamkeit, weil sie ausschließlich vom Häusersystem abhängen. Da Häuserherrscher aber auch bedingen, dass Planeten in Häusern stehen, folgen gleich darauf

2. Planet/Haus-Konstellationen, zum Beispiel Planeten in Haus, Aspekte von Planeten zu Hausspitzen. Insbesondere letztere besitzen natürlich eine sehr große Zeitspezifität und sind daher individuell sehr bedeutsam.
3. Planet/Planet-Konstellationen, zum Beispiel Aspekte. Hier spielt nur noch die Zeitspezifität eine Rolle, dafür eine umso wichtigere: Die Geschwindigkeit der beteiligten Planeten entscheidet darüber, wie individuell eine Aspekt-Konstellation gewertet werden kann. Ist der Mond an einem Aspekt beteiligt, erhöht dies die individuelle Bedeutsamkeit im Vergleich zu einem Aspekt zwischen zwei Langsamläufern, zum Beispiel Uranus und Pluto. Letzterer ist ganz klar ein Generationsaspekt und hat deshalb wenig Aussagekraft für das Individuum.
4. Haus/Zeichen-Konstellationen, zum Beispiel Hausspitze in Zeichen. Weil es sich um die Kombination zweier in sich statisch strukturierter Systeme – die Reihenfolge der Zeichen und der Häuser ist im Gegensatz zu den Planeten festgelegt – handelt, ist die Bandbreite der Variationen nicht besonders groß, wie wir bereits festgestellt haben. Tatsächlich bedingt beispielsweise die Position des Aszendenten in Steinbock eine bestimmte Lage der Folgehäuser im Tierkreis. Anders gesagt: Häuser und Zeichen sind nicht beliebig kombinierbar. Genauer betrachtet haben wir es mit *zwölf Grundtypen* zu tun, die jeweils ausgehend von dem Zeichen beschrieben werden können, das am Aszendenten zu finden ist[45]: So haben wir einen Grundtyp «Aszendent Steinbock», der eine bestimmte Verteilung der Häuser im Tierkreis mit sich bringt, zum Beispiel eine große Wahrscheinlichkeit, dass sich das Medium Coeli im Stier befindet.[46] Für unsere Sammlung wichtiger Konstellationen in der Deutungspraxis können wir die Kombination von Haus und Zeichen getrost beiseitelassen – sie besitzen zwar typologischen Wert, aber keinen individuellen.
5. Planet/Zeichen-Konstellationen, zum Beispiel Planet im

Tierkreiszeichen. Bis auf den Mond haben diese Konstellationen wenig bis sehr wenig individuelle Bedeutsamkeit. Dies ist vielleicht der für die herkömmliche Astrologie ungewöhnlichste Schritt der Informationsreduktion, wenn wir bedenken, wie wichtig zum Beispiel Konstellationen wie «Sonne im Wassermann» oder «Mars in den Zwillingen» genommen werden. Diese Konstellationen streichen wir also aus unserer Prioritätenliste – die Position des Mondes im Zeichen merken wir uns, immer im Bewusstsein, dass auch diese Konstellation im Vergleich zu den vorangehenden, häusergebundenen Konstellationen in ihrer Bedeutsamkeit zurückfällt.

6. Zeichen/Zeichen-Konstellationen, zum Beispiel über Dispositoren. Diese spielen eine völlig untergeordnete Rolle bei dem Versuch, den Informationswert von Konstellationen nach Priorität zu systematisieren. Wir werden sie vernachlässigen.

Diese Prioritätenliste kann helfen, eine nach astrologischen Kriterien sinnvolle Gewichtung von Konstellationen in einem Horoskop vorzunehmen. Sie können nun bei der Betrachtung eines Horoskops so vorgehen, dass Sie den Konstellationen der Position 1 und 2 das größte Augenmerk widmen, weil Sie wissen, dass diese auch die größten individuellen Merkmale aufweisen. Andere Konstellationen können Sie getrost vernachlässigen oder bei einer intensiveren Betrachtung des Horoskops zur Vertiefung und Verfeinerung der Deutung heranziehen.

An dieser Stelle ist es vielleicht angebracht, mit einem Vorurteil aufzuräumen: Es wird mitunter behauptet, in der TPA spiele zum Beispiel die Position der Planeten in den Tierkreiszeichen gar keine Rolle mehr. Diese Behauptung ist nicht korrekt. Richtiger wäre: In der TPA (und damit auch in der Systematik, die ich für die astrosystemische Deutungspraxis vorschlage) spielen die Positionen der Planeten in den Zeichen eine *weniger große Rolle* als beispielsweise ihre Positionen in den Häusern.

In der Praxis ist es tatsächlich so, dass wir ihnen dann keine Aufmerksamkeit mehr schenken, weil wir mit der Deutung der individuelleren Konstellationen hinreichend beschäftigt sind und die Informationen, die wir aus den Planet/Zeichen-Konstellationen ziehen können, einfach keinen wesentlichen Unterschied mehr machen. Selbstverständlich ist es nach wie vor gestattet, Pluto im Widder oder Saturn in der Jungfrau zu deuten. Doch wer dies tut, sollte sich der eingeschränkten Bedeutung dieser Konstellationen im Rahmen einer Interpretation eines Geburtsbildes bewusst bleiben und sich daran erinnern, dass sie nur sinnvoll gedeutet werden können, wenn sie nicht als individuelle Themen betrachtet werden, sondern als übergeordnete, größere Zusammenhänge umfassende Themen, die viele Millionen Menschen, die unter demselben Signum geboren sind, betreffen. Es bleibt damit jedem selbst überlassen, wie wichtig es ihm in einer Beratung ist, solche pauschalen Informationen zur Beantwortung des Anliegens eines Klienten heranzuziehen.

In der astrosystemischen Deutungspraxis wollen wir jedoch möglichst ohne Umwege auf den Kern der Sache kommen. Wir erlauben uns daher, die Informationsfülle des Horoskops auf unsere Bedürfnisse hin zu reduzieren, sodass nur noch die Informationen übrig bleiben, die individuell wirklich bedeutsam sind.

Besonderheiten aus der Transpersonalen Astrologie

Neben den gerade vorgestellten Kriterien der Raum-Zeit-Spezifität haben sich über die Jahrzehnte der Praxis weitere nützliche Spielregeln zur Reduktion der Komplexität bewährt, die ich im Folgenden erwähnen möchte. Sie orientieren sich ebenfalls an der der Transpersonalen Astrologie und sind als Empfehlungen zu verstehen.

Aspekte zwischen Planeten.
Aspekte gelten nur dann als vollwertige Konstellationen, wenn sie über harte Aspekte gebildet werden, das heißt in erster

Linie: über Konjunktionen, Quadrate, Oppositionen und Spiegelpunkte. Kleinere Aspekte wir Halbquadrate, Anderthalbquadrate sowie Biline (75°) und Triline (105°) können in bestimmten Fällen (zum Beispiel in der Mundanastrologie oder in Ereignishoroskopen) zusätzliche Informationen liefern. Dabei muss zusätzlich die Zeitspezifität eines Planeten berücksichtigt werden, also seine Geschwindigkeit: Je schneller ein Planet, desto bedeutsamer ist die Konstellation, an der er beteiligt ist.

Dabei unterscheiden wir zwischen langsam laufenden Planeten und schnell laufenden Planeten. Ein Aspekt zwischen zwei langsam laufenden Planeten fällt im Sinne der Raum-Zeit-Spezifität aus dem Raster, während ein Aspekt zwischen zwei schnell laufenden Planeten ebenfalls aus dem Raster fallen kann, wenn er sich sehr oft wiederholt (Beispiel: Sonne-Konjunktion-Merkur, Sonne-Konjunktion-Venus). Besonders tragfähig sind in diesem Sinne Konstellationen aus Aspekten zwischen einem Schnell- und einem Langsamläufer. Folgende Kategorisierung kann als Leitlinie gelten:

- Schnellläufer: Mond, Sonne, Merkur, Venus, Mars; relativ zu Langsamläufern: Jupiter und Saturn.
- Langsamläufer: Uranus, Neptun, Pluto; relativ zu Schnellläufern: Jupiter und Saturn.

Beachten Sie die besondere Rolle von Jupiter und Saturn: Sie können je nach Bezug zu den langsameren oder zu den schnelleren Planeten gerechnet werden.

Aspekte von Planeten zu Hausspitzen («axiale Aspekte»). Ein Planet, der einen exakten (nicht mehr als 0,5° Orbis, bei Hauptachsen auch 1°) «harten» Aspekt auf eine Hausspitze wirft, gilt als in diesem Haus angesiedelt und bildet deshalb eine entsprechende Konstellation. In unserem Beispiel finden Sie die Sonne in Haus [3], aber auch im Quadrat zum Aszendenten. Damit zählt sie nicht nur in Haus [3], sondern auch wie eine Sonne in Haus [1]. Diese Konstellation kann sogar größere Bedeutung haben als die einfache Hausstellung, das heißt, Sonne-

Quadrat-Aszendent ist bedeutsamer als Sonne in Haus [1]. Der Grund: Während eine Sonne in Haus [1] ca. zwei Stunden diese Konstellation bildet, ist der Aspekt Sonne im Quadrat zu Hausspitze [1] nur wenige Minuten exakt.

Aspekte zwischen Häuserherrschern.
Eine Möglichkeit, Aspekte weiter zu verfeinern und noch mehr Möglichkeiten zur Konstellationsbildung aus ihnen abzuleiten, besteht darin, nicht unmittelbar die Planetenprinzipien zu betrachten, die sich in einem Aspekt miteinander verbinden, sondern die Planeten als Häuserherrscher aufzufassen. In unserem Beispiel finden wir die Sonne in Konjunktion mit Uranus. Nun können wir uns fragen: Über welche beiden Häuser herrschen diese Planeten in diesem Horoskop? Die Sonne kommt aus Haus [8], Uranus aus Haus [2]. Damit haben wir es auch mit einer Konjunktion des Herrschers von [2] und [8] zu tun. Auf diese Weise können wir sogar Aspekte zwischen Langsamläufern im Sinne einer individuellen Konstellation betrachten. Die Jupiter/Uranus-Konjunktion ist zwar eigentlich ein Aspekt, der weniger individuell zu bewerten ist, aber wenn wir Jupiter als Herrscher von [11] und Uranus als Herrscher von [2] betrachten, dann binden wir diesen Aspekt an das Häusersystem und holen damit noch einen individuellen Anteil aus ihm heraus.

Kritische Grade.
Die Kritischen Grade nach Michael Roscher gehören in der TPA zu den wichtigsten Faktoren, die Konstellationen bilden können. In der Regel aber werden sie nur dann interessant, wenn ein Horoskopfaktor direkt auf ihnen zu stehen kommt. Das gilt in erster Linie für Hausspitzen, die ja nur wenige Minuten im Bereich eines Tierkreisgrades bleiben. Konstellationen, die über Kritische Grade zustande kommen, haben daher eine besonders hohe individuelle Bedeutsamkeit, und wenn Sie mit Kritischen Graden arbeiten, dann gehören diese Konstellationen stets in die höchste Stufe Ihrer Prioritätenliste.

Positionen von Planeten sind sekundär und finden deshalb

wenig bis keine Beachtung. In seltenen Fällen kann die Position eines Schnellläufers auf einem Kritischen Grad interessant sein.

In der Praxis genügt es, die Kritischen Grade nur im Zusammenhang mit folgenden Horoskopfaktoren anzuwenden:

- Hauptachsen
- Zwischenhäuser
- (Mond)

Es gilt die Faustregel: Sobald ein Horoskopfaktor länger als einen Tag auf einem Grad verweilt, wird die Deutung des Kritischen Grades im Hinblick auf die Individualität einer Person sinnlos.

Betrachten Sie noch einmal die Konstellationen aus unserem Fallbeispiel. Jetzt können wir sie nach diesen Prioritäten sortieren:[47]

1.	Haus/Haus	*Beispiele für Häuserherrscher:* Herrscher von Haus [8] in Haus [3] (Sonne), Herrscher von Haus [7] in Haus [3] (Mond), Herrscher von Haus [1] in Haus [8] (Saturn), Herrscher von Haus [10] in Haus [3] (Pluto) *etc.*
2.	Planet/Haus	*Beispiele für Planeten in Häusern:* Sonne in Haus [3], Jupiter in Haus [3], Uranus in Haus [3], Pluto in Haus [3], Mars in Haus [3], Neptun in Haus [7], Saturn in Haus [8] *etc.* *Beispiele für Planeten zu Hausspitze:* Sonne-Quadrat-Aszendent *etc.*
3.	Planet/Planet	*Beispiele für Aspekte:* Sonne-Konjunktion-Jupiter, Sonne-Konjunktion-Uranus, Jupiter-Konjunktion-Uranus *etc.* *Beispiele für Spiegelpunkte:* Merkur-Spiegelpunkt-Saturn *etc.* *Beispiele für Halbsummen:* Mars = Merkur/Neptun *etc.*
4.	Planet/Zeichen	Mond in Stier

Wie wir sehen, ist die Fülle der für die Deutung nützlichen Konstellationen sichtbar geschrumpft, wenn auch immer noch hinreichend komplex. Aus diesem Grund gehen wir noch einen Schritt weiter und reduzieren die Informationen noch einmal. Diesmal verzichten wir nicht auf Faktoren, die sich aus der Struktur des Horoskops ergeben, sondern fassen Informationen inhaltlich zusammen und gruppieren sie nach Ähnlichkeiten.

Dabei hilft uns die Lehre von den Entsprechungen zwischen Planeten, Häusern und Zeichen.

Wie Konstellationen sinnvoll zusammengefasst werden

Die Konstellation ist die kleinste logische Einheit des Horoskops und wird immer gebildet aus (mindestens) zwei Horoskopfaktoren, dies war unser Ausgangspunkt. Nachdem wir nun die Fülle an Konstellationen strukturell reduziert haben, indem wir gesehen haben, welche Konstellationen die größte Wahrscheinlichkeit mit sich bringen, uns die Informationen zur Verfügung zu stellen, die uns eine individuelle Beschreibung eines Horoskops erlauben, können wir die Informationen weiter verdichten, indem wir die Konstellationen gemäß ihrer Ähnlichkeit ordnen. Damit beschleunigen wir das Erfassen des Horoskops als Ganzes. Zugleich werden weitere interessante Beziehungen im System «Horoskop» sichtbar, die wir nutzen können, um die Möglichkeiten der Horoskopdeutung zu vermehren.

Dabei bedienen wir uns der Idee, dass Planeten, Zeichen und Häuser einander entsprechen und letztlich jedes dieser Elemente als Planetenkonstellation notiert werden kann. Alle astrologischen Faktoren lassen sich so über ihre Verwandtschaft zu einem Planetenprinzip beschreiben: Beispielsweise ist Widder dem Prinzip des Mars verwandt und Haus 10 dem Prinzip des Saturn.

Dies gibt uns die Möglichkeit, jede Konstellation aus zwei Horoskopfaktoren als Planetenpaar zu notieren: Aus Mond in

Stier wird eine Mond/Venus-Konstellation, weil Stier eine Venus-Entsprechung ist. Aus Sonne in Haus [3] wird Sonne/Merkur, weil Haus [3] eine Merkur-Entsprechung ist. Aus Herrscher von [10] in [3] wird Merkur/Saturn, weil Haus [10] eine Saturn-Entsprechung ist. Einfach ist es bei Aspekten: Aus der Konjunktion von Sonne und Uranus wird eine Sonne/Uranus-Konstellation und so weiter.

Eine Konstellation kann also als Planetenpaar beschrieben werden. Dies soll nun den bereits eingeführten Konstellationsbegriff einengen:

- Eine Konstellation im engeren Sinne nennen wir die aus der Reduktion einer Kombination zweier Horoskopfaktoren zweistellige Planetenkonstellation.

Der Konvention nach wird dabei der schnellere Planet zuerst genannt (Ausnahme: Sonne, sie wird immer zuerst genannt), zum Beispiel Mars/Saturn, Saturn/Neptun, Mond/Mars, aber Sonne/Mond etc.

Dabei nehmen wir folgende Zuordnungen als gültig an:

Zeichen	Planet	Haus
Widder	Mars	[1]
Stier	Venus	[2]
Zwillinge	Merkur	[3]
Krebs	Mond	[4]
Löwe	Sonne	[5]
Jungfrau	Merkur	[6]
Waage	Venus	[7]
Skorpion	Pluto	[8]
Schütze	Jupiter	[9]
Steinbock	Saturn	[10]
Wassermann	Uranus	[11]
Fische	Neptun	[12]

Die Zuordnungen zwischen Zeichen und Planeten entsprechen genau dem, was Sie vielleicht schon als *Domizile* der Planeten kennen. Die Zuordnung der Zeichen zu den Häusern ist sinnfällig und die sich daraus ergebenden Entsprechungen für Planeten und Häuser ebenfalls.

Bitte prägen Sie sich diese Tabelle gut ein – sie ist der Schlüssel für die Bildung von Konstellationen. Am besten fertigen Sie sich eine Tabelle an, die Sie während der Lektüre immer griffbereit haben können, sodass Sie sich im Zweifelsfall lästiges Umblättern ersparen können.[48]

Nun können wir also jede Konstellation in einem Horoskop in eine solche Planetenkonstellation umwandeln. Dies wollen wir für unser Fallbeispiel einmal komplett tun:

Konstellationen des Fallbeispiels

1. Häuserherrscher-Konstellationen

Bei den Häuserherrscher-Konstellationen ist zu beachten, dass wir hier *nur die Verbindung zwischen den Häusern* beachten. Der Planet, der diese Verbindung herstellt, verliert seine Bedeutsamkeit.

Es ist sinnvoll, in der Reihenfolge der Häuser vorzugehen.

Häuserherrscher-verbindung	**Konstellation**	**Anmerkung**
Herrscher von [1] in [8]	Mars/Pluto	Das Zeichen an der Spitze von [1] ist Steinbock. Über Steinbock herrscht Saturn. Dieser ist folglich der Herrscher von [1]. Saturn steht in [8].Er verbindet also Haus [1] und Haus [8]. Dies drückt diese Konstellation aus.
Herrscher von [2] in [3]	Merkur/Venus	Wassermann an der Spitze von Haus [2], Uranus ist Häuserherrscher. Er steht in [3].

Häuserherrscher-verbindung	Konstellation	Anmerkung
Herrscher von [2] in [7]	Venus/Venus	*Diese Konstellation bezieht sich auf den zweiten Herrscher des 2. Hauses: Da Fische in Haus [2] eingeschlossen ist, ist Neptun Mitherrscher von [2].*
Herrscher von [3] in [6]	Merkur/Merkur	Mars kommt aus Haus [3] und steht in [6].
Herrscher von [4] in [3]	Mond/Merkur	Herrscher ist Venus.
Herrscher von [5] in [3]	Sonne/Merkur	Herrscher ist Merkur.
Herrscher von [6] in [3]	Merkur/Merkur	*Der Herrscher ist wieder der Zwillinge-Merkur, da die Hausspitze [6] auch in die Zwillinge fällt.*
Herrscher von [7] in [3]	Merkur/Venus	Herrscher ist Mond.
Herrscher von [8] in [3]	Merkur/Pluto	*Beachten Sie, dass die Sonne kurz vor der Spitze von Haus [3] steht. Nach der Regel vom letzten Sechstel49 zählt sie aber bereits im nächsten Haus.*
Herrscher von [8] in [3]	Merkur/Pluto	*Auch hier gilt: Haus [8] hat einen zweiten Herrscher – hier: Merkur –, weil Jungfrau in diesem Haus eingeschlossen ist.*
Herrscher von [9] in [3]	Merkur/Jupiter	Herrscher ist Venus.
Herrscher von [10] in [3]	Merkur/Saturn	Herrscher ist Pluto.
Herrscher von [11] in [3]	Merkur/Uranus	Herrscher ist Jupiter.
Herrscher von [12] in [3]	Merkur/Neptun	*Herrscher ist wieder Jupiter, weil auch die Hausspitze [12] in den Schützen fällt.*

2.1. Planeten in Häusern

Hier ist es hilfreich, in der klassischen Reihenfolge der Planeten vorzugehen, also beginnend mit der Sonne, dann Mond, Merkur, Venus, Mars, Jupiter, Saturn, Uranus, Neptun, Pluto. Kleinplaneten wie Chiron oder andere Horoskopfaktoren wie Mondknoten oder Lilith können zunächst unberücksichtigt bleiben.

Planet in Haus	Konstellation	Anmerkung
Sonne in [3]	Sonne/Merkur	*Haus [3] ist eine Merkur-Entsprechung. Die Sonne steht nach der Regel vom letzten Sechstel zwar am Ende von Haus [2], zählt aber in Haus [3].*
Mond in [3]	Mond/Merkur	
Merkur in [3]	Merkur/Merkur	
Venus in [3]	Merkur/Venus	
Mars in [6]	Merkur/Mars	
Jupiter in [3]	Merkur/Jupiter	
Saturn in [8]	Saturn/Pluto	
Uranus in [3]	Merkur/Uranus	
Neptun in [7]	Venus/Neptun	
Pluto in [3]	Merkur/Pluto	

2.2. Planeten in Aspekten zu Hausspitzen («axiale Aspekte»)

Bezieht man diese ein, muss die Geburtszeit gut gesichert bzw. korrigiert ist, damit eine zuverlässige Deutung möglich ist. Schon eine Abweichung von wenigen Minuten bewegt eine Hausspitze aus dem sehr eng bemessenen Orbis (+/- 0,5°, bei Hauptachsen +/- 1°) heraus. Wenn also keine exakte Geburtszeit vorliegt, sind Aspekte auf die Hausspitzen hinfällig. Wenn die Geburtszeit jedoch genau ist, dann erhalten diese Konstellationen eine besondere Gewichtung, weil sie hoch individuell sind.

Planet-Hausspitze	Planetenkonstellation	Anmerkung
Sonne-Quadrat-[1]	Sonne/Mars	*Der Aspekt ist exakt. Die Sonne kann so gewertet werden, als ob sie in Haus [1] stünde.*

Planet-Hausspitze	Planetenkonstellation	Anmerkung
Sonne-Quadrat-[7]	Sonne/Venus	*Der typische Fall: Da Aspekte eines Planeten auf eine Hausspitze immer auch Aspekte auf die ganze Häuserachse sind, betrifft das Quadrat der Sonne natürlich auch den Deszendenten.*
Sonne-Konjunktion-[3]	Sonne/Merkur	*Hier wiederholt sich die Konstellation der Position der Sonne in Haus [3]. Durch die Konjunktion mit [3] wird diese Konstellation noch einmal hervorgehoben: Planeten, die sehr nahe an der Hausspitze stehen, besitzen die stärkste «Kraft». Die Verdoppelung dieser Konstellation drückt dies aus.*
Sonne-Opposition-[9]	Sonne/Jupiter	

3.1. Aspekte zwischen Planeten («orbitale Aspekte»)

Sie erinnern sich: Hier beschränken wir uns auf harte Aspekte und auf Spiegelpunkte. Die weichen Aspekte können im Sinne einer Reduktion der Komplexität eher weggelassen werden. Michael Roscher verweist in seinen Seminaren zudem darauf, dass Aspekte, die auf einer Teilung des Tierkreises durch Drei basieren – dazu gehören Trigone (360° : 3 = 120°) und Sextile (360° : (2 x 3) = 60°) –, keine Konstellationen bilden, weil das «Ergebnis» ihres Zusammenwirkens etwas Drittes, Neues ergibt, indem sich die beiden ursprünglichen Prinzipien vereinen und ihre Eigenständigkeit dabei aufgeben. Eine Darstellung als Konstellation aus Planetenpaaren kann dies nicht abbilden.

Aspekte hingegen, die auf einer Teilung des Tierkreises durch Zwei basieren (Oppositionen: 360° : 2 = 180°; Quadrate: 360° : (2 x 2) = 90°) zeigen noch das ursprüngliche Potenzial der beiden Ausgangsprinzipien und können deshalb als Konstellation im Sinne eines Planetenpaares aufgefasst werden.

Praktischerweise gehen wir wieder in der Reihenfolge der Planeten vor. Die drei wichtigsten Regeln bei der Bewertung einzelner Aspekte lauten:

- Je exakter ein Aspekt, umso wichtiger ist er.[50]
- Je schneller die an einem Aspekt beteiligten Planeten, umso größer ist der individuelle Stellenwert der Konstellation.
- Je größer die Differenz in punkto Geschwindigkeit zwischen den beiden beteiligten Planeten ist, umso gewichtiger ist der Aspekt.

Damit hätte beispielsweise ein Quadrat zwischen Mond und Pluto ein höheres Gewicht als eines zwischen Mars und Pluto, und eine Sonne/Mond-Opposition wäre wichtiger als eine zwischen Neptun und Uranus.[51]

Doch für den Anfang ist es ausreichend, sich mit Hilfe dieser drei Regeln einen Überblick über die Relevanz der einzelnen Aspekte zu verschaffen.

Aspekt (Exaktheit)	Konstellation	Anmerkung
Sonne-Konjunktion-Jupiter (ca. 5°)	Sonne/Jupiter	*Diese Konstellation gilt auf jeden Fall, da mit der Sonne ein schnell laufender Planet beteiligt ist.*
Sonne-Konjunktion-Uranus (ca. 4°)	Sonne/Uranus	*Da in dieser Konstellation ein Langsam-läufer mit einem Schnellläufer zusammentrifft, hat sie einen besonderen Stellenwert.*
Mond-Konjunktion-Merkur (ca. 6°)	Mond/Merkur	*Beide Planeten sind schnell laufend, das macht diese Konstellation persönlich bedeutsam, aber ihr Gewicht ist vergleichsweise gering, weil die Differenz bezüglich der Geschwindigkeit relativ gering ausfällt. Dazu kommt der relativ weite Abstand der Konjunktion.*

Aspekt (Exaktheit)	Konstellation	Anmerkung
Mond-Konjunktion-Venus (ca. 0,5°)	Mond/Venus	*siehe Mond-Konjunktion-Merkur, aber durch die Exaktheit des Aspektes wesentlich wichtiger.*
Merkur-Spiegelpunkt-Saturn (ca. 1,5°)	Merkur/Saturn	*Ähnlich wie bei der Sonne-Jupiter-Konjunktion eine Konstellation von mittelschwerer Bedeutung.*
Jupiter-Konjunktion-Uranus (ca. 1°)	Jupiter/Uranus	*Diese Konstellation ist vergleichsweise schwach, weil Jupiter und Uranus zusammen genommen eher dem Bereich der Langsamläufer angehören. Sie kann noch gezählt werden.*
Jupiter-Konjunktion-Pluto ca. (ca. 3°)	Jupiter/Pluto	*siehe Jupiter-Uranus-Konjunktion, die Konjunktion ist relativ weit, kann dennoch gezählt werden.*
Uranus-Konjunktion-Pluto (ca. 4°)	Uranus/Pluto	*Diese Konstellation fällt definitiv aus dem Rahmen, denn mit Uranus und Pluto verbinden sich hier zwei sehr langsam laufende Planeten. Sie wird nicht gezählt.*

3.2. Aspekte zwischen Häuserherrschern

Hinweis: Die Betrachtung der Planeten als Häuserherrscher sollten wir zwar nicht außer Acht lassen, weil wir auf diese Weise den noch individuelleren Hintergrund der Anbindung der Planeten an das Häusersystem nutzen können. Doch mag dieser Schritt für Menschen, die noch nicht mit der Bildung von Konstellationen vertraut sind, eine unnötige Komplexität darstellen. Im Zweifelsfall genügt es, Aspekte auch ausschließlich als Planetenkonstellationen zu betrachten, und diesen Schritt dann mit einzubeziehen, wenn Sie sich mit der Arbeit mit Konstellationen sicherer fühlen.

Aspekte können, wenn sie nicht mehr nur als Planetenprinzipien betrachtet werden, auch dann in die Sammlung relevanter Konstellationen aufgenommen werden, wenn die beteiligten Planeten als Häuserherrscher betrachtet werden.

Die Konstellation, die wir daraus bilden können, spiegelt dann eher die Kombination der beiden Häuser wieder, die über diesen Aspekt verbunden werden. Dabei ist zu beachten, dass ein Planet auch über zwei Häuser herrschen kann und sich so in einem Aspekt mehrere Konstellationen «verstecken» können.

Dabei kann man die Bildung von Planetenkonstellationen in zwei Stufen vornehmen:

1. Ein Planet wird als reines Planetenprinzip betrachtet, der andere im Sinne der Häuserherrscher. Hier entstehen also stets mindestens zwei Planetenkonstellationen. Im Folgenden werden wir diese Konstellationen zwar aufführen (wir können sie später noch gebrauchen), aber in der Zusammenfassung, lassen wir sie aus Gründen der Übersichtlichkeit außen vor.
2. Beide Planeten werden als Häuserherrscher betrachtet. Diese Konstellation ist natürlich höher zu bewerten. Für unsere Zwecke werden wir später nur diese Konstellation mit einbeziehen. Sie sind deshalb in der folgenden Tabelle besonders hervorgehoben.

Aspekt	**Konstellationen**	**Anmerkungen**
Sonne-Konjunktion-Jupiter	1.a Sonne mit Herrscher von [11] bzw. [12]: – Sonne/Uranus – Sonne/Neptun 1.b Jupiter mit Herrscher von [8]: – Jupiter/Pluto 2. Herrscher von [8] mit Herrscher von [11] bzw. [12]: **– Uranus/Pluto** **– Uranus/Neptun**	*Sonne ist Herrscher von [8], und Jupiter herrscht über zwei Häuser: Haus [11] und Haus [12], daher erhalten wir insgesamt fünf Konstellationen.*
Sonne-Konjunktion-Uranus	1.a Sonne mit Herrscher von [2]: – Sonne/Venus 1.b Uranus mit Herrscher von [8]: – Uranus/Pluto 2. Herrscher von [2] mit Herrscher von [8]: **– Venus/Pluto**	*Sonne ist Herrscher von [8], und Uranus ist Herrscher von [2].*

Aspekt	Konstellationen	Anmerkungen
Mond-Konjunktion-Merkur	1.a Mond mit Herrscher von [5], [6] und [8]: – Sonne/Mond – Mond/Merkur – Mond/Pluto 1.b Merkur mit Herrscher von [7]: – Merkur/Venus 2. Herrscher von [5], [6] und [8] mit Herrscher von [7]: **– Sonne/Venus** **– Merkur/Venus** **– Venus/Pluto**	*Hier herrscht Merkur gleich über drei Häuser: Die Hausspitzen von [5] und [6] liegen in den Zwillingen, außerdem herrscht Merkur auch über die in [8] eingeschlossene Jungfrau. Mond regiert «nur» über Haus [7]. Dadurch bekommen wir insgesamt sieben Konstellationen aus einem einzigen Aspekt!*
Mond-Konjunktion-Venus	1.a Mond mit Herrscher von [4] und [9]: – Mond/Mond – Mond/Jupiter 1.b Venus mit Herrscher von [7]: – Venus/Venus 2. Herrscher von [4] und [9] mit Herrscher von [7]: **– Mond/Venus** **– Mond/Jupiter** **– Venus/Venus**	*Für Venus gilt das Gleiche wie für Merkur: Sie herrscht stets über (mindestens) zwei Häuser, weil sie sowohl im Stier als auch in der Waage zu Hause ist.*
Merkur-Spiegelpunkt-Saturn	1.a Saturn mit Herrscher von [5], [6] und [8]: – Sonne/Saturn – Merkur/Saturn – Saturn/Pluto 1.b Merkur mit Herrscher von [1]: – Merkur/Mars 2. Herrscher von [5], [6] und [8] mit Herrscher von [1]: **– Sonne/Mars** **– Merkur/Mars** **– Mars/Pluto**	*Die dreifache Herrschaft des Merkurs im Horoskop beschert uns wieder insgesamt sieben Planetenkonstellationen aus einem einzigen Aspekt.*

Aspekt	Konstellationen	Anmerkungen
Jupiter-Konjunktion-Uranus	1.a Jupiter mit Herrscher von [2]: – Venus/Jupiter 1.b Uranus mit Herrscher von [11] und [12]: – Uranus/Uranus – Uranus/Neptun 2. Herrscher von [2] mit Herrscher von [11] und Haus [12]: **– Venus/Uranus** **– Venus/Neptun**	*Da Jupiter über Haus [11] und Haus [12] herrscht, haben wir wiederum zusammen mit Uranus als Herrscher von Haus [2] fünf Konstellationen aus einem Aspekt.*
Jupiter-Konjunktion-Pluto	1.a Jupiter mit Herrscher von [10]: – Jupiter/Saturn 1.b Pluto mit Herrscher von [11] und [12]: – Uranus/Pluto – Neptun/Pluto 2. Herrscher von [10] mit Herrscher von [11] und Haus [12]: **– Saturn/Uranus** **– Saturn/Neptun**	*Pluto ist Herrscher von Haus [10], Jupiter Herrscher von Haus [11] und Haus [12].* *Durch die Betrachtung dieses Aspektes aus der Perspektive der Herrschaft dieser Planeten über Häuser im Horoskop, wird der individuelle Hintergrund sichtbar.*
Uranus-Konjunktion-Pluto	1.a Uranus mit Herrscher von [10]: – Saturn/Uranus 1.b Pluto mit Herrscher von [2]: – Venus/Pluto 2. Herrscher von [2] mit Herrscher von [10]: **– Venus/Saturn**	*Uranus herrscht über Haus [2], Pluto über Haus [10]. Hier haben wir den Fall, dass die Konjunktion zwischen Uranus und Pluto an sich nicht sehr individuell zu bewerten ist, aber durch die Betrachtung der beiden Planeten als Häuserherrscher «individualisiert» werden kann.*

Zusammenfassung der Konstellationen

Zugegeben: Der Aufwand der Konstellationsbildung ist kein geringer. Doch Konstellationen sind *der* Schlüssel, um Wechselwirkungen im System «Horoskop» zu beschreiben und in der astrologischen Praxis passgenaue Antworten auf die Anliegen unserer Klientinnen und Klienten zu finden. Und das sollte doch ein hinreichender Grund sein, sich dieser anfänglichen Mühe zu unterziehen.

Schon im nächsten Schritt wird der Sinn des Verfahrens klarer. Vielleicht ist Ihnen schon während der Durchsicht aufgefallen, dass sich einige Planetenkonstellationen wiederholen. Wir können nun sagen, dass sich solche wiederholenden Planetenkonstellationen gegenseitig verstärken und Schwerpunkte in einem Horoskop bilden: Je öfter eine Planetenkonstellation auftaucht, umso wichtiger und «typischer» ist sie für ein Horoskop und damit auch für den Horoskopeigner.

In der folgenden Tabelle finden Sie noch einmal alle relevanten Konstellationen, diesmal aber nach Planetenpaaren sortiert und nach ihren Wiederholungen ausgezählt:

Konstellation	Anzahl
Sonne/Merkur:	
Herrscher von [5] (Merkur) in Haus [3] Sonne in Haus [3] Sonne-Konjunktion-[3]	3
Sonne/Venus:	
Sonne Quadrat [7] Herrscher von [5] (Merkur) Konjunktion Herrscher von [7] (Mond)	2
Sonne/Mars:	
Sonne Quadrat [1] Herrscher von [5] (Merkur) Sonne Spiegelpunkt Herrscher von [1] (Saturn)	2
Sonne/Jupiter:	
Sonne-Opposition-[9] Sonne-Konjunktion-Jupiter	2

Sonne/Uranus:	1
Sonne-Konjunktion-Uranus	
Mond/Merkur:	3
Herrscher von [4] (Venus) in Haus [3] Mond in Haus [3] Mond-Konjunktion-Merkur	
Mond/Venus:	2
Herrscher von [4] (Venus) Konjunktion Herrscher von [7] (Mond) Mond-Konjunktion-Venus	
Merkur/Merkur:	3
Herrscher von [3] (Mars) in [6] Herrscher von [6] (Merkur) in [3] Merkur in Haus [3]	
Merkur/Venus:	4
Herrscher von [7] (Mond) in [3] Herrscher von [2] (Uranus) in Haus [3] Venus in Haus [3] Herrscher von [6] (Merkur) Konjunktion Herrscher von [7] (Mond)	
Merkur/Mars:	2
Mars in Haus [6] Herrscher von [6] (Merkur) Spiegelpunkt Herrscher von [1] (Saturn)	
Merkur/Jupiter:	2
Herrscher von [9] (Venus) in Haus [3] Jupiter in Haus [3]	
Merkur/Saturn:	2
Herrscher von [10] (Pluto) in Haus [3] Merkur-Spiegelpunkt-Saturn	
Merkur/Uranus:	2
Herrscher von [11] (Jupiter) in Haus [3] Uranus in Haus [3]	
Merkur/Neptun:	1
Herrscher von [12] (Jupiter) in Haus [3]	

Merkur/Pluto:	3
Herrscher von [8] (Sonne) in Haus [3] Herrscher von [8] (Merkur) in Haus [3] Pluto in Haus [3]	
Venus/Venus:	1
Herrscher von [2] (Neptun) in [7]	
Venus/Jupiter:	1
Herrscher von [7] (Mond) Konjunktion Herrscher von [9] (Venus)	
Venus/Saturn:	1
Herrscher von [2] (Uranus) Konjunktion Herrscher von [10] (Pluto)	
Venus/Uranus:	1
Herrscher von [2] (Uranus) Konjunktion Herrscher von [11] (Jupiter)	
Venus/Neptun:	2
Neptun in Haus [7] Herrscher von [2] (Uranus) Konjunktion Herrscher von [12] (Jupiter)	
Venus/Pluto:	2
Herrscher von [2] (Uranus) Konjunktion Herrscher von [8] (Sonne) Herrscher von [7] (Mond) Konjunktion Herrscher von [8] (Merkur)	
Mars/Pluto:	1
Herrscher von [1] (Saturn) in Haus [8]	
Jupiter/Uranus:	1
Jupiter-Konjunktion-Uranus	
Jupiter/Pluto:	1
Jupiter-Konjunktion-Pluto	
Saturn/Uranus:	1
Herrscher von [10] (Pluto) Konjunktion Herrscher von [11] (Jupiter)	
Saturn/Neptun:	1
Herrscher von [10] (Pluto) Konjunktion Herrscher von [12] (Jupiter)	
Saturn/Pluto:	1
Saturn in Haus [8]	

Uranus/Neptun:	1
Herrscher von [12] (Jupiter) Konjunktion Herrscher von [8] (Sonne)	
Uranus/Pluto:	1
Herrscher von [11] (Jupiter) Konjunktion Herrscher von [8] (Sonne)	
Neptun/Pluto:	1
Herrscher von [12] (Jupiter) Konjunktion Herrscher von [8] (Sonne)	

Deutlich stechen einige Konstellationen aufgrund ihrer Häufigkeit hervor:

Konstellation	Wie oft?
Merkur/Venus	4
Sonne/Merkur	3
Mond/Merkur	3
Merkur/Merkur	3
Merkur/Pluto	3

Die Dominanz der Merkur-Konstellationen ist beachtlich und spiegelt die überdeutliche Ballung in Haus [3] wieder. Eine solche Dominanz ist nicht immer so deutlich und auf den ersten Blick zu erkennen.

Mit dieser Information können wir schon etwas anfangen: Sie zeigt uns, welche astrologischen Schwerpunkte ein Horoskop aufweist. Sie bilden Kernkonstellationen der Persönlichkeit eines Menschen.[52]

Die Konstellation meines Lebens

Erfahrungsgemäß können wir uns gut an den Konstellationen orientieren, die mindestens dreimal auftauchen, während wir alle anderen Konstellationen zunächst getrost weglassen können. Doch nicht nur die Anzahl der Wiederholungen ist ausschlaggebend, sondern auch die Qualität der Konstellationen im Sinne der Zusammenstellung der Planeten. Hierbei gilt die Faustregel:

- Eine Konstellation ist umso bedeutsamer, je größer der Unterschied zwischen den beteiligten Planeten in punkto Geschwindigkeit ist.[53]

In unserem Beispiel ist zwar die Merkur/Venus-Konstellation quantitativ am stärksten vertreten, aber der Unterschied zwischen Merkur und Venus ist nicht sonderlich groß, was die Geschwindigkeit im Tierkreis angeht. Den definitiv größten Unterschied diesbezüglich finden wir in der Merkur/Pluto-Konstellation – sie besitzt klar die qualitativ größere Bedeutung.

Wenn wir also eine Konstellation wählen wollen, die den größten Unterschied in sich trägt, dann würden wir Merkur/Pluto der Merkur/Venus-Konstellation wenigstens gleichwertig stellen. Ich würde sogar sagen, dass sie die dominante Rolle in diesem Horoskop spielt.

Sie sehen: Das Auszählen von Konstellationen in einem Horoskop ist zwar der erste Schritt, doch die Bewertung der Konstellationen erfolgt ganz bewusst auch unter Berücksichtigung der eigenen Erfahrungen und vor allen Dingen der Qualität der Konstellationen.

Damit haben wir einen ersten sinnvollen Zugang zum Horoskop geschaffen, den wir bereits – wenn auch noch auf eine sehr unspezifische Weise – nutzen können.

Wir können die Konstellation, die für uns den größten Unterschied macht, als *zentrale Lebenskonstellation* betrachten, als *Konstellation meines Lebens.*

Die zentrale Lebenskonstellation deuten

Das Deuten der zentralen Lebenskonstellation kann auf verschiedene Weisen erfolgen. Jeder mag hier seinen eigenen Ansatz finden. Allerdings ist diese Konstellation weniger gut geeignet, auf aktuelle Situationen des Lebens zu antworten, sondern gleicht einem typischen Grundthema des Menschen, das sich in «allen Lebenslagen» zeigen kann – mal stärker, mal schwächer.

Die zentrale Lebenskonstellation ist so etwas wie ein Angelpunkt im Horoskop eines Menschen. Wenn es uns gelingt, die Themen, die mit ihr verknüpft sind, zu verstehen und auf die Bedürfnisse, die sie vertritt, zu achten, schaffen wir ein gutes «Grundklima» in unserem Leben, von dem aus Veränderungen in diesem möglich werden.

Wir könnten auch sagen, dass diese Konstellation *unsere fundamentale Lebensmetapher* abbildet, den Mythos, nach dem ich mein Leben immer wieder gestalte und dem ich aus den unterschiedlichsten Perspektiven heraus begegne. Es ist eine Art Überschrift über mein Leben, eine Art Grundaussage über mich selbst, die ungeachtet der vielen Gesichter, die ich im Laufe meiner Existenz zeige, für mich gleich bleibt und zu der ich immer wieder zurückkomme. Etwas, das sich durch meinen Lebenswandel auf immer neue Weise offenbart und doch stets vertraut bleibt. Wenn mir das Thema dieser Konstellation begegnet, dann stellt sich so etwas ein wie das Gefühl, einen guten alten Bekannten wieder zu sehen, einen Freund oder eine Freundin aus Kindertagen, der oder die ganz vertraute Empfindungen in mir weckt und mir das eigenartige Gefühl geben kann, mich auf eine Weise zwar ununterbrochen verändert, aber dabei immer auch die Variation eines bestimmten Grundmotivs gespielt zu haben.

Wie können wir dieses Grundmotiv, das aus zwei Planeten gebildet wird, in einer Deutung erfassen? Mehrere Zugänge wären denkbar. Ich favorisiere dabei die Arbeit mit Metaphern, um so etwas wie den Lebensmythos zu beschreiben.

Zunächst können wir dieses Grundmotiv als ein fundamentales Bedürfnis formulieren. Dabei ist es nützlich, sich an die Bedeutungen der einzelnen Planeten zu erinnern, wie sie sich aus dem Systemischen Modell der Planeten ableiten, und sie im Sinne typischer menschlicher Bedürfnisse zu deuten. Mit Bedürfnis ist hier die Motivation gemeint, die hinter unseren Handlungen, Gefühlen und Gedanken auftaucht, das, was uns veranlasst, manchmal auch antreibt, die Dinge so zu tun, wie wir sie tun.

Eine Zuordnung von menschlichen Grundbedürfnissen zu den Planetenprinzipien könnte so aussehen (Sie sind frei, diese Liste für sich zu ergänzen und zu verändern):

Planet	Grundbedürfnisse
Mond	sich geborgen fühlen, Schutz, für sich sein, passiv sein, sich entspannen, Ruhe finden, Eindrücke aufnehmen, sich einfühlen, genießen, gelassen sein, innerer Frieden, Vertrauen
Sonne	wahrgenommen werden, sich zeigen, aktiv sein, kreativ sein, sich ausdrücken, authentisch sein
Merkur	sich mitteilen, sich artikulieren, kommunizieren, sich verständigen, über etwas nachdenken, Wahrnehmungen Bedeutung geben, etwas verstehen
Venus	anteilnehmen, dazugehören, gemocht werden, lieben, Verbindung aufnehmen, sich interessieren, genießen (gemeinsam mit anderen), Frieden, Mitgefühl, Nähe
Mars	sich abgrenzen, ein eigenes Leben führen, sich entscheiden, sich durchsetzen, unabhängig sein, aufrichtig sein, Herausforderungen annehmen, ein Ziel verfolgen
Jupiter	anerkannt werden, sich Raum nehmen, sich sinnvoll fühlen, sich entwickeln können, Erfolg haben, großzügig sein, menschlich behandelt werden, Toleranz, Optimismus
Saturn	am gesellschaftlichen Leben teilnehmen, einen klaren Platz haben, eine sinnvolle Aufgabe haben, sich (sozial) engagieren, sich auf etwas konzentrieren, effektiv sein, gerecht handeln und behandelt werden, gleichwertig sein, Verantwortung, Ordnung, Struktur
Uranus	ein eigenes Profil haben, anders sein, Abwechslung haben, sich Freiheiten herausnehmen, hinterfragen, der Intuition folgen, originell sein
Neptun	sich in einem höheren Zusammenhang wahrnehmen, Spiritualität, Visionen entwickeln, Fantasien haben, Gleichgültigkeit (im Sinne von: alles ist gleich gültig), dem Leben vertrauen, es geschehen lassen
Pluto	für einen höheren Zusammenhang aktiv werden, sich für etwas selbstlos hingeben, einen höheren Auftrag verfolgen, sich Vorstellungen von etwas machen, Macht ausüben, Kompromisslosigkeit, Perfektion

In einem nächsten Schritt können wir die zentrale Lebenskonstellation als Kombination zweier menschlicher Grundbedürfnisse betrachten. Nehmen wir dazu die Konstellation aus unserem Beispiel: Merkur/Pluto.

Welche beiden Bedürfnisse könnten hier zusammenkommen?

Merkur kann als das Bedürfnis umschrieben werden, sich Gedanken zu machen und diese Gedanken zu kommunizieren. Jeder Mensch kennt dieses Bedürfnis: Wir wollen uns ein Bild von etwas machen und dem, was wir wahrnehmen, eine Bedeutung für unser Leben geben. Wir wollen verstehen, was uns im Leben widerfährt, Erfahrungen einordnen.

Pluto wiederum steht für den Drang in uns, etwas zu tun, was weit über unsere persönlichen Grenzen hinausgeht. Wir wollen Teil des Überpersönlichen sein, mit dem was wir tun. Macht ist hier das Schlagwort, auch im positiven Sinne: Das Bedürfnis von Pluto ist es, Macht auszuüben, um die Welt zu verändern, und zwar nicht nur oberflächlich, sondern von Grund auf. Pluto will verwandeln und zwar radikal.

Mit Merkur/Pluto verbinden sich diese beiden Bedürfnisse zu einem Grundmythos meines Lebens. Dieser könnte so formuliert werden:

Die Essenz des Denkens

Ich liebe es, mir Gedanken über die Welt zu machen, sie gedanklich zu hinterfragen und dabei herauszufinden, was die Wahrheit ist. Ich will alle Gedanken, die mich vom Unwesentlichen ablenken, ausmerzen, und nur das stehen lassen, was wirklich von Bedeutung ist. Ich will radikal sein im Denken und Ideen entwickeln, denen sich keiner entziehen kann, weil sie alles umfassen. Ich will das Subjektive aus meinen Gedanken filtern, damit letztlich nur noch die reine Wahrheit übrig bleibt. Das reine, von keinem Gefühl oder keiner Meinung getrübte Denken ist das Ziel. «Ich denke, also bin ich.»

Menschen mit gleichen Konstellationen müssen nicht

zwangsläufig den gleichen Grundmythos teilen, auch wenn es Ähnlichkeiten geben mag. Meiner Auffassung nach kann sich nur jeder selbst auf die Suche machen, den für ihn zutreffenden Mythos, die für ihn passende große Überschrift über sein Leben zu finden.

Eine weiterführende Arbeit mit dieser Konstellation könnte darin bestehen, sein Leben nach Gelegenheiten und Situationen zu durchforsten, in denen die Lebenskonstellation besonders sichtbar und spürbar geworden ist – eine persönliche Erfahrung, ein Ereignis, eine Episode. Insbesondere solche Geschichten, in denen wir den Eindruck haben, dass die Grundbedürfnisse unserer Lebenskonstellation nicht getroffen wurden, sind interessant.

In einem ersten Schritt berichten Sie diese Geschichte, einfach so, wie Sie sie erlebt haben. Woran haben Sie gemerkt, dass Ihr Grundbedürfnis nicht getroffen wurde? Wie ging es Ihnen dabei? Welche Gedanken sind Ihnen durch den Kopf geschossen? Wie haben Sie sich dabei gefühlt? Wie haben Sie sich verhalten?

Dann wechseln Sie die Perspektive. Da die Konstellation ein Bedürfnis verkörpert, das gerne erfüllt werden möchte, können wir in einem zweiten Schritt diese Geschichte als einen Versuch zur Erfüllung dieses Bedürfnisses beschreiben, der nicht erfolgreich war. Was haben Sie in dieser Situation versucht, was nicht gelungen war? Was für einen Unterschied macht es, diese Geschichte aus dieser Perspektive heraus zu erzählen?

In einem dritten Schritt können wir die Geschichte so erzählen, wie sie verlaufen müsste, damit die Bedürfnisse der Konstellation sich erfüllen können: Was wäre dann anders? Wie würden wir uns dann verhalten? Was würden wir anders machen? Wie würde es uns dann ergehen? Welches Bild hätten wir dann von uns?

Chancen und Probleme der Konstellationsbildung

Lassen Sie uns noch etwas über die Vor- und Nachteile dieser Herangehensweise an das Horoskop reflektieren.

Vorteile der Konstellationsbildung:

- Indem wir Planetenkonstellationen bilden, reduzieren wir die Fülle der Konstellationen in einem Horoskop, weil uns dies erlaubt, «gleichnamige» Konstellationen zusammenzufassen.
- Zusammenhänge zwischen Konstellationen als kleinste logische Einheiten des Systems «Horoskop» werden entdeckt. Wir bekommen einen Eindruck von der Vernetzung der Konstellationen.
- Wir können Schwerpunkte in einem Horoskop feststellen. Diese Schwerpunkte basieren nicht rein auf unserer subjektiven Wahrnehmung, sondern werden ermittelt, indem wir klaren, astrologisch begründbaren Spielregeln folgen.
- Die Reduktion von Horoskopkonstellationen auf Planetenkonstellationen erlaubt es, über das Prinzip der Resonanz astrologische Techniken wie Transite, Synastrien und Combine auf der Basis systemischer Grundgedanken neu zu formulieren.

Nachteile der Konstellationsbildung:

- Einer Konstellation sieht man nicht mehr an, wie sie zustande gekommen ist: Merkur/Pluto kann auf mehreren Wegen entstehen, zum Beispiel als Herrscher von [8] in [3] oder auch als Pluto in Haus [3] oder als Konjunktion zwischen beiden Planeten. Diese Unterschiede werden verschleiert. Es geht also Information verloren.
- Der Aufwand, Konstellationen zu bilden, ist groß. Wir starten nicht sofort mit der Deutung, sondern müssen das Horoskop erst einmal «auseinandernehmen».

Der Aufwand ist sicherlich dann ein Argument, wenn Sie ein Horoskop zum ersten Mal betrachten und sofort eine Aussage aus diesem ableiten möchten. Hier ist es in der Tat sinnvoller, auf andere Herangehensweisen zurückzugreifen, wie das Systemische Modell der Planeten. Doch selbst dann kann auf das Erkennen von Konstellationen nicht verzichtet werden, um zum Beispiel Beziehungen zwischen Konstellationen als Quelle für Lösungen zu nutzen, oder wenn in der Prognose oder in der Partnerschaftsastrologie nach dem Grundsatz gearbeitet wird: «Es kann nur ausgelöst werden, was angelegt ist.» Daher ist es gut, wenn Sie sich in der Technik der Konstellationsbildung trainieren: Sie werden merken, wie dies in «Fleisch und Blut» übergeht und Sie Planetenkonstellationen wie von selbst erkennen werden, einfach, indem Sie eine Radix betrachten. Zudem gibt es mittlerweile gute Astrologieprogramme, die Ihnen das Zusammenstellen und Sortieren der relevanten Konstellationen abnehmen, zum Beispiel Astroplus[54].

Der Verlust von Informationen wiegt da weitaus schwerer. Doch müssen wir uns den Punkt genauer ansehen: Die Reduktion von Informationen bringt zum einen Unterschiede zum Verschwinden, zum anderen Zusammenhänge zum Vorschein – wir bekommen aus dieser Vorgehensweise eine andere Perspektive auf das Horoskop und können somit ganz andere Informationen in den Vordergrund stellen. Es handelt sich um Zusammenhänge, die dem Prinzip der Ähnlichkeit folgen.

Resonanzen

Unter Resonanz versteht man die Empfänglichkeit eines Gegenstandes oder eines Organismus für bestimmte Schwingungen. Man spricht dann davon, dass eine Struktur in Resonanz mit einem Impuls ist, der eine bestimmte Frequenz aufweist. Im weitesten Sinne bedeutet dies auch, dass eine Kraft nur dann etwas in einer Struktur auslösen kann, wenn sie auf die Eigenresonanz dieser Struktur abgestimmt ist.

Wenn Sie ein Saiteninstrument, zum Beispiel Violine, spielen, haben Sie es vielleicht schon selbst einmal erlebt: Sobald in der

Umgebung des Instruments ein Ton erklingt, der exakt dieselbe Tonhöhe hat wie eine der auf dem Instrument aufgespannten Saiten, dann schwingt diese Saite von selbst mit und erklingt ebenfalls. Man könnte sagen, die Violine war empfänglich für die Schwingung dieser Tonhöhe – sie stand in Resonanz.

Wesentlich für die Idee der Resonanz ist also, dass ein System eine bereits in sich angelegte *Eigenresonanz* besitzt oder die Tendenz hat, in einem bestimmten Rhythmus zu schwingen. Wenn nun ein äußerer Einfluss in genau diesem Takt auf ein System einwirkt, dann ruft es diese Schwingung hervor beziehungsweise verstärkt diese Schwingung.

Im übertragenen Sinne können wir auch den Menschen als ein System betrachten, das eine solche Eigenresonanz besitzt. Das, was diese Eigenresonanz kennzeichnet, wäre dann die typische Art und Weise eines Menschen, auf Impulse aus der Außenwelt zu reagieren – oder eben nicht. Das Bild von der Resonanz erklärt, warum Menschen sich auf gleiche Außenreize unterschiedlich verhalten: Was den einen aufregt, lässt den anderen kalt, und wieder ein anderer bemerkt es nicht einmal. In der Sprache der Resonanz würden wir sagen: Der eine steht in Resonanz mit einem Ereignis, der andere nicht.

Doch wir müssen vorsichtig sein, wenn wir eine Parallele zwischen dem physikalischen Phänomen der Resonanz und den entsprechenden psychischen Phänomenen ziehen. Wir dürfen nicht vergessen, dass es sich dabei lediglich um eine Metapher handelt: Der Mensch *ist* nicht einfach ein System, das in Schwingung gerät wie ein Musikinstrument – bestimmte Beobachtungen, die wir machen, können jedoch so beschrieben werden, *als ob* der Mensch ein solches System wäre. Der Sinn, dies zu tun, besteht darin, dass wir auf diese Weise ein schlüssiges Modell für das Verhalten von Menschen finden können, ein Modell, das uns hilft – ganz im Sinne des Konstruktivismus –, bestimmte Zusammenhänge verständlich zu machen und vorwegzunehmen.

Die Verwendung von physikalischen Metaphern ist immer

dann problematisch, wenn dies zur Schlussfolgerung führt, der Mensch sei im Grunde nichts anderes als ein mechanisch auf Umweltreize reagierendes Wesen, eine Art Maschine also im Descartes'schen Sinne. Dem widerspricht jedoch eine andere Grunderfahrung, die wir mit Menschen machen: Mal reagieren sie auf einen bestimmten Impuls in einer vorhersehbaren Weise, mal eben nicht!

Menschen können sich verändern: Sie können auf die gleichen Schlüsselreize unterschiedlich antworten. Was mich heute wütend macht, kann mich schon morgen gleichgültig lassen, weil ich mittlerweile gelernt habe, mit Provokationen umzugehen. Was mich gestern noch zu Tränen rührte, entlockt mir heute keine Regung mehr, weil ich mich besser im Griff habe. Und was mir gestern noch Angst machte, darüber lache ich heute herzlich, weil ich es mit einer größeren Gelassenheit betrachten kann.

Eine Maschine hat immer nur *eine* Möglichkeit, auf einen Reiz zu reagieren. Oder um es mit der Resonanz-Metapher auszudrücken: Ein Instrument wird immer auf die gleiche Weise in Schwingung geraten. Menschen jedoch haben *viele* Möglichkeiten, auf einen Reiz zu reagieren. Zwar scheinen sie eine gewisse Beständigkeit in der Art und Weise der Reaktion zu entwickeln, aber grundsätzlich können wir immer neu auf eine Situation reagieren oder auf immer neue Weise in Resonanz stehen. Es ist nicht vorhersehbar, ob eine Resonanz das Immer-Gleiche in uns auslösen wird oder ob es irgendwann einen neuen Ausdruck finden wird.

Fassen wir zusammen: Menschen können als Systeme verstanden werden, die sich darin unterscheiden, dass sie auf unterschiedliche Art und Weise in Resonanz mit der Welt stehen – salopp gesprochen: Jeder schwingt auf seine Weise. Doch das Prinzip der Resonanz schließt nicht aus, dass die Art und Weise, wie wir auf ein und denselben Impuls aus der Welt in Schwingung geraten, sehr unterschiedlich ausfallen kann und dies grundsätzlich nicht vorhersehbar ist.

Hier scheint ein weiteres Prinzip zu greifen, das den Menschen – und im weitesten Sinne alles Lebendige – von der seelenlosen Maschine unterscheidet.

Das Prinzip der Autopoiese

Die Biologen Humberto Maturana und Francisco Varela haben sich bei ihrer Suche nach den biologischen Wurzeln menschlichen Erkennens die Frage gestellt[55]: Wie wissen wir, wann ein Wesen lebendig ist? Was unterscheidet das Lebendige vom Nicht-Lebendigen? Ist es eine bestimmte chemische Zusammensetzung? Die Fähigkeit zur Bewegung oder zur Fortpflanzung? Keines dieser Kriterien genügte ihnen, und so entwickelten sie einen eigenen Vorschlag: Lebewesen zeichnen sich dadurch aus, dass sie sich fortwährend aus sich selbst heraus erzeugen. Dieses Prinzip wird *Autopoiese* – «Selbstschöpfung» – genannt. Ein Lebewesen wird als ein System begriffen, das sich zwar nach außen hin in einem materiellen und energetischen Austausch mit der Umwelt befindet, zum Beispiel über Stoffwechselprozesse wie Atmung, Nahrungsaufnahme, Ausscheidung, jedoch hinsichtlich der Veränderungen seiner Zustände, zum Beispiel Wachstum, Organisation der Zellen, völlig unabhängig von der Umwelt agiert. Man könnte auch sagen: Ein Organismus erhält seine ursprüngliche Organisation (die Ordnung seiner Bestandteile) dadurch, dass er diese Organisation ganz aus sich selbst heraus aufrechterhält. Als Beispiel kann eine einfache Zelle dienen: Sie erzeugt sich ununterbrochen selbst, indem sie eine Membran bildet, die sie von der Umwelt abgrenzt, sodass in ihrem Inneren Prozesse stattfinden können, die wiederum erlauben, dass eine Membran gebildet wird und so weiter. Die Zelle organisiert sich also selbst in einem rekursiven Prozess, also einem Kreislauf, in dem das eine Ergebnis das andere Ergebnis hervorruft und bedingt.

Diese auf sich selbst rückwirkenden Prozesse führen zu der sogenannten *operativen Geschlossenheit* des Systems, das heißt, die Vorgänge, die zur Erzeugung und Erhaltung des Systems

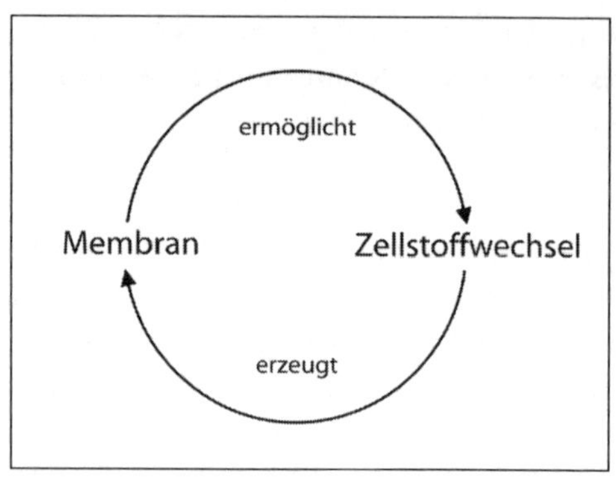

Eine Zelle organisiert sich selbst in einem in sich geschlossenen Kreislauf.

nötig sind (Operationen), sind unabhängig von dem, was in der Umwelt des Systems geschieht. Anders ausgedrückt: Einflüsse, die von außen auf das System einwirken, können zwar den Ablauf der Prozesse stören – wobei «stören» hier «beunruhigen» meint, also «aus dem bestehenden Zustand der Ruhe gebracht werden», und keinerlei Wertung beinhaltet –, aber sie können diese Prozesse nicht bestimmen. Es kann nicht vorhergesagt werden, wie das System die Störung durch einen Außenreiz verarbeiten wird und wie es darauf reagieren wird. Die Organisation eines Systems bestimmt, ob und wie ein System auf einen Impuls von außen reagieren wird, und nicht der Impuls selbst. Wir sagen beispielsweise: «Die Sonne lässt mich schwitzen.» Das Bild ist, dass die Sonne einen Einfluss auf uns hat und die Reaktion auf diesen Einfluss ganz automatisch Schwitzen ist – so als ob die Sonne auf einen Knopf bei uns drücken und dadurch den Vorgang des Schwitzens in Gang setzen würde. Autopoetisch betrachtet sieht der Vorgang ganz anders aus: Unser Organismus befindet sich in einer Umwelt, in der die Bedingung «Sonne» vorherrscht. Die Veränderung der Bedingungen stört die Organisation unseres Organismus, der intern wiederum Prozesse in Gang setzt, um diese Organisation wiederherzustellen. Aufgrund der besonderen Art und Weise, wie der menschliche Körper intern organisiert ist, beginnt er zu schwitzen.

Das Beispiel lässt sich auch auf psychosoziale Zusammenhänge übertragen. Wir sagen zum Beispiel: «Wenn die Sonne scheint, geht es mir gut.» Auch hier ist die Vorstellung, dass die Sonne einen Schalter in einem betätigt und sich sofort ein Wohlgefühl einstellt. Im Grunde behaupten wir, dass die Sonne unser Wohlbefinden steuert. Wenn wir dem Gedanken der Autopoiese folgen, sieht die Angelegenheit jedoch anders aus: Es gibt einen Wechsel der Umweltbedingungen, und dieser stört den Zustand, in dem sich mein Organismus gerade befindet. Dieser reagiert darauf so, wie es ihm entspricht – als Astrologen würden wir vielleicht sagen, wie es in ihm angelegt ist –, wir fühlen uns gut. Ein anderer Organismus, mit einer anderen internen Organisation, würde eine völlig andere Reaktion auf diese Störung zeigen. Dies entspricht auch unserer Alltagserfahrung, dass Sonnenschein nicht bei jedem Menschen Hochgefühle auslöst und sogar bei echten Sonnenanbetern Situationen auftreten können, in denen die Sonne sie sprichwörtlich «kalt» lässt, zum Beispiel in einem Zustand akuter Trauer, der sie gar nicht wahrnehmen lässt, dass gerade das herrlichste Wetter herrscht.

Wem das zu trivial erscheint, der kann sich vielleicht daran erinnern, wann er zum letzten Mal einem anderen Menschen die Schuld gegeben hat für seine Gefühle. «Du machst mich wütend!» oder «Wenn du das tust, dann werde ich traurig» oder «Du machst mich glücklich» – das sind typische Sätze, wobei wir automatisch davon ausgehen, dass die Handlungen anderer bestimmte Gefühle in uns auslösen. Zugleich geht damit oft der Wunsch einher, der andere möge bitte mit diesem Verhalten, das diese Gefühle bei uns auslöst, wahlweise aufhören oder weitermachen, damit es uns gut geht. Wenn wir uns jedoch als ein autopoietisches System betrachten, kann ein anderer gar nichts Bestimmtes in uns auslösen. Natürlich macht er irgendetwas, aber ob wir darauf wütend, glücklich, gleichgültig oder überhaupt nicht reagieren, hängt allein von uns selbst ab. Was auch immer sich in uns einstellt an Empfindungen, Gefühlen und Reaktionen, die wir daraus ableiten, geschieht aufgrund unserer besonderen Organisation, nicht weil ein anderer irgendetwas mit uns getan hätte.

Die Konsequenzen dieses Denkens für den Beratungsprozess sind bedeutsam: Wenn wir den Menschen als autopoietisches System betrachten, dann ist es nicht möglich, Veränderungen hervorzurufen, indem wir einfach Instruktionen geben, wie: «Wenn Sie glücklich werden wollen, dann müssen Sie dieses oder jenes tun.» Wir können lediglich eine Umwelt zur Verfügung stellen, in der Störungen in der Psyche eines Menschen dem System die Chance geben, eine bessere Organisationsform zu entwickeln, wobei «besser» bedeutet, die gesetzten Ziele wahrscheinlicher zu erreichen.

Das Horoskop als Abbild der Eigenresonanz

Fassen wir zusammen: Die Wechselwirkung zwischen dem Menschen und der Welt kann als Resonanz betrachtet werden. Ob und wie ich auf einen Impuls aus der Umwelt reagiere, hängt davon ab, wie ich «gestimmt» bin, das heißt, ob etwas in mir in Resonanz zu dem als Schwingung gedachten Impuls steht. Eine Reaktion auf einen Außenreiz erfolgt also nicht automatisch, sondern nur, wenn die Eigenresonanz meines Systems getroffen wird.

Astrologisch kann diese Eigenresonanz in den Konstellationen des Horoskops gefunden werden. Die individuelle und einzigartige Organisation der Konstellationen in einem Horoskop bildet die besondere und unverwechselbare Art und Weise ab, mit der eine Person in Resonanz mit der Welt steht. Dies erklärt, warum Menschen unterschiedlich wahrnehmen und handeln.

Menschen können außerdem als autopoietische Systeme betrachtet werden. Die Art und Weise, wie sie auf die Umwelt reagieren, ist nicht vorhersehbar und geschieht unabhängig von der Qualität des Reizes. Die Reaktion hängt von der inneren

Organisation der Elemente ab, aus denen das System Mensch zusammengesetzt ist. Dies erklärt, warum Menschen auf gleiche Reize variabel reagieren können. Die Bandbreite der Möglichkeiten ist dabei grundsätzlich so groß, dass es an sich nicht möglich ist, eine Vorhersage darüber zu machen, welche Möglichkeit der Reaktion auf einen Reiz gewählt wird. Astrologisch gesprochen erkennen wir darin den im Prinzip unendlich großen Verwirklichungsspielraum jeder einzelnen Konstellation.

Beispiel: Eine Venus/Saturn-Konstellation besitzt ein unendlich großes Spektrum der Verwirklichung. «Venus/Saturn» beschreibt letztlich nur einen Rahmen, gibt aber keinen Hinweis auf die konkrete Entsprechung. Ohne klaren Bezug, ohne Kontext, bedeutet es letztlich nichts Bestimmtes. Ein Mensch mit einer Venus/Saturn-Konstellation wird nun mit allen Impulsen, die ebenfalls die Signatur «Venus/Saturn» tragen, in Resonanz geraten (Prinzip der Resonanz). Welche Gedanken, Gefühle, Verhaltensweisen in der Folge sichtbar werden, ist nicht vorhersehbar – die Verwirklichungsebene von Venus/Saturn ist nicht eindeutig (Prinzip der Autopoiese). Alle Möglichkeiten, eine Konstellation zu leben, stehen grundsätzlich voll und ganz zur Verfügung, auch wenn Menschen dazu neigen, längere Zeit bestimmte Verwirklichungsebenen zu bevorzugen, sodass der Eindruck von Vorhersehbarkeit entsteht.

So mag ein Mensch lange Zeit sehr ähnlich auf Impulse reagieren und nur eine geringe Bandbreite der Möglichkeiten einer Konstellation nutzen, vielleicht aus Gewohnheit oder vielleicht, weil es keine Notwendigkeit gab, weil die angesprochene Verwirklichungsebene völlig ausreichend war, um bestimmte Dinge zu bewerkstelligen. Eine andere Verwirklichungsebenen einer Konstellation wird häufig erst dann genutzt, wenn ein Mensch merkt, dass sein bisheriges Denken, Fühlen und Handeln in der Gegenwart nicht mehr nützlich ist, weil sich die Bedingungen geändert haben. Dies ist oft der Grund für Probleme: Ein ehemals nützliches Verhalten erweist sich unter veränderten Bedingungen als unnütz oder sogar schädlich. Hier kommt wieder der systemische Grundsatz zum Tragen, dass nicht das Verhalten an sich gut oder schlecht ist, sondern erst der Zusammenhang darüber entscheidet.

Nehmen wir an, Sie sind es gewohnt, eine Sache immer sehr gründlich und gewissenhaft zu analysieren, bevor Sie sich dafür entscheiden. Dies mag zum Beispiel beim Kauf eines Hauses oder eines Autos sehr nützlich sein, denn Sie schützen sich dadurch vor bösen Überraschungen. Doch in Situationen, in denen es um Leben und Tod geht, zum Beispiel wenn Sie ein Auto auf sich zurasen sehen, kann diese Verhaltensweise gefährlich sein. Um ein astrologisches Beispiel zu verwenden: Wenn Sie ein Venus/Saturn-Konstellation in Ihrem Horoskop haben, könnte sich dies darin äußern, dass Sie in Beziehungen großen Wert auf Beständigkeit legen. Nehmen wir an, die Beziehung zu einem Menschen ginge zu Ende und Sie wären gezwungen, getrennte Wege zu gehen, dann könnte sich diese Venus/Saturn-Konstellation als Pferdefuß erweisen, wenn Sie sie weiterhin so leben, dass Sie auf das Fortbestehen (Saturn) des Miteinander (Venus) bestehen. Nun können Sie einerseits nicht aufhören, eine Venus/Saturn-Konstellation im Horoskop zu haben, andererseits ist die bisherige Verwirklichungsebene aber der veränderten Lage nicht mehr angemessen. Der Ausweg aus diesem Dilemma besteht darin, eine andere Verwirklichungsebene für Venus/Saturn zu lernen, die besser auf die Situation passt. Dies könnte zum Beispiel darin bestehen, sich Klarheit (Saturn) über die Beziehung (Venus) zu verschaffen und sich in der Beziehung (Venus) an Spielregeln (Saturn) zu halten, die zum Beispiel vorsehen, Distanz (Saturn) vom Partner (Venus) einzuhalten. Dieses sehr einfache Beispiel zeigt, wie sich in ein und derselben Konstellation zahlreiche Möglichkeiten der Verwirklichung auftun. Es zeigt aber auch, dass Menschen oft lange bei einer Verwirklichungsebene bleiben, bis die Realität sich so ändert, dass eine Veränderung nötig wird. Während dieser Übergänge, wenn alte Verhaltensweisen nicht mehr greifen, aber neue noch nicht zur Verfügung stehen, kommen Menschen häufig zur Beratung. Wenn es uns als Astrologen dann gelingt, den Sinn für die Möglichkeiten einer Konstellation zu öffnen, indem wir darauf verweisen, welche anderen Verwirklichungsebenen in einer Konstellation stecken, dann helfen wir dabei, diesen Übergang zu bewältigen.

Aus systemischer Sicht bildet das Horoskop die Art und Weise ab, in der ein Mensch in Wechselwirkung mit der Welt steht. Diese Wechselwirkung kann mit dem Prinzip der Resonanz beschrieben werden, indem der Mensch auf eine ganz individuelle Weise in Resonanz mit der Welt steht und entsprechend auf sie reagiert. Zugleich zeigt das Horoskop den Menschen als ein operational geschlossenes System, das sich ununterbrochen selbst schöpft (Autopoiese), um sich selbst zu erhalten, aber auch um sich an verändernde Umweltbedingungen anzupassen. Dabei bildet das Horoskop die Struktur der Organisation dieses Systems ab, nicht aber die Inhalte.

Den letzten Punkt könnte man als syntaktische Struktur des Horoskops bezeichnen: Die Konstellationen geben keine Bedeutungen vor (semantische Ebene), sondern nur die Art und Weise, wie Bedeutungen organisiert werden (syntaktische Ebene), ähnlich wie der Satzbau (Syntax) Wörter nach grammatikalischen Gesetzmäßigkeiten organisiert.[56]

Formen der Resonanz im Horoskop

In der astrosystemischen Deutungspraxis spielt die Arbeit mit Resonanzen eine bedeutende Rolle. In nahezu jeder Technik kommen sie zum Einsatz, sei es in Prognosemethoden, in Partnerschaftsastrologie oder ganz einfach in der Radixdeutung. Auf einer rein pragmatischen Ebene kann das Prinzip der Resonanz zu folgendem Grundsatz der Deutung umformuliert werden:

«Es kann nur ausgelöst werden, was angelegt ist.»

Mit anderen Worten: Wenn ich nicht in Resonanz mit einer Auslösung stehe, dann betrifft sie mich nicht.

«Natürliche» Resonanz

Unter «natürlicher» Resonanz verstehe ich einerseits die Entsprechungen zwischen Zeichen und Häuserkreis sowie Planeten, wie sie aus der Überlieferung bekannt sind. Man kann also von einer natürlichen Resonanz zwischen Mars und Widder sprechen, weil Mars als Herrscher des Zeichens Widder gilt. Zugleich gibt es eine natürliche Resonanz zwischen Widder und dem 1. Haus bzw. dem Aszendenten. Dies ergibt eine Kette natürlicher Resonanzen: Mars → Widder → [1].

Andererseits gibt es «natürliche» Resonanzen, die sich aus historischen Zuordnungen der Planeten ergeben, zum Beispiel die Resonanz zwischen Saturn und Uranus. Diese resultiert aus der Ablösung der alten Domizile durch die neu entdeckten Planeten. So löste Uranus die Herrschaft von Saturn über den Wassermann ab. Dennoch kann man sagen, dass *subdominant* auch Saturn noch über den Wassermann herrscht, weshalb es eine natürliche Resonanz zwischen beiden Planeten gibt. Diese Form der natürlichen Resonanz beruht auf der Systematik der Parallelzeichenherrscher:

Resonanzen zwischen Parallelzeichenherrscher		
Mars	↔	Pluto
Jupiter	↔	Neptun
Saturn	↔	Uranus

Eine natürliche Resonanz entsteht auch durch das Kybernetische bzw. Systemische Modell. Die Planeten eines Regelkreis-Paares stehen miteinander in *horizontaler* natürlicher Resonanz:

Resonanzen im Kybernetischen Modell		
Mond	↔	Sonne
Venus	↔	Mars
Jupiter	↔	Saturn
Neptun	↔	Pluto

Eine weitere Resonanz, die sich aus dem Kybernetischen Modell ableitet, besteht in der *vertikalen* Resonanz zwischen Planeten mit der gleichen energetischen Ausrichtung, also zwischen allen Planeten mit freisetzender Qualität und allen Planeten mit aufnehmender Qualität. Diese Resonanz ist demnach Regelkreis übergreifend. Hierbei bestimmt die Nähe des Regelkreises die Intensität der Resonanz: je näher, umso größer. So besteht eine große Resonanz zwischen Sonne und Mars, eine geringere zwischen Sonne und Saturn und die geringste zwischen Sonne und Pluto.

In diesem Modell haben Merkur und Uranus keine natürliche Resonanz, die auf der horizontalen Polarität der Planetenprinzipien aufbaut. Sie stehen jedoch in vertikaler Resonanz miteinander.

In der Praxis empfiehlt es sich, sich auf die horizontale Resonanz zu beschränken.

Konstellationen und Resonanzen

Eine Konstellation steht nicht nur zu einer gleichnamigen Konstellation in Resonanz, sondern auch zu solchen Konstellationen, in denen einer der beiden Planeten (oder beide) durch einen anderen ersetzt ist, der jedoch in natürlicher Resonanz entweder im Sinne des Kybernetischen Modells oder der Parallelzeichenherrscher steht.

Ein Beispiel: Eine Mond/Jupiter-Konstellation steht in Resonanz mit jeder anderen Mond/Jupiter-Konstellation, aber auch mit Konstellationen, in denen entweder Mond oder Jupiter oder beide durch ein verwandtes Prinzip ausgetauscht sind. Mond/Jupiter ist daher auch verwandt mit Mond/Saturn, denn Jupiter und Saturn stehen im Kybernetischen Modell in Resonanz miteinander. Ebenso gilt: Mond/Jupiter ≈ Mond/Neptun, denn Jupiter und Neptun sind über das Parallelzeichenherrscher-Prinzip miteinander verwandt. Außerdem kann auch Mond «ausgetauscht» werden. Hier greift nur das Prinzip des gegenpolaren Prinzips aus dem Kybernetischen Modell: Mond steht in Resonanz mit Sonne. Deshalb gilt auch: Mond/Jupiter ð ≈ Sonne/Jupiter und natürlich Sonne/Saturn und Sonne/Neptun.

Hier eine Übersicht über die Verwandtschaft der einzelnen Konstellationen:

Konstellation	x/y	Gegenpolare Resonanz	Parallelzeichen-herrscher-Resonanz
Mond/Jupiter	x wird ausgetauscht	Sonne/Jupiter	–
	y wird ausgetauscht	Mond/Saturn	Mond/Neptun
	x und y werden ausgetauscht	Sonne/Saturn	–

Was geschieht, wenn wir so vorgehen? Erinnern wir uns: Durch die Reduktion von Horoskopbeziehungen auf Planetenpaare haben wir die Information verdichtet, aber auch verkürzt. Über die Resonanzen geben wir den Konstellationen auf eine strukturierte Art und Weise wieder Vielfalt zurück. Wir erhöhen die Möglichkeit, neue Beziehungen im Horoskop zu knüpfen und erhalten so neue Impulse für die Entwicklung von Ideen zur Lösung von Problemen.

Fassen wir an dieser Stelle zusammen:

- Die Resonanz aus den Korrespondenzen zwischen Planeten, Tierkreis und Häuserkreis, wie sie aus der klassischen Astrologie überliefert sind, erlaubt uns, jede Komponente des Horoskops auf eine Konstellation zu reduzieren.
- Die Resonanz zwischen Parallelzeichenherrschern und die Resonanzen im Kybernetischen Modell erlauben uns, Konstellationen umzuwandeln und ihre neuen Beziehungen im Horoskop zu entdecken und zu nutzen.

Resonanz zwischen Horoskopthemen

Mit der natürlichen Resonanz werden die Möglichkeiten zur Entdeckung und praktischen Anwendung von Resonanzen in der Horoskopdeutung festgelegt. Wir wissen nun, welche Prinzipien miteinander interagieren können. Insbesondere die Reduktion von Horoskopfaktoren auf planetare Prinzipien und ihre Zusammenfassung zu Planetenpaaren (Konstellationen), ist ein nützliches Instrument, um Resonanzen zwischen den verschiedenen Bestandteilen eines Horoskops zu entdecken.

Wenn jemand zum Beispiel eine Konjunktion von Venus und Saturn hat, ergibt dies eine Venus/Saturn-Konstellation, die wiederum mit allen Venus/Saturn-Konstellationen des Horoskops in Resonanz steht, zum Beispiel mit dem Herrscher von 7 in 10 oder Venus in 10 oder mit Saturn in Quadrat zur Hausspitze 7, aber auch mit einer Hausspitze, die auf einem Kritischen Grad mit der Qualität Venus/Saturn steht. Alle diese Horoskop-Elemente stehen in Resonanz zueinander und bilden deshalb einen Themenkomplex.

Auf diese Weise wird es möglich, Horoskopfaktoren, die nicht augenfällig miteinander in Beziehung zu stehen scheinen, in die Deutung mit einzubeziehen und Verknüpfungen von Lebensbereichen darzustellen.

Wenn wir diese außerdem durch die Resonanzen mit den Parallelzeichenherrschern und den Polaritäten aus dem Kybernetischen Modell ergänzen, erhöhen wir die Komplexität weiter, denn eine Venus/Saturn-Konstellation steht beispielsweise mit einer Venus/Uranus-Konstellation in Resonanz. Daraus ergibt sich, dass die Venus/Saturn-Konjunktion auch in Resonanz mit Uranus in 7 des Horoskops steht. Im Falle einer polaren Resonanz käme auch eine Konstellation Mars/Saturn in Frage, die eine Resonanz herstellt zwischen der Venus/Saturn-Konjunktion und beispielsweise Mars in 10.

Fazit: Die Bildung von Konstellationen ermöglicht die Entdeckung von Resonanzen zwischen Horoskop-Elementen, die auf den ersten Blick nicht augenfällig sein müssen. Insbesondere das Einbeziehen von Resonanzen zwischen Parallelzeichenherrschern und polaren Prinzipien im Sinne des Systemischen Modells der Planeten erhöht die Vielfalt der Bezüge und damit die Komplexität der Deutung.

Resonanzen im Horoskopvergleich

Der Begriff «Horoskopvergleich» bezieht sich auf die Verwendung von Hilfshoroskopen jeglicher Art, die mit der Radix in Beziehung gesetzt werden können. Darunter fallen alle prognostischen Horoskope, wie Solare, Lunare, Tageshoroskope, aber auch Transite, Progressionen und Direktionen. Ebenso gehören Horoskope des Personenvergleichs dazu, also Synastrie (der unmittelbare Vergleich zweier Horoskope), Komposit und Kombin. In der TPA kennen wir noch die sogenannten Resonanz-Horoskope, die technisch den Harmonics verwandt sind.

Beim Horoskopvergleich wird das Prinzip der Resonanz zum Deutungsgrundsatz, denn beim Vergleich von zwei Horoskopen kommen nur die Deutungselemente zum Tragen, die miteinander in Resonanz stehen. Es kommt also bei der Anwendung dieses Gesetzes zu einer Reduktion der Deutungsvielfalt und damit der Beliebigkeit in der Interpretation, die Deutungsebene wird hingegen präzisiert. Die Anwendung des Prinzips der Resonanz verringert also die Deutungsfülle und erhöht die Deutungsdichte.

Streifen wir die praktischen Konsequenzen dieses Grundsatzes auf die Arbeit mit Techniken der Prognose und der Partnerschaftsastrologie.

In der **Prognose** gehen wir von dem Grundsatz aus: Eine aktuelle Auslösung hat nur dann einen Bezug zu meinem Leben, wenn sie in Resonanz zu Konstellationen in meiner Radix steht. Wenn z.B.zum Beispiel aktuell Mars und Saturn eine Konjunktion bilden, dann bedeutet dieses astrologische Ereignis nur dann etwas für mich, wenn Mars/Saturn in irgendeiner Form in meiner Radix angelegt ist. Wenn keine Konstellation in der

Radix angelegt ist, zieht diese Konjunktion spurlos an mir vorüber. Habe ich hingegen beispielsweise Mars in Haus 10, ergibt sich nicht nur, dass ich in deutlicher Resonanz mit der aktuellen Konjunktion stehe, sondern auch, in welchem Lebensbereich sie mich betreffen wird, nämlich mit allen Themen, die mit dem 10. Haus verbunden sind.

Bei der Verwendung von Direktionen treffen bei der Verwendung von Kritischen Graden auf sich auslösende Konstellationen, zum Beispiel wenn mein Aszendent in Bereich der 4° – 7° Wassermann mit dem «Inhalt» Mars/Saturn gerät. Auch hier gilt: Diese Auslösung hat nur dann eine Bedeutung für mich, wenn Mars/Saturn in der Radix angelegt ist.

Zugleich gelten natürlich auch die abgeleiteten Konstellationen, die aus den Parallelzeichenherrschern und den polaren Prinzipien im Sinne des Kybernetischen Modells entwickelt werden: So löst eine Mars/Saturn-Konjunktion Uranus am Aszendenten (Mars/Uranus) aus oder auch den Herrscher von 11 in 1 (Mars/Uranus), ebenso wie Venus in 10 (Venus/Saturn) oder Mars in 9 (Mars/Jupiter). Dadurch ist es möglich, die Interpretation in einem zweiten Schritt mehrdimensional anzulegen und Verknüpfungen zwischen Lebensthemen aufzuzeigen. In der Praxis erfolgt die Reduktion einer solchen Mehrschichtigkeit durch die Klärung des Anliegens eines Klienten und durch die Wahrscheinlichkeit der Interpretation in Bezug auf das Leben des Klienten.

Ein Grenzfall ist die Bewertung von Konstellationen, die sich erst durch die Interaktion von Hilfshoroskop und Radix ergeben, zum Beispiel der einfache Transit zwischen Mars und Radix-Saturn oder dem Radix-MC. Hier ergibt sich erst durch die Berührung der beiden Horoskopfaktoren die Konstellation Mars/Saturn. Auch wenn ich nicht der Ansicht bin, dass ohne eine entsprechende in der Radix angelegte Konstellation Mars/Saturn überhaupt keine «Wirkungen» zu erwarten sind, gehe ich davon aus, dass solche «Wirkungen» sich nur marginal und weitaus unauffälliger äußern werden als bei einer gleichzeitigen Resonanz zum Radix.

Das gilt in etwa natürlich auch für die Metagnose und insbesondere für die Geburtszeitkorrektur.

In der **Partnerschaftsastrologie** ist die Anwendung des Prinzips der Resonanz vielschichtig.

Beim ungebundenen Horoskopvergleich, das heißt der einfachen Gegenüberstellung zweier Horoskope, hilft das Prinzip der Resonanz, die Berührungspunkte zwischen den Leben zweier Menschen zu finden. So kann die Mars/Saturn-Konjunktion des einen den Saturn in [1] des anderen aktivieren. Zugleich haben wir die Möglichkeit, die unterschiedliche Einbettung der Konstellation in das Horoskop zu beobachten. Dies lässt uns Rückschlüsse auf die Verwirklichungsebene der Resonanz ziehen. Löst zum Beispiel die Mars/Saturn-Konjunktion des einen Saturn in [1] des anderen aus, dann können wir davon ausgehen, dass es sich hier um eine Aktivierung von Mars/Saturn eher im Sinne der Themen des 1. Hauses handelt – inklusive aller guten und schlechten Erfahrungen, die der Geborene mit diesem Thema haben mag. Wäre jedoch Mars in 10 betroffen, verschöbe sich der Erfahrungsbereich auf die Themen des 10. Hauses.

Bei der Synastrie, die als eine Sonderform der Transite betrachtet werden kann[57], gelten ähnliche Kriterien wie bereits beiden Resonanzen in der Prognose. Zusätzlich gilt jedoch auch, dass Konstellationen, die sich zwischen zwei Menschen erst durch die Synastrie bilden und die in beiden Horoskopen auf Resonanz stoßen, besondere Tragweite für die Beziehung haben werden und deshalb die größte Aufmerksamkeit verdienen, da sie gewissermaßen den «Kitt» in der Beziehung bilden. Findet sich beispielsweise eine Mars/Saturn-Konjunktion zwischen beiden Horoskopen und haben beide Partner eine resonante Konstellation, ist diese Konjunktion als tragend für die Beziehung anzusehen. Einseitige Resonanzen (nur einer der beiden Partner hat eine entsprechende in der Radix angelegte Konstellation) haben eine weitaus schwächere «Wirkung».

Im Kombin[58], das ein eigenständiges Horoskop ist, kommt dieses Kriterium noch deutlicher zum Tragen und hilft, die

Funktion des Kombins als reines Hilfshoroskop im Auge zu behalten, dem unabhängig von der Resonanz zu seinen Bezugshoroskopen keine Bedeutung zukommen kann. Hier gilt: Konstellationen im Kombin, die sich in beiden Horoskopen wiederholen, haben besondere Bedeutung für die Beziehung. Für das Kombin gibt es noch einen Sonderfall: seine Verwendung zu prognostischen Zwecken. In diesem Fall ergibt sich eine Überlagerung von Resonanzen, die sich rein auf die Bezugshoroskope beziehen, und solchen, die sich aus den Resonanzen zwischen Transiten zum Beispiel und Kombin beziehen. Auch die Auslösungen in der Prognose haben nur dann eine Bedeutung, wenn sie eine Resonanz mit den jeweiligen Radix-Horoskopen aufweisen. Das heißt: Eine Resonanz zwischen Kombin und Transit, die nicht zugleich auch eine Resonanz mit den Bezugshoroskopen aufweist, kann primär nicht berücksichtigt werden, und nur möglicherweise sekundär, wenn wir die Beziehung und das diese Beziehung repräsentierende Kombin als etwas Eigenständiges definieren wollen.

Fazit: Die Anwendung des Resonanz-Prinzips im Horoskopvergleich hilft,

- die Deutungsfülle zu verringern und
- die Deutungsdichte zu erhöhen,

und erlaubt so, die Interpretation klientengerechter zu gestalten.

Anliegenorientiertes Deuten

Bislang haben wir die Technik der Konstellationen studiert und sie in Bezug auf die zentrale Lebenskonstellation angewandt. Jetzt wollen wir uns ansehen, wie wir Konstellationen in der praktischen Beratungsarbeit einsetzen können. Systemische Beratung setzt ein Anliegen voraus, setzt voraus, dass wir uns als astrologische Berater eingehend mit dem Anliegen beschäftigen, das wir an das Horoskop stellen, sei es für uns selbst oder für einen anderen Menschen, zum Beispiel einen Klienten. *Ohne Anliegen keine Beratung* – das ist die Grundregel.

Wir benötigen das Anliegen, weil es den Fokus auf das Horoskop liefert. Das Anliegen ist der Kontext, in dem wir uns bewegen, wenn wir über das Horoskop sprechen. Indem wir klären, was genau das Anliegen des Klienten ist, wird uns gezeigt, auf welcher Ebene der Interpretation wir uns befinden und welchen Einschränkungen unsere Deutung folglich unterliegt. Das schützt uns als Beratende davor, unsere Hypothesen zu Schablonen für den Klienten werden zu lassen. Nicht zuletzt werden Beratungen, denen ein geklärtes Anliegen zugrunde liegt, sowohl vom Beratenden als auch vom Beratenen als konkreter und lebensnaher empfunden, weil sie sich in der Regel mit der konkreten Lebenswelt des Klienten beschäftigen.

Für die Deutungspraxis bedeutet das, die Horoskopfaktoren herauszustellen, die mir die Verankerung des Anliegens im Horoskop besonders leicht machen. Diese Horoskopfaktoren werden in der traditionellen Astrologie *Signifikatoren* genannt und sind im Allgemeinen Planeten, wobei zwischen *Hauptsignifikatoren* und *Nebensignifikatoren* unterschieden wird. Hauptsignifikatoren sind die Planeten, die über das Haus herrschen, welches dem Thema zugeordnet wird. Nebensignifikatoren sind Planeten, die ihrem Charakter nach dem Thema verwandt sind.

Das Anliegen thematisch in Häusern verankern

Demnach könnten wir das Thema «Partnerschaft» im Horoskop sowohl über den Hauptsignifikator *Herrscher von Haus [7]* finden als auch über den Nebensignifikator *Venus*, da Venus mit dem Thema verwandt ist. Insbesondere in der Stundenastrologie spielt die Wahl des richtigen Signifikators eine große Rolle, hängt von ihm doch die Bestimmung der Antwort eines Fragehoroskops ab.[59] Ganz ähnlich versuchen wir im astrosystemischen Ansatz, uns auf einen Planeten zu konzentrieren, der für das Thema steht: Wir suchen das Fadenende, an dem wir den Deutungsprozess entspinnen wollen. Den Vorrang hat dabei der Hauptsignifikator, also der Herrscher des Hauses, das zum Thema des Anliegens gehört.

Damit tragen wir dem astrosystemischen Grundgedanken Rechnung, dass Planeten an sich keine Eigenschaften besitzen und deshalb Zuordnungen von konkreten Themen zu reinen Planetenprinzipen problematisch sind. Planeten verkörpern eher die Art, sich mit der Welt zu verbinden oder sich von ihr zu differenzieren. Man könnte sagen: Planeten stehen für Verhaltensweisen, wobei konkrete Eigenschaften in den Hintergrund treten. Venus steht so gesehen für die ganz allgemeine Art und Weise, wie wir auf der objektorientierten Ebene mit der Welt in Verbindung treten. Diese spielt natürlich auch in Partnerschaften eine Rolle. Doch ist sie wesentlich weiter gefasst, denn sie bezieht sich auf alle Arten, sich auf andere Menschen zu beziehen, und überdies nicht nur auf Menschen, sondern auch auf Gegenstände. Die Konstellationen von Haus 7 erlauben uns daher, das Anliegen ohne Umwege auf der konkreteren Ebene des Lebensbereiches «Partnerschaft» zu beschreiben.

Grundmuster der anliegenorientierten Deutung

Die Ebene der Häuser ist beim anliegenorientierten Deuten ausschlaggebend. Dort versuchen wir das Thema zu verankern, mit dem wir uns beschäftigen wollen. Wenn wir das zum Thema passende Haus gefunden haben (zur Vorgehensweise siehe weiter unten), dann sind folgende Deutungsschritte sinnvoll:

	Deutungsschritt	**Priorität**
1.	Zeichen an der Häuserspitze	*
2.	Häuserherrscher (Herrscher des Hauses x in Haus y)	*****
3.	Aspekte zum Häuserherrscher	****
4.	Aspekte auf die Häuserspitze	**
5.	Planeten im Haus	***

Von allen fünf Schritten ist (2) der wichtigste. Zwar sind auch Aspekte auf Häuserspitzen sehr individuell, aber nicht in jedem Horoskop werden wir Aspekte auf die Hausspitze finden ebensowenig wie Aspekte zum Häuserherrscher. Das Gleiche gilt für Planeten im Haus: Nicht immer stehen welche im betreffenden Haus, deshalb haben sie nicht die gleiche Aussagekraft wie der Häuserherrscher.

Wenn wir uns also entscheiden müssten, welchen dieser Schritte wir in jedem Fall durchführen sollten, dann wäre das ganz klar Schritt (2). Alle anderen Schritte ergänzen die Deutung sinnvoll, doch während der Häuserherrscher das Gerüst der Deutung ist und erfahrungsgemäß gut Dreiviertel der Bedeutung liefert, sind die restlichen Schritte wie würzende Zutaten, welche die Deutung verfeinern, die eine oder andere Idee deutlicher hervortreten lassen oder die eine oder andere Nuance betonen.

Entscheidend ist jedoch, dass Schritt (2) die einzige Konstellation liefert, die wir in jedem Horoskop finden und die zugleich eine hohe Raum-Zeit-Spezifität besitzt.

Die Deutungsschritte im Einzelnen

Im Folgenden möchte ich die ersten drei Deutungsschritte exemplarisch am Horoskop der Schauspielerin Angelina Jolie und dem Thema Partnerschaft vorstellen.

1. Das Zeichen an der Hausspitze deuten

Dieser Schritt ist zwar aus Sicht der Raum-Zeit-Spezifität der unbedeutendste, denn jede Hausspitze ist an die Einbettung des gesamten Häuserkreises in den Tierkreis gebunden, und die Variationsbreite ist demnach sehr gering.

Mit diesen Gedanken im Hinterkopf ist klar, dass die Deutung eines Zeichens an der Hausspitze als erster Schritt nur begrenzten individuellen Stellenwert haben kann. Doch gerade dies kann uns den Einstieg in die Deutung erleichtern, denn wir

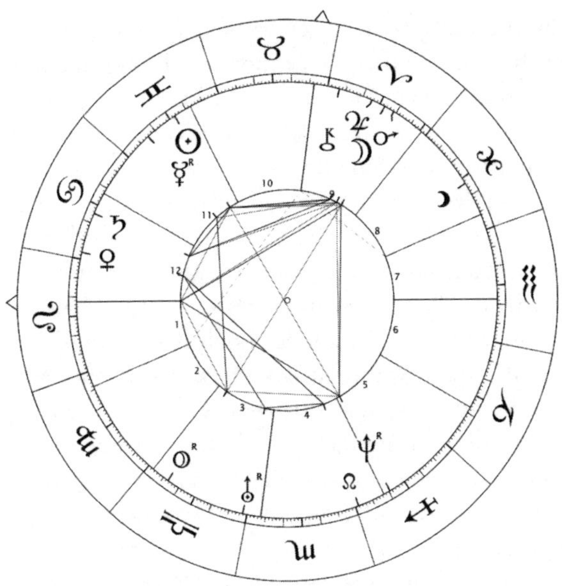

Beispielhoroskop: Angelina Jolie, 4. 6. 1975, 17:09 GMT, Los Angeles/USA

bewegen uns damit vom Allgemeinen zum Besonderen, von der typolgischen Betrachtung zur individuellen Deutung.

Im Beispielhoroskop finden wir an der Spitze von Haus [7] das Zeichen Wassermann. Wenn Haus [7] für die grundlegende Vorstellung eines Menschen von Begegnung und Partnerschaft steht, vor allen Dingen für das, was er sich als Ergänzung zu seiner Eigenart (Haus [1]) von einem Gegenüber erwartet, dann deutet Wassermann an der Spitze dieses Hauses darauf hin, dass sich der Betreffende Menschen wünscht, die sich nicht über einen Kamm scheren lassen, sondern durch irgendeine Besonderheit auffallen und aus dem konventionellen Rahmen herausfallen.

An dieser Stelle lohnt es sich, diese Qualitäten mit denen des Aszendenten abzugleichen, da ja der Deszendent Teil der Horizontachse ist und die Themen von Aszendent und Deszendent in Wechselwirkung zueinander stehen. Jeder Wassermann-Deszendent hat einen Löwe-Aszendenten. Wir könnten uns also fragen: Wozu braucht der Löwe-Aszendent eigentlich einen Wassermann-Deszendenten? Die große Stärke des Löwen besteht darin, Dinge auf sich und um sich herum zu konzentrieren. Er ist der Mittelpunkt, um den herum sich die Welt organisiert und an dem sie sich orientiert. Er besitzt eine große integrative Kraft, die ihm nicht selten das Charisma einer natürlichen Autorität verleiht. Damit er diese Kraft auch leben kann, braucht er eine Umwelt (Haus [7]), in der noch Bedarf an dieser Fähigkeit besteht. Wassermann ist das Gegenteil der zentrierenden Kraft des Löwen: Er ist ex-zentrisch. Gerade diese Tendenz, sich frei von allen Bindungen zu halten und jeglichem Versuch, in den Schatten eines anderen gezwungen zu werden, standzuhalten, macht ihn zur willkommenen Herausforderung für den Löwen, der daran lernt, seine Kräfte immer mehr zu verfeinern und verbessern. Der Löwe möchte sich durch seine kreative Leistung in der Welt verewigen. Doch erst wenn er etwas Einzigartiges erschafft, etwas, was einen wirklichen Unterschied in die bestehende Welt einbringt, verwirklicht er sich selbst.

Partnerschaft bedeutet für jemanden mit Wassermann an der Spitze von Haus [7]: *Suche dir einen Partner, der dich in deinem Anspruch herausfordert, etwas Besonderes zu werden, indem du einen wirklich schöpferischen Beitrag zur Welt leistest.* Zu beachten ist, dass das Zeichen am Deszendenten nicht beschreibt, welche Eigenschaften der Partner haben muss, sondern welche Qualitäten ich mir in der Begegnung oder Beziehung wünsche, damit das Beste meiner Fähigkeiten, die ich in diese Welt mitgebracht habe, zum Vorschein kommt. *Wie* der Partner letztendlich im konkreten Falle ist, spielt keine Rolle – solange er mich motiviert, die Kräfte am Aszendenten einzusetzen und immer besser darin zu werden.

Beim Deuten des Zeichens an der Hausspitze ist es nützlich, folgende Punkte im Auge zu haben:

- Die Deutung hat nur einen begrenzten individuellen Wert, zeigt aber einen Typ; dieser Typ ist eine gute Ausgangsposition, um in den nachfolgenden Deutungsschritten zunehmend individuellere Züge herausarbeiten zu können.
- Es empfiehlt sich bei der Deutung, auch das gegenüberliegende Zeichen einzubeziehen vor dem Hintergrund, dass jede Hausspitze immer auch Teil einer *Häuserachse* ist und so die Wechselwirkung zwischen beiden Häusern und den an ihren Spitzen liegenden Zeichen etabliert ist.

2. Der Häuserherrscher

Den Häuserherrscher zu deuten, ist im Gesamtzusammenhang aller Deutungsschritte, besonders wichtig.

Da der Häuserherrscher ja in einem anderen Haus und damit einem ganz anderen Lebensbereich stehen kann, bekommen wir eine Vernetzung von Häusern und damit von Themen.

Wichtig bei der Deutung ist, dass es zunächst einmal zweitrangig ist, *welcher Planet* diese Verbindung herstellt, entscheidend ist, *dass* diese Verbindung hergestellt wird. Wir können uns diese Verbindung wie eine Brücke vorstellen: Je nach Qualität des Planeten wird diese Brücke anders gestaltet sein, es kann eine breite, schmale, gewundene, hängende Brücke sein, entscheidend aber ist die Funktion der Brücke: die Verbindung zwischen zwei ursprünglich getrennten Gebieten.

In unserem Beispiel ist der Herrscher von Haus [7] Uranus, er steht in Haus [4][60]. Dass es sich dabei um Uranus handelt, spielt bei diesem Deutungsschritt eine untergeordnete Rolle, denn wir legen in einer systemischen Astrologie weniger Wert auf die *Eigenschaften* von Horoskopelementen, sondern betonen mehr die *Beziehungen* zwischen Horoskopelementen. Die Verbindung der beiden Häuser können wir durch eine Konstellation ausdrücken: Dabei ersetzen wir beide Häuser durch die entsprechenden Planeten, in unserem Beispiel also Haus [7] durch Venus und Haus [4] durch Mond. So erhalten wir als Konstellation für den Herrscher von Haus [7] in Haus

[4] die Häuserherrscher-Konstellation Mond/Venus. In dieser Konstellation ist der Umstand, dass es Uranus war, der diese Verbindung herstellte, nicht mehr sichtbar. Übrig bleibt ausschließlich die Beziehung.

Es ist bei der Betrachtung von Häuserherrschern hilfreich, sich vorzustellen, wie die beiden Häuser, die verbunden werden, grundsätzlich miteinander auskommen. Das drückt sich ganz häufig schon in der Winkelbeziehung aus, die beide im Häuserkreis zueinander haben. So befinden sich in unserem Beispiel Haus [7] und Haus [4] in einem natürlichen Quadrat zueinander. Wir wissen: Quadrate deuten immer auch darauf hin, dass sich beide Themen in die Quere kommen können. In diesem Fall liegt es auf der Hand: In Haus [4] will ich ganz bei mir sein, kein Punkt im Horoskop ist intimer, in Haus [7] jedoch öffne ich mich der Welt, lasse mich auf andere Menschen und ihre Impulse ein.

Wenn der Herrscher von Haus [7] in Haus [4] steht, dann verbindet sich das Thema Partnerschaft mit dem Fundament meiner Persönlichkeit. Ganz allgemein können wir sagen: Alles, was mir begegnet, berührt mich an der Wurzel meiner Existenz, dort, wo mein Wünschen und Wollen seinen Ausgang nimmt. Laut Brigitte Hamann[61] ist das Imum Coeli der Fuß- und Angelpunkt unseres Lebens, die Quelle, aus der wir unser Leben schöpfen. Wer den Herrscher von Haus [7] in Haus [4] hat, den bewegen Begegnungen zutiefst. Sie können ihn nicht kalt lassen, er ist immerzu betroffen. Folglich wird er vorsichtig entscheiden, wem er sich öffnet und wen er in die heiligen Hallen seines Daseins lässt. Nicht selten wirken Menschen mit dieser Konstellation nach außen hin zurückhaltend, vielleicht sogar abweisend und kühl. Dies ist als Schutzmechanismus zu verstehen, vielleicht auch als Strategie, ein bisschen Zeit zu gewinnen, bevor man sich auf einen Menschen einlässt. Einen Hinweis auf die Art und Weise, wie man sich mit dieser Konstellation schützt, gibt der Aszendent, denn er zeigt an, wie wir uns in dieser Welt zur Wehr setzen, wenn wir uns angegriffen fühlen. Hier haben wir es mit einem Löwe-Aszendenten zu tun: Seine Verteidigungsstrategie wird immer der machtvolle Auftritt mit Einschüchterungseffekt sein, der seinen Gegnern und denen, die es werden möchten, unmissverständlich zu verstehen gibt, wer das Zepter in der Hand hält. Da Angelina Jolie zudem den Herrscher des Aszendenten in Haus [11] hat, ist es Teil ihrer Kampf- und Verteidigungstaktik, sich unberührbar zu machen: eine Mars/Uranus-Konstellation.

Es ist nicht schwer, sich vorzustellen, dass die Beziehung zwischen den Themen von Haus [7] und Haus [4] sich in die Quere kommen können, denn zwischen Haus [4] als intimsten Punkt des Horoskops, an dem ich ganz für mich sein will, und Haus [7], welches meine Potenzial beschreibt, mich der Welt zu öffnen und an ihr teilzuhaben, spüren wir eine gewisse Unvereinbarkeit. Diese Häuserherrscher-Konstellation versucht, diese Unvereinbarkeit zu überbrücken. Das Risiko besteht darin, dass der Betreffende bei jeder Begegnung auch Gefahr läuft, sein Innerstes zu offenbaren.

Fassen wir das Wesentliche noch einmal zusammen:

- Die Häuserherrscher-Konstellation ist das Zentrum der anliegenorientierten Deutung. Sie bildet gewissermaßen ihr Rückgrat. Es ist deshalb sinnvoll, ihr besonders viel Aufmerksamkeit zu schenken und sie in ihren Facetten von möglichst vielen Seiten zu beleuchten.
- Eine gelungene Deutung der Häuserherrscher-Konstellation geht von der Beziehung zwischen den beiden durch den Häuserherrscher verbundenen Häusern aus und stellt diese in den Vordergrund. Die Eigenschaften des Häuserherrschers selbst können aus astrosystemischer Sicht (Vorrang der Beziehungen vor den Eigenschaften) vernachlässigt werden.
- Auch bei der Häuserherrscher-Konstellation lohnt es sich, einen Blick auf den Häuserherrscher des gegenüberliegenden Hauses zu werfen. Insbesondere bei der Betrachtung der Hauptachsen ergibt die Einbeziehung des Gegenzeichens ein runderes Bild.

3. Aspekte zum Häuserherrscher

Mit der Deutung des Häuserherrschers sollten wir den Kern der Thematik schon getroffen haben, das heißt, allein auf der Basis dieser Konstellation sollten wir in der Lage sein, eine stimmige Beschreibung des Anliegens zu geben. Der nächste Schritt wird das, was wir bereits herausgefunden haben, nur noch modifizieren, aber nicht mehr grundlegend verändern.

Der Aspekt eines Planeten auf den Häuserherrscher des Themas kann aus mehreren Perspektiven gedeutet werden: Da ist einmal der Planet selbst, der sich mit seinen «Eigenschaften» in das Geschehen einmischt, die Qualität des Aspektes, die etwas darüber aussagen kann, wie er das tut, und natürlich seine eigene Einbindung in das Häusersystem, also seine Position im Häuserkreis und seine eigene Herrschaft über eines der Häuser. Alle diese Ebenen haben ihre Berechtigung, doch liegt die Betonung wiederum auf den Merkmalen, die sich auf der Häuserebene ergeben, allen voran der Häuserherrscherebene. So erhalten wir weitere Verflechtungen unseres Ausgangsthemas (hier Haus [7]: Partnerschaft) mit anderen Themen des Horoskops.

In unserem Beispiel fällt die Venus im Quadrat zu Uranus als Herrscher von [7] ins Auge. Wir könnten also einmal sagen, dass sich in die bereits umrissene Thematik etwas «Venusisches» mischt, was auch immer wir darunter verstehen mögen. Egal, welche Bedeutungen wir dieser Venus als Prinzip zuschreiben, wir werden keine präzisere Aussage bekommen als eine Wolke von unbestimmten Eigenschaften. Daher ist es nötig, die Häuserebene einzuführen, weil wir nur auf diese Weise den Kontext finden, in dem sich diese «venusischen Eigenschaften» entfalten werden. Venus als Prinzip der Verbindung auf der zwischenmenschlichen Ebene steht hier in Haus [12]. Anders gesagt: Venus in [12] steht in Quadrat zum Herrscher von [7]. Diese Venus hat ein bestimmtes Profil, das sie von anderen Venus-Stellungen unterscheidet. Ich wähle hier aus den möglichen Bedeutungen, die dem Haus [12] zugewiesen werden können, die

Darstellung in der Öffentlichkeit[62]: Venus in [12] zeigt, dass ich mich vom Rampenlicht angezogen fühle. Da es aber ein Quadrat zu Uranus aus [7] gibt, könnte das ein Hinweis auf eine Spannung zwischen dem Bedürfnis nach Intimität in der Partnerschaft (Uranus aus [7] in [4]) und meinem Wunsch nach öffentlicher Aufmerksamkeit sein. Beides hat das Potenzial, sich in die Quere zu kommen, ist zugleich aber auch eine kreative Herausforderung. Der Aspekt und seine Qualität ist dabei gar nicht mal so ausschlaggebend. Ob Quadrat, Opposition, Spiegelpunkt oder Konjunktion: Wichtig ist, *dass* eine Beziehung vorhanden ist.

Doch damit ist die Deutung dieses Aspektes noch nicht zu Ende, denn Venus herrscht ja ebenfalls über ein Haus. Da Venus sowohl dem Stier als auch der Waage zugeordnet wird, haben wir stets mindestens zwei Möglichkeiten. In unserem Beispiel ist es Haus [3] und Haus [10]. Wenn wir hier eine Rangfolge aufstellen wollten, dann hättemeines Erachtens Haus [10] als kardinales Haus das größere Gewicht[63]. In Zeitnot könnten wir uns also auf die Venus als Herrscherin von Haus [10] konzentrieren. Venus ist Herrscherin von Haus [10] in Haus [12] – das ist in der Sprache der Konstellationen eine Saturn/Neptun-Konstellation. Eine mögliche Deutung könnte so aussehen: Meine Berufung ist es, mich in der Gesellschaft sichtbar zu machen. Zu beachten ist dabei, dass Venus als Herrscherin von [10] fungiert und so in das Thema Partnerschaft die berufliche Ebene einfließt..

Zusammengefasst:

- Aspekte auf den Herrscher des Themas zeigen zusätzliche Einflüsse auf das Anliegen. Sie erweitern den Blick, verändern aber nicht die Grundaussage der Häuserherrscher-Konstellation.
- Wenn wir vom Vorrang der Beziehungen über Eigenschaften ausgehen, dann ist die Qualität des aspektierenden Planeten für sich genommen weniger bedeutsam. Erst wenn wir

diesen Planeten eingebunden in den Kontext des Häusersystems als konkreten Bezugsrahmen der Lebensbedingungen eines Menschen betrachten, bekommt er Bedeutung.

- Die wichtigste Information, die ein aspektierender Planet mitbringt, liegt in seiner eigenen Herrschaft im Häuserkreis begründet: Das Haus, über das er herrscht, gibt Auskunft darüber, welche weiteren Lebensthemen mit dem Anliegen verquickt sind.
- Die Qualität des Aspektes selbst ist untergeordnet. *Dass* ein Aspekt zwei Horoskopfaktoren miteinander verbindet, ist wesentlicher als die Frage, *wie* er es tut.
- Mit diesen drei Schritten haben wir ein Thema gut im Horoskop verankern können – eine gute Ausgangslage für die Entwicklung von Lösungsstrategien für Probleme, die möglicherweise damit verbunden werden. Übertragen Sie selbst dieses Deutungsschema auf andere Anliegen. Alles, was Sie an Voraussetzungen mitbringen müssen, ist das Wissen darüber, wie Sie Themen im Horoskop finden können, insbesondere, in welche Häuser Sie welche Themen ordnen sollten.

Grundlegendes zu den Häusern

In der astrosystemischen Deutungsmethodik hat die Häuserebene vor allen anderen Horoskopfaktoren Vorrang, wenn es darum geht, das Anliegen im Horoskop zu verankern. Gerade über die Häuser herrscht aber wie über sonst kaum eine Horoskopstruktur Uneinigkeit zwischen den Astrologieschulen. Ich möchte an dieser Stelle nur meine eigene Arbeitsweise transparent machen. Sie können dann selbst entscheiden, ob Sie sich mir anschließen möchten oder bei Ihren bisherigen Deutungsgewohnheiten bleiben. So arbeite ich grundsätzlich mit Placidus-Häusern oder mit der verbesserten Variante des topozentrischen Häusersystems.

Selbstverständlich können die Techniken, die in diesem Buch

vorgestellt werden, auch auf andere Häusersysteme übertragen werden, aber meine Erfahrungen erstrecken sich nur auf diese Systeme, sodass ich keine Aussage darüber machen kann, ob das, was ich in diesem Buch vermitteln möchte, mit anderen Häusersystemen ebenso gut «funktioniert». Dies herauszufinden, überlasse ich dem geneigten Leser und der geneigten Leserin.

Die Bedeutung der Häuser

Im Folgenden biete ich Ihnen die Häuser-Entsprechungen an, mit denen ich arbeite. Sie basieren zu einem großen Teil auf der Transpersonalen Astrologie, spiegeln aber im Großen und Ganzen traditionelle Bedeutungen wieder. Selbstverständlich ist es möglich, auch mit eigenen und anderen Zuordnungen zu arbeiten.

aus 1: Was will ich durchetzen? nlagen, unwillkürliche igenart, angeborene Muster, ffekte, Aggression, Angst, tärke, Durchsetzungsfähigeit, Verteidigung/Angriff, onstitutionstyp, alle physichen Grundbedürfnisse	**Haus 2: Was will ich haben?** Mein Körper, Substanz des Körpers, Sicherung der Existenz, Besitz, Gruppenbindung, Pragmatik, Zugehörigkeit, Sicherheit	**Haus 3: Was will ich körperlich/kommunikativ zeigen?** Bewegungsapparat, Sinnesorgane, Kommunikationsfähigkeit, Lernfähigkeit, körperliche Selbstdarstellung, Mimik, Gestik, Kleidung, intellektuelle Fähigkeiten
aus 4: Was fühle ich in ir? Seelischer Urgrund», Quelle ler Motive (was mich im eben überhaupt bewegt), notionaler Antrieb (womit h mich identifiziere, was h als zu meinem innersten /esen zugehörig empfinde), efühle im Sinne von Empndungen, Identität, Heim, eborgenheit, Fantasie, utter	**Haus 5: Was möchte ich ausleben?** Äußerung dessen, was mich bewegt, Gefühle im Sinne von Emotionen, mein Verhalten, Gewohnheiten, Egozentrik, das Erleben eines «Ichs», Vergnügen, Freizeit, Spaß, Vater, Sexualität im Sinne von Erotik, Kinder	**Haus 6: Wie möchte ich meine Gefühle darstellen?** Reaktion auf das Feedback zu meinen Gefühlsäußerungen, Aussteuerung an sich verändernde Umweltbedingungen, der Freiraum, Psychosomatik

Haus 7: Was begegnet mir? Mein Zugang zur Umwelt (was mich an meiner Umwelt interessiert), Partnerbild, Freunde/Feinde, Denken, Interessen, geistiges Potenzial	**Haus 8: Woran binde ich mich?** Persönliche Wertvorstellungen, aus Erfahrungen abgeleitete Vorstellungen von der Welt, Vorurteile, Dogmen, Ideen über die Welt, Prinzipien, Ideologie, geistige Heimat, Verbindlichkeit, Verträge, der feste Partner; Sexualität im Sinne von Fortpflanzung, Erbgut	**Haus 9: Wie möchte ich mich in der Umwelt darstellen?** Anerkennung im sozialen Milieu, Einsichtsfähigkeit, Toleranz, geistige Selbstdarstellung, sich mit dem Partner zeigen, Umgang mit dem Feedback der Umwelt auf meine Ideen, Diskussion, Philosophie, Glaube, Erweiterung des Horizonts, Studium, Bildung
Haus 10: Was will ich in diesem Leben erreichen? Beruf, Berufung, «Sinn des Lebens», gesellschaftliche Bedeutung, Wertvorstellungen der Gesellschaft, sozio-kulturelle Normen, Mythen, nach denen wir leben, Spielregeln, Gesetze, Konventionen, Freiheit (was ist erlaubt)	**Haus 11: Welchen individuellen Beitrag will ich in der Welt leisten?** Individuelle Verwurzelung in der Gesellschaft, Fähigkeit, von der Norm abzuweichen, sich konkret einbringen, Anderssein, Besonderssein (und dadurch bestehende Strukturen hinter-fragen, erweitern, verbessern), konkrete gesellschaftliche Position («Posten»), Gesinnungsgenossen, Opposition, Gegenkurs, Freiheit im Sinne von Unabhängigkeit	**Haus 12: Wie erscheine ich in der Öffentlichkeit?** Selbstdarstellung in der Gesellschaft, Ruhm, Freiheit (frei sein zu etwas), «Narrenfreiheit», Auflösung alles Stofflichen, Überwindung des Körperlichen, Meditation Spiritualität, das Feedback der Gesellschaft auf mich als Individuum, der Blick der Gesellschaft auf mich, Anonymität, Rückzug von der Welt, Kloster, Gefängnis Psychiatrie, Seuchen

Erhöhung der Komplexität

Kehren wir für einen Augenblick zu den Deutungsschritten zurück. Jeder dieser Schritte ließe sich vertiefen und in seiner Komplexität steigern.

Weitere Konstellationen

So könnten wir in Schritt (1) noch den Kritischen Grad, auf dem die Hausspitze steht, einbeziehen. Dies ist jedoch nur ratsam, wenn wir zuvor eine Geburtszeitkorrektur durchgeführt haben.

In Schritt (2) könnten wir neben dem Häuserherrscher ersten Ranges auch den Parallelzeichenherrscher (den klassischen Herrscher) heranziehen, vor allen dann, wenn dieser ein schneller laufender Planet ist. Wenn also Pluto der Herrscher eines Hauses ist, weil Skorpion an der Hausspitze steht, dann könnten wir auch Mars als alten Herrscher des Skorpions berücksichtigen.

In Schritt (4) und (5) steigern wir die Komplexität wie in Schritt (3), indem wir den Planeten, der einen Aspekt auf die Hausspitze wirft oder im Haus steht, selbst als Herrscher über ein Haus betrachten. Dadurch verknüpfen wir über die Häuserherrscher die Lebensbereiche des Menschen.

Resonanzen

Spannend wird es, wenn wir die Prinzipien der Resonanzen in unsere Überlegungen einbeziehen. Dazu müssen wir uns darauf besinnen, dass wir jede Beziehung im Horoskop auch durch eine Konstellation beschreiben können: So bringt Uranus als Herrscher von [7] in [4] eine Mond/Venus-Konstellation ins Spiel und die Venus als Herrscherin von [10] in [12] eine Saturn/Neptun-Konstellation.

Wenden wir uns zunächst der Konstellation Mond/Venus zu. Wir können nun weitere Beziehungen zu anderen Bereichen des Horoskops knüpfen, indem wir untersuchen, ob sich diese Konstellation irgendwie im Horoskop wiederholt. Zu den von dieser Konstellation berührten Lebensbereichen entsteht eine Resonanz zum Ausgangsthema. Wo also finden wir Mond/Venus noch einmal?

Vielleicht ist Ihnen die Venus in Krebs aufgefallen, eine Mond/

Venus-Konstellation und damit eine zulässige Resonanz. Doch denken Sie daran: Die Zeichenstellung der Planeten wird – mit Ausnahme des Mondes – zugunsten raum-zeit-spezifischerer Konstellationen außen vor gelassen. Venus in Krebs wäre auf den ersten Blick tatsächlich die einzige direkte Resonanz zum Herrscher von [7] in [4], aber wir können sie nach den Spielregeln der astrosystemischen Deutungspraxis nicht nutzen. Etwas versteckter werden wir doch noch fündig: Merkur bildet einen Spiegelpunkt zu Pluto. Das ist vordergründig natürlich eine Merkur/Pluto-Konstellation, doch Merkur herrscht über Haus [2] und Pluto über Haus [4] – als Aspekt zwischen zwei Häuserherrschern gedeutet, erhalten wir tatsächlich eine weitere Mond/Venus-Konstellation!

Nun können wir sagen: Die Themen, die durch diesen Aspekt berührt werden, schwingen bei unserer Ausgangsfrage «Partnerschaft» mit. Ohne dies allzu sehr zu vertiefen, weisen Merkur in [11] aus [2] und Pluto in [3] aus [4] auf die Fähigkeit hin, die körperliche Darstellung ([3]) von Gefühlen ([4]) mit der Sicherung der Existenz ([2]) über ein individuelles Profil in der Gesellschaft ([11]) zu verbinden.

Beachten Sie bitte hier, dass die ursprüngliche Venus-Konstellation sich auf Haus [7] bezog – hier schwingt die Venus im Sinne von Haus [2] mit. Stärker wäre diese Resonanz natürlich, wenn sie ebenfalls auf der Ebene von Haus [7] stattfände.

Damit ist aber noch nicht das Ende der Fahnenstange erreicht, denn neben der direkten Resonanz kennen wir auch noch die Möglichkeit der indirekten Resonanzen. Die Frage lautet dabei: Welche anderen Konstellationen können in Resonanz mit Mond/Venus geraten, wenn wir mit Hilfe des Kybernetischen Modells und des Parallelzeichenherrscher-Prinzips das Spektrum erweitern?

Konstellation	x/y	Gegenpolare Resonanz	Parallelzeichen-herrscher-Resonanz
Mond/Venus	x wird ausgetauscht	Sonne/Venus	–
	y wird ausgetauscht	Mond/Mars	–
	x und y werden ausgetauscht	Sonne/Mars	–

Die Auslösungen über das Parallelzeichenherrscher-Prinzip entfallen zwar an dieser Stelle, aber es bleiben drei weitere Konstellationen, nach denen wir Ausschau halten können.

Gibt es diese Konstellationen in irgendeiner Form im Beispielhoroskop?

Sonne/Venus ist tatsächlich in keiner der von uns gebilligten Formen vorhanden. *Mond/Mars* hingegen taucht mindestens zweimal auf: einmal als Mond in Widder und dann als Mond in Konjunktion mit Mars. Man kann nun sagen, das die gesamte Thematik des Mondes in Haus [9], und davon insbesondere die marsische Komponente, in Resonanz zu Themen der Partnerschaft steht. Wenn wir bedenken, dass Mars der Herrscher von [9] ist und Mond über [12] herrscht, dann erhalten wir wieder interessante Querverbindungen dieses Themas mit dem Bedürfnis nach Sichtbarkeit in der Welt, auf gesellschaftlicher Ebene ([12]) sowie auf der Ebene des Geistes und der Begegnung ([9]). Mond/Mars verweist zugleich auf eine hohe Verletzlichkeit in Bezug auf dieses Thema.

Sonne/Mars finden wir einerseits über den Löwen an der Spitze des 1. Hauses, doch diese Konstellation hat eher typologischen Charakter. Auf den zweiten Blick werden wir aber Sonne als Herrscher von Haus [1] im Spiegelpunkt mit Jupiter als Herrscher von [5] finden. Konstellationen, die sich auf eine Verbindung zwischen Haus [1] und Haus [5] beziehen, können auf eine Persönlichkeit hinweisen, die den Drang besitzt, ihre angeborene Durchsetzungskraft ([1]) schöpferisch umzusetzen ([5]) – kurz: es geht darum, kreativ tätig zu sein, sich schöpferisch auszutoben. Um Energie abzubauen, muss gehandelt werden. Untätigkeit, Stillstand, Ruhe wird als belastend empfunden. Ich überlasse es Ihnen, die gedankliche Brücke zu unserem Ausgangsthema Partnerschaft zu schlagen.

Auf diese Weise können wir nun mit allen für das Anliegen relevanten Konstellationen verfahren, zum Beispiel auch mit der Saturn/Neptun-Konstellation, die durch das Quadrat von Venus als Herrscherin von [10] in [12] an die ursprüngliche Partnerschaftskonstellation gebunden ist. Der Erhöhung der Komplexität durch Querverbindungen von Konstellationen über das Prinzip der Resonanz sind keine Grenzen gesetzt. Es zeigt sich, wie über die anfängliche Reduktion der Komplexität durch die Bildung von Konstellationen, neue Zusammenhänge entstehen können, die weiterführende Informationen sichtbar machen – die Komplexität kehrt zurück, aber klar auf das ursprüngliche Thema bezogen.

Ob es sich in der Praxis lohnt, alle Spuren, die sich daraus ergeben mögen, zu verfolgen, ist eine andere Frage. In der konkreten Beratungssituation gilt wiederum der Klient als Maßstab dafür, ob eine Spur relevant ist oder nicht.

Fazit: Durch die Beobachtung von Resonanzen zu einer Konstellation, die wir mit einem Anliegen verknüpft haben, ergeben sich spannende neue Zusammenhänge, die es uns erlauben, das Thema in Beziehung zu anderen Lebensbereichen eines Menschen zu sehen. Dies kann auf der einen Seite verdeutlichen, welche anderen Bereiche betroffen sein können, wenn sich an dieser Stelle des Lebens Schwierigkeiten einstellen, auf der anderen Seite zeigt es aber auch, wo weitere Lösungsmöglichkeiten, andere Ressourcen zu finden sind, um ein Problem aus einer anderen Perspektive zu betrachten.

Durch eine Einbindung der Dynamik der Regelkreise aus dem Systemischen Modell der Planeten bekommen wir neben der umfassenden Beschreibung eines Anliegens auch ein Werkzeug an die Hand, um Lösungen über den systemischen Ausgleich zu finden.

Der Abfolge der Schritte ähnelt der bereits geschilderten Vorgehensweise: Wir benötigen ein relativ klar umrissenes Anliegen, das wir auf der Häuserebene verankern. Um ein Beispiel aus dem Horoskop von Angelina Jolie zu nennen: Nehmen wir an, es ginge um die Frage der beruflichen Neuorientierung, dann kämen als mögliche Herrscher des Anliegens alle Planeten infrage, die mit Haus [10] zusammenhängen, allen voran der Herrscherplanet, in diesem Fall die Venus.

Nun begreifen wir den Planeten als Teil des Systemischen Modells der Planeten und damit eingebunden in verschiedene Wechselwirkungen mit anderen Planeten, insbesondere dem Planeten, der einen Ausgleich auf der gleichen Ebene im Sinne der Feedback-Schleife eines Regelkreises schafft. Das wäre in diesem Fall Mars. Wir könnten nun zunächst Venus mit all ihren Verbindungen deuten und anschließend überlegen, wie die Konstellationen von Mars – seine Position in Haus [9], seine Herrschaft über Haus [9], die Aspekte, die er von anderen Planeten empfängt – mögliche Lösungen für die Fragestellung ergeben.

Diese Vorgehensweise wird vertieft, wenn wir nicht nur die Bezüge auf der horizontalen Ebene des Modells berücksichtigen, sondern auch die auf der vertikalen Ebene. Das bietet sich insbesondere dann an, wenn wir nach den Hintergründen für eine Problematik suchen. So wissen wir aus dem Systemischen Modell der Planeten, dass der Regelkreis Venus/Mars auf dem Regelkreis Mond/Sonne aufbaut. Wir könnten nun vermuten, dass Schwierigkeiten auf der Ebene des zweiten Regelkreises bereits im ersten Regelkreis angelegt sind. Dies wäre in diesem

Fall der Mond, der die Basis für die Venus bildet. Wir verankern dadurch Themen, die sich zunächst auf einer sehr konkreten Ebene des Erlebens äußern (berufliches Fortkommen), noch stärker in der Beschreibung der Persönlichkeit eines Menschen und in der besonderen Art und Weise, wie er seine Wirklichkeit aufbaut.

Kreative Arbeit mit Konstellationen

Das auf Konstellationen basierende, themenorientierte Deuten des Horoskops bietet eine große Vielfalt an Möglichkeiten für den praktischen Beratungsalltag. Das Prinzip der Resonanz ist für viele weitere Techniken unentbehrlich, um Informationen auf den Punkt zu bringen, Deutungen zu verdichten und zugleich Deutungen sinnvoll zu bereichern. Vor allem in der Prognose und in der Partnerschaftsastrologie erlaubt es eine ungeahnte Präzision in der Interpretation und eröffnet ganze Horizonte bei der Suche nach Lösungen für Probleme.

Eine besonders spannende Idee möchte Ihnen abschließend vorstellen: die Deutung von Träumen auf der Basis von Konstellationen.

Träume astrologisch deuten

Wie können wir die Symbolsprache der Astrologie sinnvoll nutzen, um die Symbolik unserer Träume besser zu verstehen und sie als Quelle für Inspirationen und Ressource für die Lösung von Problemen zu nutzen? Merkwürdige Geschehnisse in der Traumwelt können im Lichte der astrologischen Metaphorik aus einer ganz anderen Perspektive erscheinen und interessante Zusammenhänge mit der Alltagswelt offenbaren.

Zunächst aber gilt es, sich darüber im Klaren zu werden, wie wir das Horoskop nutzen können. Die meisten Menschen erleben die Traumwelt als eine andere Wirklichkeit, etwas, was ganz eigenen Gesetzmäßigkeiten unterworfen ist. Sie erinnert ein bisschen an das «Land hinter den Spiegeln», in dem sich

Alice wiederfindet, nachdem sie den Spiegel durchquert hat, die Grenze zwischen Alltag und «Anderswelt». Die Dinge, die wir dort vorfinden, sind der Alltagswelt nicht unähnlich – und sind doch so anders: Blumen können sprechen. Hinter bekannten Türen befinden sich auf einmal unbekannte Räume. Wenn wir schneller laufen, kommen wir langsamer voran. Mit jedem Schritt kann sich die Landschaft komplett verändern. Gegenstände haben Gesichter ...

Die Welt der Träume ist chaotisch und doch irgendwie geordnet. Wir fragen uns: Was hat das zu bedeuten? Meine Idee vom Traum ist, dass jeder Traum eine Botschaft unseres Unbewussten ist. Nicht jede Botschaft ist gleich wichtig, deshalb vergessen wir so manchen Traum, kaum dass wir aufgewacht sind. Doch wenn ein Traum «hängen» bleibt, dann scheint er eine Information zu beinhalten, etwas, was wir uns näher anschauen sollten.

Dabei ist es sehr wichtig zu verstehen, dass wir niemals mit Gewissheit sagen können, was wir genau geträumt haben, denn wenn wir es genau betrachten, ist jede Beschreibung eines Traums immer nur die Erinnerung an einen Traum. Während des Träumens arbeitet das Unbewusste. Erst wenn wir aufwachen, erleben wir den Traum in der Gestalt, in der unser Bewusstsein das Erlebte in Bilder kleidet. Geträumt zu haben, heißt also immer auch, sich an Träume zu erinnern. Der Zugriff des Altagsbewusstseins hat dann schon längst begonnen.

Wenn wir das Horoskop nutzen können, um unseren Alltag zu ordnen, dann können wir es auch benutzen, um die Eindrücke der Traumwelt zu ordnen. Dazu benutzen wir die Technik der Konstellationen. Das Traum-Ich und das Alltags-Ich haben dabei das gleiche Horoskop.

In einem ersten Schritt greifen wir uns aus den Ereignissen eines Traums ein Bild heraus, das uns besonders fasziniert. Wir deuten also nicht den ganzen Traum, sondern beginnen an einer weniger komplexen Stelle. Ich gehe dabei davon aus, dass der Traum selbst ein System ist und es deshalb möglich ist, an einer besonderen Stelle zu beginnen, weil jede Einzelheit mit dem Ganzen so verwoben ist, dass wir immer auch das Ganze berühren, wenn wir uns nur um einen Teil kümmern. Der Vorteil ist aber, dass wir so die Komplexität sinnvoll reduzieren können.

Zum Traumbild stellen wir uns vier Fragen:

A. **Was habe ich gesehen? Was habe ich wahrgenommen?**
Hier beschreiben wir das Traumbild so neutral wie möglich. Wir versuchen noch nicht, zu deuten, sondern einfach nur, zu bestimmen, was ist.

B. **Was hat dies bei mir an spontanen Reaktionen ausgelöst?**
Es geht um das Grundgefühl, das das Traumbild bei mir hinterlassen hat, die Empfindung, mit der ich aus dem Traum gegangen bin.

C. **Welche Assoziationen, Ideen, Gedanken, Gefühle, Erinnerungen löst das Traumbild bei mir aus?**
Hier lassen wir unserer Fantasie freien Lauf. Wir können alles notieren, was uns einfällt, können unsere Assoziationen auch treiben lassen, von einem Eindruck zum nächsten gleiten, Ketten von Assoziationen bilden und so weiter.

D. **Welche übergeordneten Bedeutungen hat das Traumbild?**
An letzter Stelle nutzen wir die überlieferte Symbolik unseres Traumbildes, sofern es etwas dazu gibt. Dazu können wir ein einfaches Symbole-Lexikon benutzen. Wichtig ist, dass wir uns davon inspirieren lassen, indem wir bei jeder Bedeutung, die wir nachlesen, innerlich fragen: Ist es stimmig mit dem, was ich bereits in den Schritten A bis C herausgefunden habe? So filtere ich aus der Fülle an Möglichkeiten das heraus, was wirklich für mich bedeutsam ist.

Ein Beispiel: Die Teilnehmerin eines Workshops zu diesem Thema hatte von einer Seekuh geträumt, die ein Kind in den Armen trägt.

Die vier Schritte wären dann:

A. Eine Seekuh mit einem Kind in den Armen.
B. Das Gefühl «Alles ist in Ordnung».
C. Die Teilnehmerin kannte Seekühe aus einem Urlaub in Florida. Sie war von der weichen, friedlichen und gemütvollen Art dieser Tiere angetan. Ihre Assoziationen: Mütterlichkeit, Geborgenheit, sich hingeben können, loslassen, sich treiben lassen, immer genug Nahrung haben, sich um nichts kümmern müssen.
D. Wir haben unter «Kuh» nachgeschlagen und dort Begriffe gefunden, welche die Assoziationen der Träumerin unterstützen: Mütterlichkeit, Frieden.

Der nächste Schritt besteht darin, sich zu überlegen, welche astrologische Konstellation diesem Traumbild entspricht. Dabei ist es wichtig, wirklich eine Konstellation zu wählen und nicht einfach nur ein Planetenprinzip, also eine Kombination aus (mindestens) zwei Planetenprinzipien.

Nach einigem Überlegen kamen wir auf *Mond/Neptun* als Entsprechung für das Traumbild. Entscheidend für die Auswahl einer solchen Konstellation ist neben der inhaltlichen Übereinstimmung auch das persönliche Empfinden des Träumers, ob es also für ihn stimmig ist.

Nun ziehen wir das Horoskop heran und suchen diese Konstellation im Horoskop, zum Beispiel in Form eines Aspektes, einer Hausposition, eines Häuserherrscherverhältnisses oder Ähnliches – so wie wir es im themenorientierten Deuten des Horoskops bereits vorgeschlagen haben. Natürlich können auch indirekte Konstellationen infrage kommen, also solche, die sich aus den gegenpolaren Wechselwirkungen des Kybernetischen Modells und aus den Parallelzeichenherrschern ergeben.

Die Teilnehmerin machte es uns «einfach»: Sie hatte ein Mond/Neptun-Quadrat.

Nun können wir sagen: Das Traumbild verweist auf die Themen, die von der entsprechenden Konstellation im Horoskop ausgelöst werden. Diese Konstellation enthält nicht nur das (problematische) Thema, sondern auch die Lösung dazu. Die Botschaft des Traumes weist auf diese Themen hin, und unser Unbewusstes möchte zeigen, dass dieser innere Anteil mehr Aufmerksamkeit benötigt.

Für die Teilnehmerin war klar, dass die angesprochene Mond/Neptun-Thematik in Zusammenhang mit diesem positiven Traumbild als Bestärkung zu sehen ist: Vertraue dem Leben! Du kannst dich fallen lassen! Die Dinge regeln sich auch von alleine, du musst nichts tun! Interessant ist, dass sie im vorangehenden Teil des Traumes noch ein Schiff vor dem Untergehen retten wollte. Auch im Alltag ist sie oft voller Tatendrang, die Probleme anderer zu lösen. Dabei übersieht sie manchmal, dass ihre Hilfe gar nicht nötig ist und dass sie ihre Energie auf ihre eigenen Bedürfnisse richten kann.

So verbinden wir das Traumgeschehen mit dem Horoskop und eröffnen eine Perspektive auf das Horoskop, mit der wir es als Quelle der Kraft für unseren Alltag erleben können. Denn: Die Konstellationen, die wir finden, sind ja schon im Horoskop vorhanden und damit Teil der Möglichkeiten des Menschen. Das, was im Horoskop steht, steht uns ja bereits zur Verfügung, wir müssen es nur nutzen.

Am Ende gilt aber: Nur der Träumer kann seinen Traum sinnvoll deuten. Bei der Verbindung von Astrologie und Traumwelt wird großer Wert darauf gelegt, einen individuellen Zugang zum Traumbild zu finden. Wir arbeiten mit dem, was der Träumer selbst beisteuert, und verlassen uns nicht auf pauschale Deutungen aus Traumlexika. Die Verankerung im Horoskop geschieht ebenfalls in enger Zusammenarbeit mit dem Träumer. Maßgeblich für den Erfolg der Interpretation ist weniger, ob wir hinterher eine eindeutige, klare Botschaft herauslesen können, sondern ob sich während des Deutungsprozesses etwas löst. Oft ist diese Art von Lösung (die eher ein «Sich-Lösen» ist) weniger gut in Worte zu fassen. Es ist nicht selten eine Veränderung im Empfinden oder in der Perspektive auf etwas, die sich einstellt.

Es ist, als ob wir für einen Moment unsere Wirklichkeit durch die Augen der Anderswelt sehen und Dinge entdecken können, die nur aus diesem Blickwinkel zu sehen sind. Das Horoskop ist eine hervorragende Möglichkeit, das, was wir sehen, sinnvoll mit unserem Alltag in Verbindung zu bringen.

Astrosystemische Beratungspraxis

Nachdem wir uns mit den Grundlagen einer Systemischen Astrologie und den Methoden der astrosystemischen Deutungspraxis intensiv beschäftigt haben, fehlt noch ein letzter Schritt: die Umsetzung in der Beratungspraxis.

Keine Beratung ohne Anliegen

Die vielleicht wichtigste Frage, die ein astrosystemisch arbeitender Astrologe seinem Klienten stellt, lautet: «Worum soll es gehen?» Es ist die Frage nach dem Anliegen. Ohne die Klärung des Anliegens findet keine astrologische Beratung statt. Pauschale Fragen wie «Erzählen Sie mir einfach, was Sie sehen» wende ich ab und erkläre, dass ich ein Anliegen benötige, um die konkrete Verwirklichungsebene des Horoskops zu bestimmen.

Eine genaue Fragestellung dient der Konzentration der Aufmerksamkeit auf die Bedürfnisse des Klienten. Zu schnell geraten wir in Versuchung, Themen zu bearbeiten, die uns als Berater vielleicht spannend erscheinen, weil sie sich durch augenfällige Konstellationen im Horoskop förmlich aufdrängen: da ist der Pluto am Aszendenten, die Venus/Uranus-Konjunktion in Haus [8] oder Saturn, der gerade über den Mond läuft. All das ist sicherlich interessant, aber wir gehen nur dann darauf ein, wenn sich diese Konstellationen wirklich auf das

Anliegen des Klienten beziehen! Nur die Themen, die der Klient in eine Beratung mitbringt, sind der Maßstab. Alles andere kann warten.

Meine Empfehlung geht sogar so weit, das Horoskop nicht zu schnell in die Beratung einzubeziehen. Nehmen Sie sich zu Beginn viel Zeit für Ihr Gegenüber und stimmen Sie sich auf die Thematik ein. Hören Sie aufmerksam zu, was Ihnen Ihr Klient zu erzählen hat und fragen Sie nach, wenn Ihnen etwas fehlt, um sein Problem besser zu verstehen. Manchmal mache ich mir während dieses ersten Gesprächs Notizen, schreibe auffällige Ausdrücke auf oder überlege mir schon einmal, welche astrologischen Entsprechungen ich heraushöre. Dann streife ich das Horoskop mit meinen Blicken und suche nach Konstellationen, die meines Erachtens gut zu diesem Thema passen. Erst wenn ich das sichere Gefühl habe, einen guten Einstieg in das Horoskop gefunden zu haben, wende ich mich ganz dem Horoskop zu.

Um das Anliegen im Horoskop zu verankern, suchen wir nach Möglichkeit nur eine Konstellation, die das Thema am besten trifft. Diese verwenden wir als Ausgangspunkt, um die Dynamik des Problems zu beschreiben. Dabei gehen wir von dem Gedanken aus, dass im Horoskop als einem System alle Faktoren miteinander verbunden sind. Egal, an welcher Stelle wir in das Horoskop einsteigen, wir berühren zugleich immer auch das Ganze. Wir konzentrieren uns auf die Bedürfnisse des Klienten, erweitern unseren Blick auf die übrigen Informationen des Horoskop nach und nach und nur so weit es für den Erfolg der Beratung nötig ist.

Das folgende Beispiel zeigt, wie dieser Prozess aussehen könnte.

Wenn die Lösung das Problem ist

Wenn Menschen in die Beratung kommen und uns ihre Probleme schildern, dann haben sie in aller Regel bereits Schritte unternommen, ihre Probleme zu lösen. Diese Schritte aber scheinen nicht erfolgreich gewesen zu sein, denn das Problem besteht ja offenkundig immer noch. Wir sprechen daher nicht von Lösungen, sondern von Lösungs*versuchen*.

– *Beispiel: Eine Klientin ist in der Arbeit die Anlaufstelle für alle Sorgen und Nöte der Kolleginnen und Kollegen. Wen auch immer der Schuh drückt, kommt zu ihr und schüttet sein Herz aus. In der Tat gelingt es der Klientin immer wieder zu vermitteln und Streitigkeiten zu schlichten. Was anfänglich eine freundliche Geste zur Verbesserung des Betriebsklimas war, wird allmählich zur Belastung, denn nach einer Weile wird von ihr regelrecht erwartet, die Feuerwehr zu spielen, wenn es mal wieder brennt. Sie kommt sich vor, wie eine Mutter, die sich um alle zu kümmern hat. Wenn es ihr zu viel wird, zieht sie sich vehement zurück, macht sich unerreichbar für andere, reagiert unterschwellig aggressiv auf ihre Umwelt, die überrascht reagiert, weil dies so gar nicht zu der sonst so netten und hilfsbereiten Kollegin passen will.*

Was ist an diesem Beispiel das Problem, was der Lösungsversuch? Auf den ersten Blick könnte man glauben, das Problem bestünde in der allzu freundlichen Art der Klientin, die sich sehr um das Miteinander im Betrieb kümmert. Man könnte versucht sein zu sagen: «Sei nicht so aufgeschlossen und hilfsbereit, du wirst ja doch nur ausgenutzt! Wer kümmert sich eigentlich um dich, wenn du mal ein Problem hast?» Tatsächlich hat sich die Klientin schon oft so etwas Ähnliches zu sich selbst gesagt. Die Folge: Sie wertet sich mit ihrem Verhalten ab, ärgert sich über sich selbst und reagiert abweisend – für andere völlig unverständlich. Aber ist dieses Verhalten, sich um andere zu sorgen, wirklich das Problem? Und ist der aggressive Rückzug wirklich eine Lösung?

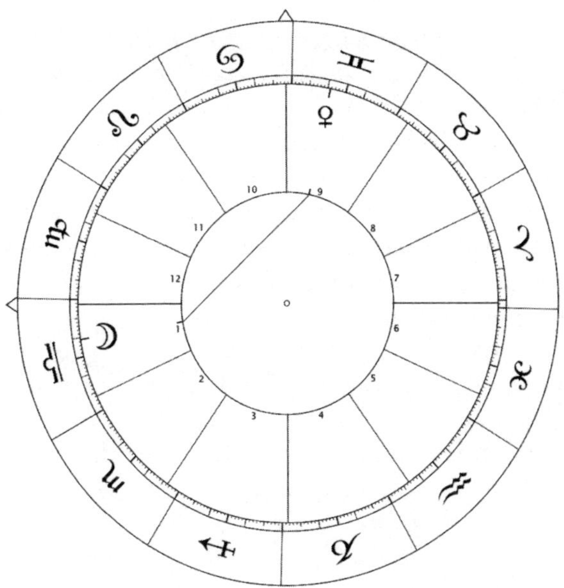

Beispielhoroskop: «Mutter für alle»

Werfen wir einen Blick in das Horoskop der Klientin. Dort finden wir den Mond in Waage und zwar als Herrscher von [10] in [1]. Diese Konstellation können wir in Beziehung zum Thema setzen, denn mit Mond in Waage nimmt ein Mensch die Welt als einen Ort wahr, an dem das Miteinander der Menschen wichtig ist. Unterstrichen wird diese Grundmotivation durch den Aszendenten in Waage: Es gehört zur ganz selbstverständlichen Reaktionsweise der Klientin, sich in der Auseinandersetzung mit der Umwelt um Kontakt zwischen Menschen zu kümmern.

Das bedeutet aber auch: Die Klientin verfügt über diese Eigenschaften als einen Teil Ihres Wesens – es gehört zu ihr als ein unverwechselbares Merkmal ihrer Identität. Anders gesprochen: Das Verhalten, das sich als problematisch erweist,

ist unmittelbarer Ausdruck der Eigenart der Klientin. Ein Lösungsversuch, der darauf abzielt, dieses Verhalten zu unterbinden oder gar in sein Gegenteil zu verkehren («Zieh dich zurück und sei unfreundlich!»), bedeutet zugleich gegen sich selbst vorzugehen.

Lösungen, die von uns verlangen, gegen uns selbst vorzugehen, können nicht zum Erfolg führen, denn im Ergebnis spüren wir, dass wir grob fahrlässig gegen unsere eigenen Bedürfnisse vorgehen. Wir verurteilen uns für etwas, das uns eigentlich zutiefst liegt, und bekämpfen etwas, das eigentlich völlig selbstverständlich für uns ist. Wie sollen daraus Glück und Zufriedenheit entstehen?

Das Problem ist also nicht, die «Mutter für alle» zu sein. Es besteht vielmehr im Lösungsversuch selbst! Die (scheinbare) Lösung ist das Problem. Es gilt dabei der Grundsatz: «Jede Konstellation, die ein Problem hervorbringt, enthält zugleich auch die Lösung.» Sie enthält auch alle Lösungs*versuche*, das heißt jene Lösungen, die keinen nachhaltigen Erfolg bringen.

Wie können wir die Tendenz zum aggressiv gefärbten Rückzug in der angesprochenen Konstellation finden? Ausgangspunkt ist Mond in der Waage, als Konstellation formuliert: Mond/Venus. An dieser Konstellation hängen weitere, die das Thema noch detaillierter beschreiben können, angefangen vom Waage-Aszendenten mit seiner Herrscherin Venus in Haus [9] bis hin zum Umstand, dass Mond in [1] steht und aus [10] kommt. Doch dazu später mehr. Für den Augenblick genügt es, sich eine Konstellation zu wählen, mit der wir beginnen, da wir aus systemischer Sicht ohnehin alle daran geknüpften weiterführenden Konstellationen berühren.

Mond/Venus spiegelt die Grundhaltung der Klientin wider: Die Welt ist ein Ort des Miteinanders. Wenn diese Grundhaltung «zum Problem wird», das heißt, wenn sie dazu führt, dass die eigenen Bedürfnisse von anderen nicht wahrgenommen werden, weil wir uns mehr um andere kümmern als um uns selbst, dann wird dieses Grundbedürfnis in sich selbst verletzt.

Denn wenn die Welt ein Miteinander ist, dann schließt dies auch mich selbst ein – das Waage-Prinzip des Ausgleichs zwischen Geben und Nehmen kann sich nicht verwirklichen.

Eine in der Konstellation begründete Lösungsmöglichkeit könnte darin bestehen, das Gegenteil zu tun. Dieses kann astrologisch ausgedrückt werden, indem einer oder beide Teile der Konstellation über das polare Prinzip im Systemischen Modell der Planeten ausgetauscht wird: aus Mond wird Sonne und aus Venus wird Mars, ergibt: Sonne/Mars.

Hinter dem so auf harmonischem Miteinander ausgerichteten Waagemond steckt aggressives (Mars) Verhalten (Sonne). Wenn wir bedenken, dass sich mit Mond und Venus zwei auf Verbindung ausgerichtete Prinzipien treffen, ist es verständlich, dass sich bei einer Übertreibung dieses Prinzips die entsprechenden trennenden Prinzipien melden: Sonne und Mars. Es ist wichtig zu verstehen, dass sich hier Sonne und Mars auf eine Weise zeigen, die ebenso übertrieben ist wie der Ausgangsimpuls. Wir bekommen also eine Variante von Sonne/Mars zu spüren, die zwar für einen temporären Ausgleich sorgt, aber nicht zwingend konstruktiv im Sinne einer nachhaltigen Lösung ist. Es ist einfach eine heftige Gegenbewegung, die dafür sorgt, dass die Balance für den Moment wiederhergestellt ist.

Die Konstellation Sonne/Mars beschreibt also den Lösungsversuch für Mond/Venus, wenn diese Konstellation in Bedrängnis gerät. In einem nächsten Schritt können wir uns überlegen, wo im Horoskop die Klientin Sonne/Mars hat, um herauszufinden, auf welche Weise sich dieses Verhalten äußern wird. Wir suchen also eine Resonanz im Horoskop zu Sonne/Mars. Abgesehen von der Konstellation Mond/Venus, die logischerweise in Resonanz stehen muss, gibt es zudem auch noch die Konstellation Mond/Mars über den Mond in Haus [1]. Wir können also sagen, dass Sonne/Mars eine Resonanz zum Mond in Haus [1] aufweist. So erklärt es sich also, dass die Klientin auf die Verletzung des Mond/Venus-Prinzips nicht im eigentlichen Sinne aggressiv reagiert, wie Sonne/Mars als Konstellation

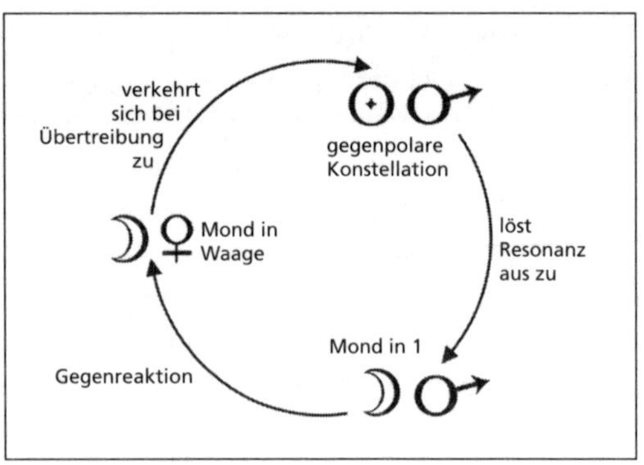

Der Kreislauf eines Lösungsversuchs

nahelegt – indem sie beispielsweise wild um sich schlägt oder ausfallend wird –, sondern sich eher beleidigt zurückzieht, was deutlicher einer Mond/Mars-Konstellation entspricht.

Das heißt, dieses Problem basiert auf einer Übertreibung der Mond/Venus-Konstellation, enthalten im Waage-Mond, und der bisherige Lösungsversuch zeigt sich an derselben Stelle durch Mond in Haus [1], einer Mond/Mars-Konstellation. Auf der Suche nach alternativen Verwirklichungsmöglichkeiten für diese Konstellation können wir uns fragen: Welche Möglichkeiten gibt es, Mond/Mars zu verwirklichen, ohne dabei die Beziehungen, die der Klientin ja wichtig sind, aufs Spiel zu setzen? Denn der Lösungsversuch stabilisiert das Problem sogar, da nach diesem so drastischen Akt der Trennung die Klientin versuchen wird, Mond/Mars wieder mit einer Überdosis Mond/Venus auszugleichen.

Dieser Kreislauf ist im Horoskop angelegt. Er ist also nichts Wesensfremdes, sondern Teil der Persönlichkeitsdynamik. Doch in den von der Klientin angesprochenen Zusammenhängen wird dieser Teil zum Problem. Unter «Problem» können wir in diesem Zusammenhang den Zustand verstehen, in dem uns schmerzhaft bewusst wird, dass wir von einem gewünschten Idealzustand entfernt sind und unsere Lösungsversuche nicht dazu beitragen, diesen gewünschten Zustand zu erreichen, sondern uns sogar noch mehr im Ist-Zustand festhalten. Dabei «machen» wir diese Probleme nicht absichtlich. Es sind Muster, die zu einem anderen Zeitpunkt und in anderen Zusammenhängen durchaus praktikabel gewesen sein mögen, jetzt aber und in diesem Kontext ihre Dienste versagen. Weil uns nichts Besseres einfällt, probieren wir es mit dieser Strategie – um dann festzustellen, dass wir damit scheitern. Ziel der Beratung kann nun sein, die Wahlmöglichkeiten in dieser Situation zu erhöhen. Wir können Prozesse in Gang setzen, durch welche die Klientin erkennen kann, dass es noch andere Strategien gibt, mit denen auf die Ausgangssituation reagiert werden kann, und das ohne sich gegen die eigenen grundlegenden Bedürfnisse entscheiden zu müssen.

Im Wesentlichen geht es darum, bisherige Lösungsversuche für ein Problem nicht pauschal als Fehlschlag oder als Scheitern zu deklarieren, sondern als kraftvollen Versuch zu würdigen, sich aus einer unangenehmen Situation zu befreien. Nun geht es darum, diese Kraft zu identifizieren und zu zeigen, wie sie auf hilfreichere Lösungsversuche ausgerichtet werden kann.

Eine Möglichkeit, dies zu tun, ist die lösungsorientierte astrologische Beratung. Sie basiert auf der *Solution Focused Therapy (SFT)*, wie sie in den 70er Jahren von Insoo Kim Berg und Steve de Shazer am *Brief Familiy Therapy Center* in Milwaukee entwickelt wurde.

Der widerspenstige Klient

«Hast du dich aber verändert, Henry! Du warst doch immer so groß, und jetzt kommst du mir klein vor. Du warst doch immer so stattlich, und jetzt erscheinst du mir so schmal. Du warst doch immer so blass, und jetzt bist du so braun. Was ist mit dir los, Henry?» Und Henry sagt: «Ich heiße gar nicht Henry. Ich heiße John.» – «Ach, deinen Namen hast du auch geändert?»[64]

In diesem Beispiel kommt überspitzt zum Ausdruck, was Klienten in astrologischen Beratungen erleben können, wenn der Astrologe das Horoskop als Analyse-Instrument allzu ernst nimmt.

Wenn sich dann der Klient im Bild seiner Persönlichkeit nicht recht wiederfinden will, dann kann es sein, dass nicht der Astrologe sich selbst oder die astrologische Methode, mit der er deutet, infrage stellt, sondern den Klienten. Wenn der mit Mond in [5] den latenten Kinderwunsch einfach nicht spüren möchte, nicht auch nur ein kleines bisschen den Eindruck teilt, dass er mit einem Fische-MC besser in einen Ashram ginge, oder wenn er mit Saturn im Quadrat zur Sonne einfach nicht sieht, dass das Verhältnis zum Vater in Wirklichkeit alles andere als locker und entspannt gewesen sein kann. dann hat der Klient versagt.

Bescheidenere Astrologen, die sich selbst als verantwortlich für das «Versagen» des Horoskops sehen, gibt es natürlich auch.

So oder so ist dabei die Vorstellung, dass im Horoskop «die Wahrheit» zu finden sei, verbunden mit dem unerschütterlichen Glauben, dass das Horoskop schließlich nicht irren kann. Ein Klient, der nicht mit der Realität des Horoskops übereinstimmt, dem muss man unterstellen, dass er diese Wahrheit verdrängt hat und schlimmstenfalls einfach noch nicht so weit ist, zu erkennen, was seine wahre Bestimmung ist. Klienten können ganz schön widerspenstig sein!

Manche mögen diese Darstellung als übertrieben bezeichnen. Für mich ist es eine der wichtigsten Herausforderungen der gegenwärtigen Astrologie, das Horoskop als ein Werkzeug zu verstehen, das nicht die Wahrheit über einen Menschen abbildet, sondern die Möglichkeiten des Menschen. Es bedeutet, das Horoskop nicht mehr als Drehbuch des Lebens mit festem Besetzungsplan zu betrachten, sondern als sich selbst schreibender Fortsetzungsroman mit ungewissem Ausgang und überraschenden Auftritten. Damit bekommt das Horoskop immer weniger Bedeutung, denn wenn es nicht Tatsachen beschreibt, sondern nur Möglichkeiten, können wir als Astrologe nicht wissen, wie es um unseren Klienten wirklich bestellt ist, bevor wir ihm nicht begegnet sind. Eine Astrologie, die auf den Wahrheitsbegriff verzichtet, wird immer stärker die Beratung als einen Prozess betonen, in dem die Bedeutung des Horoskop erst entsteht – und nicht schon vorhanden war.

Das Wissen zwischen uns

Es gibt solche magischen Augenblicke in Beratungen, in denen das Horoskop zur Nebensache wird. Mein Klient und ich tauchen in eine Beziehung ein, in der alles, was wir wissen müssen, nicht in den Symbolen der Horoskopgrafik gefunden wird, sondern zwischen uns entsteht. Wir sitzen an einer gemeinsamen Quelle, staunen beide über das, was wir aus ihr schöpfen können. Sobald dieses Wissen zwischen uns die Regie übernommen hat, kann ich als Astrologe nur schwer meine Rolle als Gralshüter einer dem Klienten verborgenen Erkenntnis aufrechterhalten. Ich bin meinem Gegenüber gleichwertig. Alles, was ich getan habe, ist, diesem Prozess eine Chance zu geben. Das Horoskop ist dann nichts anderes als ein Türöffner, ein Schlüssel, den man weglegt, sobald er verwendet wurde. Das technische Analysieren des Horoskop erscheint dann weit weg und uninteressant, denn wer würde sich noch mit der Beschreibung des Schlüssels aufhalten, wenn die Tür längst offen steht? Wer würde sich jetzt noch fragen, warum dieser Schlüssel in genau jenes Schloss passt, warum er diese und nicht jene Gestalt hat, aus diesem und nicht jenem Material hergestellt wurde, diesen oder jenen Kratzer aufweist — wenn er seine Dienste längst erfüllt hat?

Ich bin sicher: Jeder beratende Astrologe kennt diese Erfahrung. Diese Erfahrungen waren für mich die ersten Begegnungen mit dem, was ich die Kraft der Lösung nennen möchte. Und diese Lösung besteht nicht darin, ein Problem auseinandergenommen und für den Klienten nach einem bestimmten Schema wieder zusammengesetzt zu haben. Etwas anderes ist mit dem Problem geschehen. Wittgenstein schrieb in seinem berühmten Tractatus: «Die Lösung des Problems des Lebens merkt man am Verschwinden dieses Problems.»65 In diesen Momenten bekomme ich eine Ahnung davon, was er gemeint haben könnte: Was übrig bleibt vom Horoskop, ist eine Ebene des Miteinanders, in der ich als Astrologe den Prozess zwar durch meine Gegenwart und mein Interesse leite, ihn aber nicht gestalte, sondern nur moduliere. Die wesentlichen Veränderungen gehen nicht von mir aus, sondern geschehen in meinem Gegenüber. Aus Problemen können Lösungen werden. Einfach so.

Lösungen statt Probleme

Während meiner Ausbildung zum Systemischen Berater und Therapeuten begegnete mir der lösungsfokussierte Ansatz von Steve de Shazer und Insoo Kim Berg,. Ich erfuhr, dass das, was ich im Laufe einer Beratung immer wieder als so bereichernd erlebte, kein zufälliges Nebenprodukt oder gar ein besonderes Merkmal meines eigenen Beratungsstils ist, sondern etwas, was wir ganz bewusst einsetzen können. Steve de Shazer, der SFT eigentlich nicht als Therapieform ansah, sprach von diesem Prozess gern als «es» (*it*), als etwas, was entsteht, wenn wir mit einer bestimmten Haltung in ein Beratungsgespräch gehen.

Diese Haltung ist gekennzeichnet durch eine bestimmte Auffassung von dem, wie Veränderungsprozesse im Menschen in Gang kommen können. Im Unterschied zu vielen anderen therapeutischen Ansätzen gibt es in der SFT kein elaboriertes Persönlichkeitsmodell, kein Menschenbild. Ihr Ziel ist nicht Heilung, sondern Veränderungen auf einen erwünschten Lösungszustand hin, der vom Klienten selbst definiert wird. Wir gehen also nicht von einer «Soll»-Richtung aus, auf die hin der

Klient, unabhängig von seinen Wünschen, sein Leben zu organisieren hat. Auch arbeitet die SFT nicht auf der Grundlage eines Ursache-Wirkung-Modells: Weniger die Frage nach dem «Warum» einer Situation wird untersucht, als vielmehr die Frage nach einem «Stattdessen». Wir fragen: «Was soll statt des Problems da sein?» In diesem Sinne ist das lösungsfokussierte Arbeiten sehr eng mit dem systemischen Denken und dem Konstruktivismus verbunden.

In den Prozessen, die durch das lösungsfokussierte Gespräch initiiert wurden, fand ich die Quellen genau jener Erfahrungen, die mich im Beratungsgespräch so faszinierten und die ich für mich als Erfahrung der Lösung beschreiben möchte. Mit Lösung meine ich weniger das Ergebnis einer Beratung, den Ratschlag, die Empfehlung, sondern den Zustand einer besonderen Kraft, die es dem Klienten ermöglicht, wieder in Kontakt mit seinen eigenen Ressourcen und Stärken zu kommen. In diesem Zustand löst sich etwas, Lösung ist hier also eher als Prozess des Sich-Lösens zu verstehen. Aus diesem Zustand können Strategien entstehen, wie mit dem Problem in Zukunft umgegangen werden kann. Aber sie entstehen im Klienten selbst, weil er den Zugang zu seinen eigenen Möglichkeiten gefunden hat.

Lösungsorientierte Astrologie?

Wie können wir den lösungsorientierten Ansatz für astrologische Beratungen noch besser nutzen? Mit dieser Frage habe ich mich lange beschäftigt. Schnell wurde mir klar, dass eine ausschließliche Übertragung der Vorgehensweise mitunter mit Astrologie nur schwer zu vereinbaren ist. So ist in der SFT grundsätzlich jede Art von Bewertung und Deutung zu vermeiden. Dies erreicht man dadurch, dass so gut wie keine Aussagen gemacht werden, sondern nur Fragen gestellt werden. Alle Prozesse, die der Berater anregt, und alle Aussagen und Bewertungen werden grundsätzlich vom Klienten vorgenommen.

Meinungen und Wertvorstellungen des Beraters bekommen keinen Raum.

In astrologischen Beratungen werden jedoch Symbole gedeutet. Wir gehen nicht mit leeren Händen in eine Beratung, sondern haben durch das Horoskop bereits Annahmen, auch wenn wir nicht wissen können, ob sie stimmen. Das Horoskop gibt unserer Beratung einen Deutungsrahmen, den wir nur dadurch umgehen könnten, indem wir auf das Horoskop selbst verzichten. In diesem Sinne kann eine astrologische Beratung nicht im strengen Sinne lösungs*fokussiert* sein, denn astrologisches Arbeiten schließt den Umgang mit Symbolen, Bildern, Metaphern und Geschichten ein. Aus diesem Grunde ziehe ich es vor, von einer lösungs*orientierten* Vorgehensweise zu sprechen, eingebettet in den Rahmen eines astrologischen Gesprächs. Lösungsorientierung in der astrologischen Beratung würde demnach nicht bedeuten, die Methoden der SFT nachzuahmen, sondern das, was davon wertvoll für den Beratungsprozess erscheint, zu integrieren.

Es sollte klar sein: Astrologische Beratungen sind etwas anderes als lösungsfokussierte therapeutische Sitzungen. Sie können aber von der Haltung der SFT profitieren.

Folgende Merkmale des lösungsorientierten Ansatzes beeinflussen meiner Erfahrung nach die Qualität astrologischer Gespräche positiv:

- In der lösungsorientierten Beratung betonen wir die Erfolge des Klienten im Umgang mit seinen Problemen und konzentrieren uns auf Stärken, Ressourcen und Fähigkeiten, während Defizite und vermeintliche Unfähigkeiten weniger Aufmerksamkeit bekommen. Wir suchen nach dem, was in Ordnung ist, und danach, wie wir dieses nutzbar machen können, und nicht so sehr das, was nicht gelingt oder falsch ist.
- Nicht der Berater findet die Lösung des Problems, sondern der Klient selbst. Der Klient ist der Experte für sein

Problem. Aus diesem Grunde gibt es bei der lösungsorientierten Arbeitsweise keine «Widerstände» des Klienten, etwa gegen die Annahmen oder Vorschläge des Beraters, denn wir gehen davon aus, dass die Fähigkeiten und Ressourcen, die nötig sind, um eine Lösung des Problems zu finden, bereits im Klienten vorhanden sind

- Die Aufgabe des Beraters ist es, dem Klienten die Stärken, Ressourcen und Eigenschaften, die zur Lösung des Problems nötig sind, zu «entlocken». Es geht darum, das nutzbar zu machen, was beim Klienten bereits vorhanden ist: Ressourcen, Fertigkeiten, Wissen, Überzeugungen, Beweggründe, Verhalten, Symptome, soziale Netzwerke, Wertvorstellungen …
- Daraus ergibt sich, dass wir als Berater den vorgegebenen Rahmen des Klienten akzeptieren und innerhalb dieses Rahmens arbeiten. Wir erwarten nicht vom Klienten, dass er sich erst unser Weltbild oder unser Modell zu eigen macht und sich diesem anpasst (und deuten dann seine mangelnde Bereitschaft, sich anzupassen, etwa als Widerstand oder Leugnung), sondern wir versetzen uns in den Lebensrahmen des Klienten und sehen, was wir wir von dort aus für ihn tun können.
- Wir äußern keine Annahmen über das «wahre» Wesen der Probleme des Klienten, sondern kümmern uns um genau das, was «anliegt» (das Anliegen). Wir deuten also nichts in das Problem hinein, was nicht vom Klienten selbst ausgeht. In diesem Moment legen wir die Rolle des Experten ab und werden zum Lernenden: Wir lernen vom Klienten, auf welch einzigartige Weise er etwas als Problem auffasst. Erst wenn wir uns Zeit genommen haben für die Sichtweise des Klienten, sind wir bereit, ihn zu unterstützen.
- Wir akzeptieren die Sicht des Klienten auf sein Problem und verwenden keine Zeit auf eventuelle andere Hintergründe des Problems. Wir versuchen auch nicht. den Klienten auf eine bestimmte theoretische Richtung einzuschwören und

müssen uns in der Folge auch nicht damit auseinandersetzen, ob und warum der Klient unsere Meinung über ihn oder sie nicht akzeptiert.

- Wir sind sparsam in der Wahl der Mittel. Wir gehen zum Beispiel von den unmittelbaren Annahmen aus und steigern nur im Bedarfsfall die Komplexität. Dabei hilft uns, dass wir die vom Klienten genannten Schwierigkeiten nicht in die Schablone eines angenommenen Problemmusters pressen, sondern es erst einmal so nehmen, wie es ist.
- Die Aussteuerung an den Bedürfnissen der Gegenwart und der Zukunft wird Vorrang vor der Anpassung der Vergangenheit gegeben. Die Vergangenheit wird als Spiegel der aktuellen Lage des Klienten wertgeschätzt, doch wird sie nicht weiter erforscht. Der Blick des Klienten wird auf die Zukunft gerichtet, zum Beispiel durch die Frage nach dem «Wunder», das über Nacht geschieht und durch das alle Probleme gelöst sind. Dann wird eine Beschreibung des Zustandes nach dem Wunder angeregt, quasi eine Reise in die Lösungszeit.

Konstellationen werden zu Lösungen – ein Leitfaden

Im Bemühen, astrologische Beratungen lösungsorientierter werden zu lassen, habe ich einen Leitfaden für entwickelt, der es mir erlaubt, die eben genannten Merkmale in meine Beratung einfließen zu lassen. Die sieben Schritte dieses Leitfadens möchte ich im Folgenden vorstellen. Ausschnitte aus einem Beratungsgespräches sollen die praktische Umsetzung des Leitfadens demonstrieren.

Schritt 1: Worum soll es gehen?

Die erste Frage, die ich meinen Klienten stelle, ist die nach ihrem Anliegen. Worum soll es gehen? Ich bemühe mich dabei, eine möglichst konkrete Antwort zu bekommen. Zumindest erwarte ich, dass der Klient den oder die Lebensbereiche nennen kann, in denen er sich eine Veränderung wünscht. In der Regel ist dies kein Problem. Die meisten Klienten wissen sehr genau, worum es ihnen in der Beratung gehen soll. Da es ja zumeist auch ein Vorgespräch am Telefon gegeben hat, in dem ich bereits dazu anrege, sich zu überlegen, was man sich von der Beratung inhaltlich erwartet, kommen meine Klienten meist mit einer Liste von Themen, die sie interessieren. Doch auch wenn das Anliegen unklar ist oder sich nicht klar genug beschreiben lässt, ist es möglich, den Beratungsprozess zu beginnen. Ich stelle dann meistens die Frage: «Angenommen, die Beratung wäre vorbei und sie wäre für Sie erfolgreich verlaufen: Woran würden Sie das merken? Was wäre dann anders?» Manchmal ergänze ich diese Frage noch mit: «Was wäre Ihnen dann klarer? Welche Fragen wären dann beantwortet?» Die meisten Klienten können dann sehr genau wiedergeben, was sich dann für sie verändert hätte. Und bislang habe ich auf diese Weise noch immer erfahren, in welchen Lebensbereichen für den Klienten der Wunsch nach Veränderung am dringlichsten ist. Die Fragephase nimmt in meinen Beratungen einen nicht unbeträchtlichen Raum ein, und ich lasse mir bewusst genügend Zeit, bis auch ich mich ganz auf das Anliegen des Klienten eingestellt habe. Erst dann nehme ich mir das Horoskop vor für den nächsten Schritt.

Schritt 2: Das Problem bekommt Gestalt

Das Horoskop enthält die Bandbreite des gesamten Lebens. Es ist vollständig, auch wenn wir meiner Auffassung nach niemals alle Möglichkeiten, die es bietet, erschöpfend leben können. So

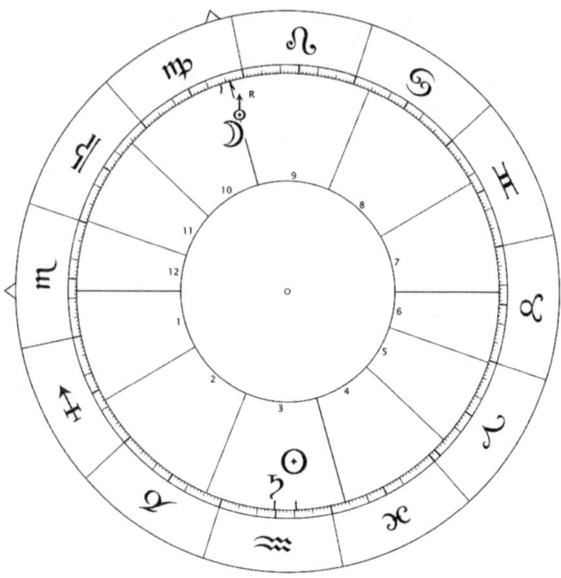

Beispielhoroskop: «die kleine Rebellin»

gesehen ist das Horoskop immer «größer» als alles, was ein Mensch im Laufe seines Lebens erfahren und erleben kann. Und es ist viel zu groß für diesen winzigen Bruchteil unserer Lebensspanne, den wir in einer Beratung verbringen. Aus diesem Grunde konzentriere ich mich auf ein Anliegen des Klienten und versuche, es mit nur einer Konstellation im Horoskop zu verbinden, so gut das eben geht.

Die Reduktion auf eine Konstellation hilft mir, einen Schwerpunkt zu setzen. Meine Erfahrung ist, dass die Reduktion auf eine Konstellation hilfreich ist, um voranzukommen und nicht ein akutes Thema durch Nebenschauplätze zu verkomplizieren. Damit komme ich der Forderung nach Ökonomie im lösungsorientierten Beratungsprozess nach. Dabei kommt es mir gar nicht so sehr darauf an, die *richtige* Konstellation zu finden, sondern vielmehr, einen auf das Anliegen passenden Zugang in das Horoskop zu finden. Hier wird jeder Astrologe andere Konstellationen bevorzugen. Entscheidend ist, darauf zu vertrauen, dass — egal wo ich im Horoskop beginne – das Horoskop als Ganzes reagieren wird. Das Horoskop, so wie ich es verstehe, ist ein System, in dem alles mit allem in Beziehung steht. Letztlich können wir gar nicht verhindern, dass wir über kurz oder lang den Bereich im Horoskop berühren, um den es geht.

Beispiel: Eine Klientin kam in die Beratung mit dem Wunsch, mehr über ihre Möglichkeiten hinsichtlich einer anstehenden beruflichen Neuorientierung zu erfahren. Sie befürchtete aber, durch familiäre Verpflichtungen nicht zum Zuge zu kommen. Nach der eingehenden Klärung des Anliegens und weiterer Details entschied ich mich, die Problematik in der Konjunktion von Mond und Uranus in der Nähe des Medium Coeli zu suchen.

Schritt 3: Ein Ziel entwickeln – eine neue Richtung finden

Dieser Schritt ist sehr wichtig, denn er führt uns zum Lösungspotenzial der Ausgangskonstellation. Dazu stelle ich die Frage: «Was soll stattdessen da sein? Was wäre, wenn das Problem gelöst wäre?»

Dabei gehe ich davon aus, dass jede Konstellation, die sich als Problem äußert, die Lösung in sich trägt, es also keine anderen Konstellationen benötigt, um eine Lösung zu finden. Hintergedanke ist die astrologische Einsicht, dass sich der Klient nicht von der Konstellation, die ihm gerade Schwierigkeiten bereitet, verabschieden kann, er wird auch weiterhin mit ihr leben müssen. Die Frage ist also nicht: Wie kann ich die Konstellation loswerden? Sondern: Wie kann ich die Konstellation so leben oder erleben, dass ich sie auch als Ressource empfinden kann? Durch eine Beantwortung der Frage, was statt des Problems da sein soll. formulieren wir ein Ziel oder zumindest eine «Marschrichtung».

Statt um das Problem zu kreisen, reisen mit dem Klienten in eine Zeit, in der das Problem bereits gelöst ist. Es ist dabei immer wieder erstaunlich, wie gut wir auf der einen Seite unser Problem beschreiben können, und wie gut wir auf der anderen Seite wissen, wie es sich anfühlen müsste und was anders wäre, wenn dieses Problem verschwunden wäre.[66] Der Effekt ist spürbar: Wir geraten in einen positiven Zustand, in dem wir besser an unsere Ressourcen anknüpfen können. Es gleicht einer Öffnung des Horizontes, während das Kreisen um die Problemfrage nicht selten als eine Schließung des Horizontes empfunden wird. – Es wird eine «Lösungsstimmung» geschaffen, noch bevor eine konkrete Lösung sichtbar sein muss. Das Interessante dabei ist, dass die Lösungen nicht zwingend etwas mit dem Problem zu tun haben müssen. Auch dies ist im Umgang mit Problemen vielleicht ungewohnt: Wir sind es gewohnt, Ratschläge zu geben, zugeschnitten auf das Problem: «Wenn dein Problem x ist, dann musst du y machen!» Dahinter steckt die Vorstellung, dass wir Lösungen wie Medikamente gegen Probleme verabreichen können. Der lösungsorientierte Ansatz ist «ganzheitlicher», denn er sieht nicht das Problem der Konstellation, sondern die Möglichkeiten drumherum. Man kann dies mit einem Selbstheilungsprozess vergleichen: Wir versuchen, den Organismus als Ganzes in einen anderen Zustand zu versetzen, in den Lösung wieder möglich ist. Die konkreten Lösungen, die dabei entwickelt werden, sind dann keine (gut gemeinten) Ratschläge mehr, die vom Berater erteilt werden, sondern entstehen durch die eigene Kreativität des Klienten. Der Berater ist nur der Geburtshelfer.

Beispiel: Auf die Frage, was alles anders wäre nach der Lösung des Problems, antwortete die Klientin, dass ihr Selbstwertgefühl größer wäre und die Familie mehr in den Hintergrund treten könnte, während sie eine Aufgabe hätte, die sie erfüllen würde. Das Lösungsgefühl beinhaltete Unabhängigkeit von den Bedingungen des Alltags. Unschwer lässt sich die Mond/Uranus-Konstellation am MC wiedererkennen. An dieser Stelle versuchte ich, gemeinsam mit der Klientin ein für sie stimmiges Lösungsbild zu entwerfen. Wir fanden eine wundervolle Metapher für die Lösungsversion von Mond/Uranus:

Klientin: Wahrscheinlich wäre ich nicht mehr ganz so rebellisch, jedenfalls nicht in der Hinsicht.

Astrologe: Wenn du nicht ganz so rebellisch bist, wie wärst du dann?

Klientin: Immer noch rebellisch und freiheitsliebend.

Astrologe: Aber anders rebellisch?

Klientin: Im Moment ist das zu unausgeglichen, so eine kleine Rebellin habe ich wahrscheinlich stets in mir.

«Die kleine Rebellin» – mit dieser Metapher entwickelten wir eine Zielvorstellung für die Klientin: die «kleine Rebellin» leben, ohne die Geborgenheit der Familie aufzugeben.

Es ist typisch für ein echtes Lösungsbild, dass sich darin die soeben noch als problematisch erlebten Lebensbereiche nicht mehr ausschließen, sondern ergänzen, auch wenn noch nicht klar ist, auf welche Weise dies geschehen wird. Wenn wir Mond eher für den familiären Teil des Anliegens nehmen und Uranus für die «kleine Rebellin», dann kommen in der Lösung natürlich beide zum Zuge. Zwei wichtige Erkenntnisse können sich für den Klienten aus diesem Schritt ergeben: Erstens gibt es eine Vision von einem Leben nach dem Problem, in dem das Problem verschwunden ist, ohne dass einer der Bestandteile, die das Problem ausmachten, entfernt werden müsste. Zweitens ist die Lösung im Anliegen enthalten, es bedarf keiner zusätzlichen Elemente, um eine als Mangel erlebte Situation zu ergänzen. Alles entsteht aus dieser einen Konstellation heraus und mündet in ihr. Was dieselbe Konstellation einmal zum Problem und das andere Mal zur Lösung macht, erfahren wir in den nächsten Schritten des Prozesses.

Schritt 4: Hindernisse bestimmen

Die nächste Frage im Prozess lautet: «Was hat mich bislang gehindert, dieses Ziel zu erreichen?» Sie zielt darauf ab, dass es ja einen Grund geben muss, warum wir nicht schon jetzt den Lösungszustand in Bezug auf die Konstellation des Anliegens erreicht haben. Irgendetwas hat uns offensichtlich daran gehindert.

Das Interessante an dieser Fragestellung ist, dass wir uns auf der einen Seite zwar augenscheinlich eher dem problematischen Teil der Konstellation zuwenden, auf der anderen Seite aber Informationen darüber sammeln, wie das Anliegen bislang auf seine ganz eigene Weise als «Problem» stabil gehalten werden konnte.

Wenn wir so fragen, dann nehmen wie nicht einfach nur zur Kenntnis: Da ist eben etwas schiefgelaufen, sondern wir stellen fest, dass auch das Aufrechterhalten eines Problems eine Leistung ist und dass dies Energie kostet. Wenn dies klar geworden ist, können wir überlegen, wie der Klient künftig dieselbe Energie auf weniger leidbringende Weise für sich einsetzen kann. Zunächst aber sehen wir einfach, dass es da ein Hindernis gibt – und dass sich oft genug eine Ressource dahinter verbirgt.

Man könnte im Umkehrschluss sagen: «Etwas bloß als Hindernis zu betrachten, ist selbst schon ein Hindernis.» Hindernisse sind ein schöpferischer Ausdruck des Menschen – und als solcher immer auch ein Beweis für seine Kreativität. Im Volksmund sagen wir, dass wir aus Fehlern lernen können, und ebenso ist es mit Hindernissen: Daraus lernen wir etwas über unsere Fähigkeit, schöpferisch mit der Welt umzugehen.

Wir können Hindernisse als «Störungen» betrachten – oder als nützliche Hinweise, wie wir unsere Absichten noch sinnvoller und besser umsetzen können. Um an dieses kreative Potenzial zu kommen, können wir uns folgende Fragen stellen:

- Womit müsste ich fertig werden, wenn diese Hindernisse nicht mehr vorhanden wären?

– Was würde ich tun, was ich nicht jetzt schon tue, wenn das Hindernis auf einen Schlag verschwunden wäre? Wer würde darauf wie reagieren? Und wie einverstanden wäre ich mit dieser Reaktion?

Betrachten wir das Ganze in Bezug auf die Mond/Uranus-Konstellation unserer Klientin. Wir erinnern uns: Die Zielvorstellung war die «kleine Rebellin», die ihr Bedürfnis nach Unabhängigkeit leben kann, ohne die familiäre Geborgenheit aufzugeben.

Wie sähe dieselbe Konstellation als Hindernis aus? Man könnte in Uranus auch den Impuls sehen, sich von seinen emotionalen Bedürfnissen (Mond) zu distanzieren. Die eigenen Gefühle (Mond) werden als Widerspruch zu dem betrachtet, was gerade gefordert wird. Denn- Uranus als transpersonaler Planet hängt eng mit Themen zusammen, die wir als übergeordnete Notwendigkeit erleben, der wir uns nicht entziehen können, selbst wenn wir es wollen. Mit Uranus werden Emotionen als etwas erlebt, von dem man sich zugunsten einer höheren Aufgabe distanzieren muss. Man möchte sich nicht von ihnen «kriegen» lassen, misstraut ihnen und geht Situationen aus dem Weg, in denen man Gefahr laufen könnte, sich emotional an etwas zu binden. Immer dann, wenn man sich gerade wohlfühlt, taucht der erste Zweifel auf, ob sich dahinter nicht der Versuch verbergen könnte, emotional «gekauft» zu werden. Mit Mond/Uranus wird das Bedürfnis nach Unabhängigkeit zu einem Bedürfnis nach emotionaler Distanz, das immer dann wach wird, wenn emotionale Nähe gefordert ist.

Genau darin liegt das Potenzial dieser Konstellation im Sinne eines Hindernisses: Mond/Uranus verhindert, familiäre Geborgenheit zu erleben, denn im selben Moment wird der Klientin klar, dass sie damit ihre Unabhängigkeit verliert. Da die Familie aber in ihrem Fall eine Tatsache ist, steht sie ständig zwischen dem Wunsch, die «kleine Rebellin» in sich auszuleben, und dem Bedürfnis, eine gute Mutter zu sein. Uranus zeigt sich hier nicht von seiner originellen und kreativen Seite, sondern als Fähigkeit, sich von den eigenen Gefühlen zu distanzieren und die Rolle, in die man sich gestellt sieht, selbstlos zu erfüllen. Am Ende macht sich die Klientin unabhängig von ihren eigenen emotionalen Bedürfnissen: Mond/Uranus.

Womit müsste sie aber fertig werden, wenn sie auf einmal aufhören würde, sich von den eigenen Gefühlen zu distanzieren? Was würde geschehen, wenn sie von heute auf morgen ihre Rolle als Mutter aufgeben und sich nur noch um ihre eigenen Bedürfnisse kümmern würde? Wie würde ihre Umwelt darauf reagieren?

Eine Familie zu haben, bedeutet, Verantwortung zu übernehmen. Es bedeutet, die eigenen Bedürfnisse zurückstecken zu müssen und sich in die familiäre Gemeinschaft zu integrieren. Das Leben als Individuum, als unabhängiger Mensch, der sich nichts und niemandem verpflichtet fühlt, ist mit einer Familiengründung nicht vereinbar. Würde die Klientin diesem Impuls nach Unabhängigkeit nachgeben, müsste sie ihre Familie im Stich lassen. Es ist leicht, sich vorzustellen, wie die Familie darauf reagieren würde und wie wenig sie damit einverstanden wären. Es ist klar, dass die Klientin diesen Weg nicht gehen wollte.

Was aber hat es ihr dann genutzt, sich dieser als Hindernis für die persönliche Selbstentfaltung empfundenen Situation auszusetzen, eine Familie zu gründen, und sich von den eigenen Bedürfnissen distanzieren zu müssen? Die Klientin gibt sich nach einigem Überlegen selbst die Antwort: Mit der Familie hat sie etwas Besonderes geschaffen, einen ganz konkreten Ausdruck ihrer eigenen Persönlichkeit. Die Familie ist nicht nur einfach eine Gemeinschaft, sondern sie ist auch ein Teil ihrer selbst, mit dem sie sich so innig verbunden fühlt, dass sie ihn nicht einfach loslassen kann. In diesen Formulierungen taucht die Ressource der als Hindernis erlebten Konstellation Mond/Uranus auf.

«Von außen betrachtet, könnte leicht der Eindruck entstehen, ich wolle nur aus meiner Mutterrolle ausbrechen, was ich gar nicht abstreite: Im Gegenteil. In den letzten beiden Jahren hab ich meine Koffer so manches Mal gepackt. Aber meine intensive emotionale Bindung an meine Familie hält mich zurück. Könnte ich gefühlloser sein, wäre es mir vielleicht möglich, diese schreiende Rebellin in mir leichter zu befriedigen, da es mir dann egal wäre, wie es um die Gefühle der anderen oder auch meiner eigenen bestellt wäre.»

Man könnte sagen, dass der uranische Anteil der Konstellation durch die soziale Verantwortung, die er übernehmen muss, durch die Bindung an die Familie (Mond) wichtige zusätzliche Fähigkeiten erworben hat, die ihm nun – da dieses Hindernis sich in eine Ressource wandeln soll – auf einer anderen Ebene zur Verfügung stehen können, nämlich genau da, wo Uranus vielleicht sonst eine Schwäche hätte, dem Gebiet der Verantwortung und Verpflichtung. Der an diesem Hindernis trainierte Uranus kann sicherlich nicht so ohne einfach «ausbüchsen» und rücksichtslos seine Individualität ausleben. Er wird zugleich immer ein Auge darauf haben, sein Anderssein nicht einfach als Selbstzweck auszuleben, sondern das Besondere in sich zu entdecken. Dieser Uranus fragt nicht mehr: Wo kann ich Spielregeln brechen und Strukturen umwerfen? Sondern: Wie kann ich das, was mich so einzigartig macht, im Rahmen meiner sozialen Verantwortung einbringen, um die Situation für alle zu verbessern?

Bislang erlebte die Klientin Mond/Uranus als Hindernis, sie fühlte sich um die Chance gebracht, einen eigenen und unabhängigen Weg zu gehen: «Ich merke immer deutlicher, dass es mir einfach nicht mehr möglich ist, in der Rolle der Mutter aufzugehen wie früher. Allein schon Begriffe wie Mütterlichkeit, Gebären, Nähren, Stillen lassen mich ausreißen, nehmen mir die Luft zum Atmen. Das ist für mich gleichbedeutend mit Abhängigkeit und Gebundensein. Ich habe oft das Gefühl, ich will weg. Einfach nur weg. Und zwar mit dem Ziel, frei zu sein, nicht gebunden zu sein. An meinem Auto klebt an verschiedenen Stellen das Logo eines Reisebüros: *Nix wie weg hier*. Bei der Hochzeitsanzeige legte ich großen Wert darauf, dass der Zusatz *auf immer und ewig* gestrichen wurde.»

Deutlich spricht hier der Uranus-Anteil der Konstellation aus der Klientin. Hier wird klar, dass die als Hindernis erlebte Konstellation einen Sinn gehabt hatte: Nachdem sie die Verantwortung für das, was sie im Leben eigenständig aufgebaut hatte, entdeckt hat, ist es undenkbar geworden, einfach die Sachen zu packen und zu gehen. Indem sie dem Ausbruch aus ihrer Situation nicht nachgeben konnte und wollte, hat sie gelernt, sich eine wichtige Frage zu stellen, bevor sie dem Impuls nach Unabhängigkeit nachgibt: «Wenn ich weg will, wohin will ich dann? Und was will ich dort bewirken?» Erst das Hindernis hat das Bewusstsein dafür geschärft, dass es nicht darum geht, ungehindert seinen Bedürfnissen nach Freiheit und Widerspruch nachzugehen, sondern diese Bedürfnisse in einen übergeordneten Zusammenhang zu betten, in dem es nicht mehr nur um die Befriedigung des eigenen Egos geht.

Schritt 5: Ressourcen entdecken

Wenn wir aus diesem Blickwinkel auf die Hindernisse in unserem Leben sehen, können wir verstehen, dass es einen guten Grund dafür gab, warum wir die Dinge so getan haben, wie wir sie getan haben. Dass hinter jedem Problem auch eine Fähigkeit steckt, die sich entwickeln möchte, und ohne die wir möglicherweise das, was wir uns im Leben noch an Zielen vorgenommen haben, nicht erreichen werden. In der Auseinandersetzung mit diesem Hindernis lernen wir, unsere Fähigkeiten noch besser einzuschätzen und sie für noch anstehende Aufgaben zu trainieren.

Bis zu diesem Punkt haben sich unsere Überlegungen um eine Konstellation gedreht. Sie stand für das Problem selbst (Beruf versus Familie), führte uns zu einer Lösungsvision («die kleine Rebellin») und zeigte sich als Ressource hinter dem Hindernis, diese Vision nicht schon längst erfüllt zu haben. Nun aber fragen wir uns: Welche weiteren und möglicherweise noch ungenutzten Ressourcen stehen der Klientin zur Verfügung, um in die angestrebte Richtung weiterzugehen? Woraus kann sie zusätzlich Kraft beziehen auf ihrem Weg? Ich nenne diese Ressourcen die *Lösungshelfer*. Sie können mit der Ausgangskonstellation zusammenhängen, doch ist es hier auch sinnvoll, sich weiter im Horoskop umzusehen und andere Konstellationen einzubeziehen. Dieses Einbeziehen weiterer Konstellationen geschieht jedoch nicht willkürlich, sondern auf der Grundlage dessen, was die Klientin im Gespräch äußert. Ich suche also gezielt nach Konstellationen, die das widerspiegeln, was die Klientin mir berichtet.

Um herauszufinden, welche Konstellationen im Horoskop als Lösungshelfer infrage kommen, können wir gemeinsam mit der Klientin eine Reise in die Vergangenheit machen, und versuchen, herauszufinden, wann sich die Klientin bei derselben oder einer vergleichbaren Problemstellung näher am Lösungszustand empfand als heute.[67] Wenn eine solche Ausnahme vom Problemzustand gefunden wird (und in der Regel gibt es immer einen Moment in der Vergangenheit, in dem die Lösung näher war, und sei es auch nur ein kleines bisschen), können wir fragen: *«Und was haben Sie damals anders gemacht, so dass es Ihnen möglich war, sich Ihrem Ziel leichter zu nähern?»* Wenn wir so fragen, erinnern wir den Klienten daran, dass er schon einmal besser wusste, mit dem Problem umzugehen, und dass er die entsprechenden Ressourcen schon einmal angezapft hat, sie möglicherweise einfach nur wieder vergessen hat.

In einer astrologischen Beratung würden wir für uns die Frage vielleicht am ehesten so formulieren:

- Welche Konstellationen im Horoskop – und nun können wir auch an ganz anderen Ecken des Horoskops nachsehen – entsprechen diesen damals genutzten Ressourcen? Welche Prinzipien haben möglicherweise damals geholfen?

Diese Frage kann verblüffende Erkenntnisse beim Klienten zutage bringen: Wir erinnern uns daran, dass jeder von uns die nötigen Ressourcen zur Lösung seines Problems bereits in sich trägt und dass wir jederzeit hoffen können, über diese Lösungshelfer zu verfügen. Die Ausnahmen in der Vergangenheit zeigen, dass wir es können. Anstatt uns auf den Mangel zu konzentrieren, rückt unser innerer Reichtum und alles, was uns stärkt, in den Vordergrund. Diese Erinnerung rückt das aktuelle Problem in ein anderes Licht, denn sie zeigt, dass wir die Kraft haben, Probleme zu lösen.

Im Gespräch mit meiner Klientin tauchten verschiedene Situationen auf, in denen sie den Eindruck hatte, die «kleine Rebellin» zu leben, ohne zugleich lieb gewonnene und wichtige emotionale Bindungen zu gefährden. Sie hatte früher als Angestellte einer Fluggesellschaft gearbeitet, was zahlreiche Auslandsaufenthalte mit sich brachte und damit die Bereitschaft, immer wieder alles stehen und liegen zu lassen, um Neuland zu betreten: eine neue Sprache, eine neue Kultur, neue Beziehungen. Diese Situationen vermitteln ihr in der Erinnerung einen Eindruck von sich selbst, den sie sich auch heute mehr wünschen würde. Es sind Eindrücke, die viel von dem enthalten, was sie jetzt als Lösungsbild in sich trägt. Was half ihr damals, dies umzusetzen?

«Wo auch immer ich Neuland betrete, wenn es dauerhafter sein soll, fange ich ziemlich bald an, Strukturen zu errichten. Das schont Nerven, schafft Zeit, gibt mir selbst Sicherheit, und ich gewinne dadurch im Endeffekt ja Raum, noch mehr Neuland zu betreten oder Neues auszuprobieren.» Sie erkannte, dass es eine andere Kraft in ihr gibt, die ihr immer dann, wenn sie wieder einmal alles auf den Kopf stellte, half, ihre Energien zu bündeln, ihnen eine dauerhafte Struktur zu geben. Ein Blick ins Horoskop zeigt die Konstellation, die dieser Kraft entspricht: Sonne in Konjunktion zu Saturn in Haus [3].

Man könnte sagen, dass Sonne/Saturn so etwas wie das «Heilmittel» für Mond/Uranus ist.[68] Dort, wo das Bedürfnis nach etwas Neuem, nach dem Bruch mit dem Althergebrachten entsteht, hilft die Sonne, daraus etwas Stabiles und Konkretes entstehen zu lassen. In diesem Sinne zeigte sich Sonne/Saturn als Lösungshelfer. als Fähigkeit, der «kleinen Rebellin» auch ein sicheres Fundament zu geben.

Die Entdeckung dieser Fähigkeit, die sich in ihrem Horoskop in der Konstellation Sonne/Saturn zeigte, erlaubte der Klientin, Sicherheit im Umgang mit anstehenden Veränderungen zu schöpfen. Ihr wurde klar, dass sie nicht nur den Wunsch nach Veränderung (Mond/Uranus) in sich trägt, sondern auch über die praktische Fähigkeit verfügt, damit konstruktiv umzugehen und etwas Sinnvolles daraus zu machen (Sonne/Saturn) – und dass sie schon mehrmals in ihrem Leben sich selbst und anderen bewiesen hatte, wie gut sie dies konnte.

Schritt 6: Der verdeckte Gewinn taucht auf

Nachdem sie sich an noch nicht genutzte, aber vertraute Ressourcen erinnert haben, verändert sich in der Regel die Stimmung der Klienten schlagartig. Sie fühlen sich nun nicht mehr so sehr als Opfer der Umstände, sondern spüren in sich die Gewissheit, dass sie eine Veränderung ihres Lebens selbst in die Hand nehmen können und dass sie über die entsprechenden Mittel verfügen.

Umso mehr drängt sich nun den meisten die Frage auf: *Warum habe ich das nicht schon früher erkannt?* Und: *Wozu soll es gut gewesen sein, dass ich so lange in meinem Problemzustand verharrt habe?*

Und wenn wir die Frage so stellen, dann können wir uns ebenso fragen:

- Könnte es nicht sein, dass es sogar nützlich war, dass ich bisher noch keine Lösung für mein Anliegen gefunden habe? Welche Fähigkeiten und Eigenschaften konnte ich dadurch lernen? Was ist auf diese Weise klarer geworden in meinem Leben?

Nicht selten kommt uns durch diese Fragestellung zu Bewusstsein, dass wir durch das Problem letztlich einen inneren

Anteil geschützt haben. Manchmal sind Hindernisse im Leben Schutzwälle, die uns davor bewahren, den zweiten Schritt vor dem ersten zu machen.

Wir suchen also nach der *guten Absicht* hinter der Tatsache, dass das Anliegen eben so ist, wie es ist. Diese gute Absicht nennen wir in diesem Prozess den *verdeckten Gewinn* des Problems. Dahinter steckt die Idee, dass sich kein Problem über längere Zeit aufrechterhalten lässt, wenn es nicht für das System des Klienten einen Vorteil bringt. Ein Problem, das keinen Gewinn bringt, würde über kurz oder lang verschwinden, und wir würden es wahrscheinlich eher als Schwierigkeit bezeichnen und weniger als echtes Problem. Der verdeckte Gewinn stabilisiert das Problem.

Es ist bei dieser Vorgehensweise sehr wichtig, gemeinsam mit dem Klienten an der Entdeckung des verdeckten Gewinns zu arbeiten, denn eine echte und tragfähige Lösung muss den Gewinn des Problems mit abdecken, sonst kann es zu «Rückfällen» in die alte Problemsituation kommen.[69] Dieser Teil ist oft der intensivste in der Beratung, denn hier berühren wir das Geheimnis des Problems. Es bedarf seitens des beratenden Astrologen großer Aufmerksamkeit für die Belange des Klienten, um für ihn das Maximum an Erkenntnissen herauszuholen.

Die Entdeckung des verdeckten Gewinns gleicht dem Heben des Schatzes, der unter der Oberfläche des Anliegens wartet. Indem wir den Gewinn identifizieren, würdigen wir einerseits das Problem als etwas, was uns auf seine Weise auch etwas ermöglicht hat, andererseits erkennen wir, dass wir einen hohen Preis dafür bezahlt haben – einen oftmals zu hohen Preis, auf Kosten unseres psychischen und nicht selten unseres physischen Wohlbefindens. Wenn dies einmal erkannt ist, fällt es leichter, diesen verdeckten Gewinn zu opfern, um eine Lösung zuzulassen und die nächsten Schritte zu tun.

«Wenn es uns ... gelingt, dem Preis ganz zuzustimmen, den es uns kostet, wenn wir auf den Gewinn des Problems verzichten, kann uns das so gewonnene Ergebnis wirklich kostbar werden.

Diese Kostbarkeit kann uns auf den Weg führen, auf dem wir uns mit dem Problem und seiner Lösung wirklich vollständig versöhnen.»[70]

In der astrologischen Beratung hat es sich bewährt, wieder auf die Ausgangskonstellation zurückzukommen, in unserem Falle also Mond/Uranus. Hier stellte sich die Frage, warum die Klientin nicht schon früher aus ihrer Rolle ausgebrochen war, sondern so lange in dieser für sie problematischen Situation stecken blieb. Wofür ist das Problem in ihrer jetzigen Situation nützlich? Welche Vorteile hat sie im Moment davon, dass das Problem noch nicht gelöst ist?

Wir kamen im Gespräch ziemlich schnell auf den Punkt: Der verdeckte Gewinn war der Faktor Zeit. Wäre sie spontan ausgebrochen, wäre dies vermutlich eher mit einer Flucht gleichzusetzen gewesen. Es fehlte ihr ein Ziel. Sie selbst sagt über sich: «Spontan ausbrechen – das hat es in der Form zwar mehrfach gegeben, aber das alles war von keiner nennenswerten Dauer. Vielleicht suche ich so etwas wie einen ‹dauerhaften Ausbruch‘ – und nicht nur aus Trotz oder Laune heraus einfach das Lenkrad herumzureißen, ohne zu wissen, wohin die Reise geht, Hauptsache in eine andere Richtung. Indem ich dieses Problem so lange ausgesessen habe, ist mir klar geworden, dass ich erst etwas finden muss, für das ich mit gleicher Intensität meine Energie geben kann wie für meine Familie. Meine Töchter sind jetzt erwachsen. Sie gehen ihren eigenen Weg. Nun kann auch ich meinen Weg gehen, aber ich möchte die Richtung vorher bestimmen. Ich sehe auch, dass der Erfahrungsprozess, um herauszufinden, was ich jetzt wirklich will, noch nicht abgeschlossen ist. Der Weg ist nur teilweise asphaltiert.»

Schritt 7: Und jetzt? Die künftige Aufgabe

Durch die Integration des verdeckten Gewinns kann sie nun beginnen, ihrem Leben eine neue Wendung zu geben (Uranus), in eine neue Richtung, in der nicht mehr die Familie, sondern ihre eigenen Bedürfnisse (Mond) im Mittelpunkt stehen werden. Dabei ist es wichtig, die Errungenschaften, die sie in dieser Zeit des Verzichts auf einen Ausbruch erntete, in diese neue Lebensphase mit einzubeziehen. Nur so kann die künftige «kleine Rebellin» von sich sagen, dass sie nicht nur aus reinem Widerspruch handelt, sondern im Bewusstsein, über all die Jahre das Besondere an sich selbst entdeckt zu haben, um es nun in einem anderen Zusammenhang der Welt wieder zur Verfügung zu stellen.

Wie dies genau aussehen kann, ist Teil des letzten Schrittes des lösungsorientierten Beratungsprozesses, indem wir gemeinsam mit dem Klienten überlegen, was als Nächstes zu tun ist, um sich dem Lösungsbild anzunähern. Dabei geht es weniger darum, konkrete Schritte einzuleiten, als den Klienten zu motivieren, sich eigene Gedanken darüber zu machen, was er zeitnah an der Beratung schon tun könnte, um den ersten Schritt zur Lösung zu tun. In der Regel bietet das Gespräch bis dahin genügend Stoff für Gedankenexperimente in die eine oder andere Richtung, und nicht selten hat sich schon während des Gesprächs beim Klienten eine realistische Möglichkeit herauskristallisiert. Hier brauchen wir als Berater nur noch nachzuhaken. Unsere Aufgabe besteht lediglich darin, darauf zu achten, dass die angestrebten Lösungsschritte nicht wieder in Probleme münden.

Meine Klientin formulierte ihre nächsten Schritte so: «Ich tue das, was ich intuitiv ohnehin schon begonnen habe: Kontakte knüpfen, neue Freundschaften schließen ... Und ich möchte beginnen, mehr darauf zu vertrauen, welche Pflastersteine meine geistige Führung vor mir auslegt. Das Gespräch hat mir klargemacht, dass es gar nicht so sehr darum geht, die Form zu verändern, solange ich noch nicht den Inhalt gefunden habe. Darum möchte ich mich bemühen: herauszufinden, was wirklich das Meine ist, um dann einen Weg zu finden, diesem eine sinnvolle Gestalt zu verleihen. Vielleicht fange ich wieder an zu schreiben. Die Freiheit, die ich mir wünsche, ist im Grunde nicht eine, die sich als Freiheit von allen Bindungen definiert, sondern eine, die darin besteht, genau das zu tun, wozu ich mich in meinem Inneren berufen fühle und was nur ich selbst und niemand anders tun kann.»

Übersicht über die Schritte

Schritt		Frage	Konstellation
1	Das Problem …	Worum geht es? Was ist das Thema?	*Wir versuchen zunächst, das Anliegen des Klienten genau zu verstehen.*
2	… wird im Horoskop verankert.		*Hier versuchen wir, eine passende Konstellation im Horoskop zu finden.*
3	Das Ziel, die Richtung	Was soll stattdessen da sein? Was wäre, wenn das Problem gelöst wäre?	*Wir formulieren gemeinsam mit dem Klienten ein Ziel, und versuchen dabei, in der Konstellation zu bleiben.*
4	Die Hindernisse	Was hat mich bislang gehindert, dieses Ziel zu erreichen?	*Es ist hilfreich, auch hier in der Konstellation zu bleiben und nicht neue Prinzipien einzuführen.*
5	Die noch nicht genutzten Ressourcen	Gab es schon mal einen Moment, wo Sie näher am Ziel waren? Was haben Sie da anders gemacht? Was war hilfreich?	*An dieser Stelle sehen wir zum ersten Mal nach anderen Konstellationen im Horoskop, die solche Helfer verkörpern können.*
6	Der verdeckte Gewinn	Könnte es sein, dass es einen Zweck hatte, dass Sie bislang noch keinen Erfolg bei der Lösung des Problems hatten?	*Hier kehren wir wieder zur Konstellation zurück, diesmal sehen wir sie als einen inneren Anteil, der sich schützen will.*
7	Die künftige Aufgabe	Wenn das Problem gelöst ist – was ist dann dran?	*Gemeinsam mit dem Klienten entwickeln wir Strategien, wie die Lösung umgesetzt werden kann, und zwar so, dass aus der Lösung nicht neue Probleme entstehen!*

Astrosystemische Aufstellungsarbeit

Die lösungsorientierte astrologische Beratung ist ein guter Weg, um das Lösungspotenzial problematisch erlebter Konstellationen gemeinsam mit dem Klienten zu erarbeiten. In vielen Fällen wird ein so geführtes Beratungsgespräch genügen. Manchmal bietet es sich jedoch auch an, einen Schritt weiterzugehen und andere Methoden zum Einsatz kommen zu lassen, die eine stärkere Verankerung der Lösung in das unmittelbare körperliche und emotionale Erleben des Klienten ermöglichen. Eine solche Methode ist die Arbeit mit Aufstellungen.

Ein Buch über Systemische Astrologie kommt nicht umhin, sich auch mit dieser Methodik auseinanderzusetzen. Eine ausführliche Behandlung würde jedoch eindeutig die Grenzen dieser Abhandlung sprengen, daher müssen an dieser Stelle einige eher allgemein gehaltene Hinweise genügen.

Mit Aufstellungen versucht man Systeme räumlich abzubilden, indem für die einzelnen Elemente Personen gestellt werden, um Beziehungen und Wechselwirkungen sichtbar und erlebbar zu machen. Bekannt ist vor allen Dingen das Familienstellen nach Hellinger, bei dem das Augenmerk auf das System «Familie» gelegt wird. Doch im Grunde lässt sich jeder Zusammenhang, der sich als System darstellen lässt, aufstellen – so auch Horoskope.

Der Grundgedanke jeder Aufstellungsarbeit ist ähnlich: Da die Elemente eines Systems durch Menschen verkörpert werden, die sogenannten Repräsentanten[71], erhalten diese Elemente eine Stimme. Ansonsten abstrakte Zusammenhänge werden greifbar und können nicht nur erkannt, sondern auch auf einer sinnlichen Ebene bearbeitet werden. Das, was zuvor *implizit* war, wird nun *explizit*: Aufstellungen verwandeln Probleme in ein Bild, das von außen betrachtet werden kann.

Spannend ist, dass die vom Klienten gestellten Personen erstaunlich genaue Aussagen über den Zustand des Systems machen können, auch ohne Informationen über die Ausgangssituation zu besitzen. Die Repräsentantinnen erfahren spontan Körper- und Fremdwahrnehmungen, die in Übereinstimmung mit den Strukturen und Tendenzen des dargestellten Systems stehen. Es scheint so, als ob der Prozess des Aufstellens die Repräsentanten Teil eines «wissenden Feldes» werden lässt, in dem sie auf eine noch nicht näher bekannte Weise Informationen «zapfen» können. In den Systemische Strukturaufstellungen wird dieses Phänomen die «repräsentierende Wahrnehmung» genannt.

In einem ersten Schritt stellt der Klient die Teile seines Systems als Personen in den Raum. Durch die räumliche Anordnung von Personen bekommt das, was ihn innerlich bewegt, Gestalt und wird greifbar. Schon dadurch kann sich sein Blick auf sich selbst und sein Leben erweitern.

Dann wird in einem behutsam geleiteten Prozess die ursprüngliche Anordnung verändert, bis ein neues Bild entsteht, dass deutlich den Charakter einer Lösung trägt. Während er diese Veränderungen beobachtet, entdeckt und erlebt der Klient neue Zusammenhänge. Indem der Aufstellungsleiter[72] Rituale zwischen einzelnen Teilen des Systems vollziehen oder rituelle Sätze sprechen lässt, lösen sich nach und nach Spannungssituationen und das anfängliche Problembild kann sich in ein Lösungsbild verwandeln, das sich dadurch kennzeichnet, dass es den einzelnen Personen in der Aufstellung relativ besser geht als zu Anfang.

Aufstellungen gleichen in vieler Hinsicht Probehandlungen. Wir können in Aufstellungen unbeschadet etwas anders machen und etwas ausprobieren, das wir uns im Alltag vielleicht nicht trauen. Aufstellungen bringen uns wieder mit unserem Sinn für Möglichkeiten in Berührung. Sie zeigen, wie die Dinge auch sein können, und geben uns so die Zuversicht, dass wir immer mehr als nur eine Wahl haben. Indem wir die Prozesse in einer Aufstellung erfahren, verändert sich unsere innere Haltung und neue Wege können sich öffnen. Verborgene Handlungsalternativen werden sichtbar und bislang nicht genutzte Ressourcen frei gelegt.

Der Klient wird abschließend dazu eingeladen, das Lösungsbild wieder *implizit* zu machen, das heißt in sich aufzunehmen als einen Keim für etwas Neues, der sich dann später in der Alltagswelt entfalten kann.

Ursprünge der astrosystemischen Aufstellungsarbeit in SySt®

Aufstellungsarbeit wird heute in sehr verschiedenen Richtungen praktiziert. Die astrosystemischen Aufstellungen, wie ich sie durchführe, basieren auf dem systemisch-konstruktivistischen Ansatz der Systemischen Strukturaufstellungen (SySt®), die von Mathias Varga von Kibéd und Insa Sparrer entwickelt wurden. Sie kennzeichnen sich im Wesentlichen durch folgende Punkte:

- Das Vorgehen ist lösungsfokussiert: Es wird größerer Wert auf das Entwickeln von Lösungen gelegt als auf das Aufdecken von Problemen oder das Auflösen von Verstrickungen.
- Es wird weitgehend auf Zuschreibung von Bedeutungen verzichtet, insbesondere seitens des Aufstellungsleiters: Dem Klienten wird die größte Deutungskompetenz für sein Problem und sich aus der Aufstellung ergebende mögliche Lösungen zugewiesen – die Prozesse der Aufstellung können ihm dabei helfen, diese Kompetenz wieder zu entdecken.
- Die Kooperation und der wertschätzende Umgang mit dem Klienten stehen im Vordergrund: Widerstände seitens des Klienten in Bezug auf die Prozesse in der Aufstellung werden nicht als mangelnde Motivation gedeutet, sondern als wertvoller Hinweis darauf, dass der Gastgeber etwas übersehen hat oder zu schnell vorangegangen ist.
- Je weniger Wissen sowohl Aufstellungsleiter als auch Repräsentanten in eine Aufstellung mitbringen, umso weniger Deutungen fließen in die Aufstellung ein. Daher hat es sich als günstig erwiesen, verdeckt aufzustellen, das heißt,

die Repräsentantinnen werden darüber im Unklaren gelassen, für welches Systemelement sie stehen. Dies erhöht die Sensibilität für die repräsentierende Wahrnehmung für das System.
- Mehrdeutigkeit wird zugelassen und gefördert: ob Symbole, Interventionen, Rituale, Personen – es wird keine mögliche Verwirklichungsebene von vornherein ausgeschlossen oder favorisiert (z.B. Familie) und dem Klienten die Auswahl überlassen.

Wie in den Systemischen Strukturaufstellungen wird in der astrosystemischen Aufstellungsarbeit großer Wert darauf gelegt, keine bestimmte Ordnung herzustellen. Vielmehr wird es den Prozessen der Aufstellung überlassen, eine eigene Ordnung sichtbar werden zu lassen. Der Aufstellungsleiter moderiert diese Prozesse eher, als dass er sie lenkt. Er sorgt dafür, dass das Ganze gesehen wird, wobei er sich immer wieder beim Klienten rückversichert, ob die eingeschlagene Richtung auch wirklich von ihm als Verbesserung empfunden wird. Das Lösungsbild wird auch nicht als *die Lösung* betrachtet, sondern als *eine mögliche Lösung*. Entscheidender als das Lösungsbild sind aber die Prozesse, die dorthin geführt haben. Das Lösungsbild ist lediglich der konkrete Ausdruck dafür, dass eine Lösung möglich ist.

Typisch für die Systemischen Strukturaufstellungen und damit auch für die astrosystemische Aufstellungsarbeit ist außerdem: Keine Aufstellung ohne Anliegen! Ein wesentlicher Teil der Aufstellung ist die Klärung des Anliegens und damit des Auftrages zur Aufstellung. In der astrosystemischen Praxis bedeutet dies, dass in einem Vorgespräch geklärt wird, welche Konstellationen zu welchem Zweck in die Aufstellung einbezogen werden. Es wird konsequent nur an den Themen gearbeitet, die der Klient in die Aufstellung einbringt. Auf Fragen, die nicht gestellt wurden, wird auch keine Antwort gegeben.

Aufstellungsarbeit mit Astrologie zu verbinden ist keine neue Kunst. Seitdem das Familienstellen nach Hellinger populär geworden ist, werden Horoskopaufstellungen vielerorts angeboten. Einige sind Übertragungen der «Schuld-und-Sühne»-Philosophie Heillingers auf die astrologische Symbolik, andere gleichen eher besonderen Formen des Astrodramas, dem auf die Astrologie übertragenen Ansatz des Psychodramas.

Astrosystemische Aufstellungen unterscheiden sich von Horoskopaufstellungen dadurch, dass sie nicht die Struktur des Horoskops nachahmen, sondern sich nur einiger wesentlicher Elemente der Struktur des Horoskops bedienen. So werden in der Regel weder die Positionen der Planeten und anderer Horoskopfaktoren in Zeichen und Häusern, noch ihre Aspekte zueinander abgebildet, sondern man geht davon aus, dass das aufgestellte System die relevanten Zusammenhänge von selbst und auf seine Weise zeigen wird. Es gibt daher – bis auf wenige Ausnahmen –, keine Muster, nach denen gestellt wird.

In Konstellationsaufstellungen werden beispielsweise nur die Konstellationen eines Aspektes oder eines Häuserherrscherverhältnisses dargestellt, ohne die Positionen im Radixhoroskop zu berücksichtigen. So spielt es keine Rolle, ob die Repräsentanten bei einem Mars-Saturn-Quadrat im Geburtshoroskop dann auch in der Aufstellung im 90°-Winkel zueinander stehen. Das, was dieser Winkel an Qualität dieser Konstellation hinzufügt, wird in der Aufstellungsdynamik auf seine Weise sichtbar und kann sich immer wieder anders darstellen, wie sich ja auch das Erleben einer Thematik, die mit dieser Konstellation verbunden ist, immer wieder anders zeigen kann.

Indem wir die Struktur des Horoskops beweglich machen, können wir Informationen über das freilegen, was an Möglichkeiten in den Konstellationen stecken. Wir werfen einen Blick auf das, was wir die Form der Konstellation nennen können, in Anlehnung an Wittgenstein: «Die Form ist die Möglichkeit der Struktur.»[73]

Typische astrosystemische Formate

Im Laufe der Zeit habe ich verschiedene Formate der astrosystemischen Aufstellungsarbeit entwickelt.

Konstellationsaufstellung (KA): Konstellationen sind Lösungen.

Die Aufstellung von Konstellationen schließt besonders gut an die lösungsorientierte, astrosystemische Beratungspraxis an. Hier geht es darum, als problematisch erlebte Themen im Horoskop über eine Konstellation zu verankern und dann diese Konstellation in einer Aufstellung anzusehen.

Ziel dieser Aufstellung ist es, durch die entsprechenden Interventionen und gezielte Umstellungen die Lösungsebene der Konstellation sichtbar zu machen, ganz nach dem Motto: Jede Konstellation trägt ihre Lösung in sich. Konstellationen, die zuvor als problematisch erlebt wurden, verwandeln sich in nützliche Kraftquellen.

Zusätzlich zu dieser Konstellation können Kontextfaktoren gestellt werden, das heißt Repräsentanten für die Lebensbereiche, in denen sich das Anliegen gerade abspielt und die Konstellation sich manifestiert, zum Beispiel der Partner, die Eltern, der Beruf, ein Projekt usw. Auf diese Weise kann zeitgleich geprüft werden, welche Auswirkungen das neue Erleben einer Konstellation auf bereits bestehende Lebenszusammenhänge haben kann.

Planetenkreisaufstellung (PKA): Ressourcen freilegen.

Die Planeten werden je nach dem Anliegen des Klienten ausgewählt und als Ressourcen frei oder in einer bestimmten Anordnung gestellt. Dabei dient das Systemische Modell der Planeten als Ideengenerator. Der Fokus[74] des Klienten sucht die Begegnung mit diesen Kraftquellen und es wird geprüft, ob der Zugang zu diesen Quellen frei und ungehindert möglich ist. Durch Rituale und andere Interventionen werden die in Erscheinung getretenen Blockaden bereinigt. Die Planeten können wieder als echte Ressourcen wahrgenommen werden.

Zusätzlich zu den Planeten als Ressourcen können bestimmte, auf das Anliegen bezogene System-Teile gestellt werden wie Personen, Themen, Körperteile, Ideen, die den näheren Kontext bestimmen, für den eine Lösung gewonnen werden soll. Dadurch wird verhindert, dass die Aufstellung in einem «luftleeren» Raum stattfindet, sondern auf die konkrete Lebenswirklichkeit des Klienten bezogen bleibt.

Lebenszielaufstellung (LZA): Das Kraftfeld des Lebens spüren

Die Lebenszielaufstellungen wurden von mir zusammen mit Brigitte Hamann auf der Grundlage des IC/MC-Modells der Entwicklungsorientierten Astrologie (EOA®) entwickelt. Bei dieser Aufstellungsform werden stellvertretend für das Horoskopganze das Imum Coeli und Medium Coeli gestellt. Zwischen diesen beiden Polen spannt sich die gesamte Kraft des Horoskops auf. In dieses Kraftfeld werden nun die Teile des Anliegens des Klienten gestellt.

Die Lebenszielaufstellung – von Brigitte Hamann

Der letzte Schritt der Vernunft ist anzuerkennen, dass es unendlich viele Dinge gibt, die über sie hinausgehen. (Blaise Pascal, Gedanken)

Blaise Pascals Zitat ist die sachliche Form des allgemein bekannten Spruchs: «Es gibt mehr Dinge zwischen Himmel und Erde als wir uns träumen lassen.» Und tatsächlich, nun hat es auch die moderne Wissenschaft entdeckt: Der Verstand kann maximal 50 Bits pro Sekunde verarbeiten. Addiert man aber, wie viele Signale die Zellen unserer Sinnesorgane an das Gehirn weiterleiten, kommt man auf astronomische Zahlen. Der dänische Wissenschaftsautor Tor Nørretranders hat sie in seinem Buch *Spüre die Welt* zusammengefasst und kam bei vorsichtiger Schätzung auf 11 Millionen Bits![75]

Aufstellungen leben mehr von den 11 Millionen Bits als von

den 50, nicht nur weil die Zahl soviel höher ist, sondern auch, weil die Stimme des Verstandes eher hinderlich ist, um an die tiefen Prozesse zu kommen, die hier ausgelöst werden können.

Für uns Menschen ist der Standort alles, der innere, seelische wie der äußere, räumliche. So ist es nicht verwunderlich, dass eine Positionierung im Raum auch eine innere Positionierung nach sich zieht und zwar über die Grenzen unseres Denkens hinweg in einen multidimensionalen Raum hinein, der immer vorhanden ist und der Vergangenheit, Gegenwart und Zukunft gleichermaßen enthält. In diesem Raum wissen wir etwas, das wir mit 50 Bits nicht erfassen können.

In der Lebenszielaufstellung stellen wir Imum Coeli und Medium Coeili in den Raum – Quelle und Flussbett oder, um ein anderes Bild zu gebrauchen, die Wurzel und Krone eines Baumes. Zwei Menschen stehen als Repräsentanten für den tiefsten Ort in uns – das IC –, aus dem die schöpferische Quelle unseres Lebens entspringt, und für den höchsten – das MC –, das die Vielzahl der möglichen Formen repräsentiert, in die wir unsere Quelle gießen können. Wie die Krone eines Baumes immer wieder zurückgeschnitten werden muss, damit sie ihre volle Pracht entfalten kann, so braucht auch unser MC immer wieder neue Impulse und die Möglichkeit, sich zu wandeln.

Die Lebenszielaufstellung ist universell. Um die Grundpfeiler von Imum Coeli und Medium Coeli herum können konkrete und abstrakte Themen, Fragen, Hindernisse, Ziele und Ressourcen, Familienmitglieder und andere Personen, astrologische Symbole, Elemente einer Firma und besondere Faktoren wie das Wunder oder Pole wie Liebe, Ordnung und Erkenntnis[76] gestellt werden. Jede Aufstellung ist eine individuell auf das Anliegen und den Menschen zugeschnittene Einzelarbeit. Sie setzt dort an, wo unsere Wurzelmotive und prägenden Erfahrungen und unsere bisherigen Lösungsstrategien und Ziele zu finden sind, sodass wir sie nicht nur deutlich erkennen, sondern auch zutiefst empfinden und gegebenenfalls ändern können.

Für sich genommen sind Imum Coeli und Medium

Coeli weder gut noch schlecht. Im Horoskop und in der Lebenszielaufstellung bilden sie die grundlegende Ausrichtung unseres Lebens ab. Diese Ausrichtung ist jedoch nicht eng begrenzt, sondern enthält eine Vielfalt an Möglichkeiten, uns zu empfinden und zu verwirklichen. In der Aufstellung können wir uns tiefer entdecken in dem, was wir (wirklich) wollen und wie wir es bekommen können, als Worte es je vermögen. Die Lebenszielaufstellung lässt die individuelle Form eines Menschen über das Horoskop hinaus plastisch hervortreten. Beides, Horoskop und Aufstellung, ergänzen sich, sodass wir Nahrung für unseren Verstand und Zugang zu unserem tieferen Wesen bekommen.

Doch, wie William Blake sagte, sind die «Fenster unserer Wahrnehmung» nicht rein. Wir sind wie die Auster, die mit einem Staubkorn zu kämpfen hat und so eine Perle produziert. Deshalb macht die Lebenszielaufstellung zunächst einfach die inneren Bilder deutlich, die – im Guten wie im Schlechten – die Gefühle, Entscheidungen und Handlungen eines Menschen steuern. Die aufstellende Person sieht bildhaft wie in einem Theaterstück vor sich, welche tiefsten Empfindungen und zentralen Erfahrungen essenziell für den Ablauf ihres Lebens und die Lösung der gestellten Frage sind. Die Lösung kommt niemals direktiv vom Aufstellungsleiter. Sie entsteht in einem sich entfaltenden Prozess, in dem dieses nach außen projizierte innere Bild solange umgestellt wird, bis sich alle Repräsentanten, also alle Personen, die im Raum stehen, gut oder zumindest besser fühlen und sich eine Lösung abzeichnet oder spontan einstellt.

Ausklang

Am Ende dieser Einführung in die Grundlagen der Systemischen Astrologie bleibt mir meinen Leserinnen und Lesern nur eines zu wünschen: Mut, Freude und Geduld, sich mit dem astrosystemischen Deutungs- und Beratungsansatz auseinanderzusetzen und in die Praxis umzusetzen. Ich hoffe, dass Sie anregende Ideen gefunden haben, die Ihren eigenen Umgang mit der Astrologie bereichern und vertiefen können.

Wenn es mir gelungen ist, abseits aller Techniken und Methoden, eine mögliche neue Haltung gegenüber der Astrologie zu beschreiben, die weniger darauf basiert, im Horoskop den Sinn des Lebens zu suchen, sondern ihn aktiv zu schöpfen, weniger Wirklichkeiten zu beschreiben, sondern Möglichkeiten zu erfinden, habe ich für mich viel gewonnen.

«Wenn es einen Wirklichkeitssinn gibt, muss es auch einen Möglichkeitssinn geben» – so lautet der Titel eines Kapitels in Robert Musils *Mann ohne Eigenschaften*, der programmatisch für eine Haltung gegenüber der Astrologie sein könnte, für die das Horoskop kein Imperativ, sondern ein Konjunktiv ist, ein *Kann* und kein *Soll*. Musil schreibt: «Wenn man gut durch geöffnete Türen kommen will, muss man die Tatsache achten, dass sie einen festen Rahmen haben: dieser Grundsatz ist ... einfach eine Forderung des Wirklichkeitssinns. Wenn es aber Wirklichkeitssinn gibt, ... dann muss es auch etwas geben, das man Möglichkeitssinn nennen kann.

Wer ihn besitzt, sagt beispielsweise nicht: Hier ist dies oder das geschehen, wird geschehen, muss geschehen; sondern er erfindet: Hier könnte, sollte oder müsste geschehen; und wenn man ihm von irgend etwas erklärt, dass es so sei, wie es sei, dann denkt er: Nun, es könnte wahrscheinlich auch anders sein. So ließe sich der Möglichkeitssinn geradezu als die Fähigkeit definieren, alles, was ebenso gut sein könnte, zu denken und das, was ist, nicht wichtiger zu nehmen als das, was nicht ist. Man sieht, dass die Folgen solcher schöpferischen Anlage bemerkenswert sein können, und bedauerlicherweise lassen sie nicht selten das, was die Menschen bewundern, falsch erscheinen und das, was sie verbieten, als erlaubt oder wohl auch beides als gleichgültig. … Ein mögliches Erlebnis oder eine mögliche Wahrheit sind nicht gleich wirklichem Erlebnis und wirklicher Wahrheit weniger dem Wert des Wirklichseins, sondern sie haben … etwas sehr Göttliches in sich, ein Feuer, einen Flug, einen Bauwillen und bewussten Utopismus, der die Wirklichkeit nicht scheut, wohl aber als Aufgabe und Erfindung behandelt. … Es ist die Wirklichkeit, welche die Möglichkeiten weckt, und nichts wäre so verkehrt, wie das zu leugnen. Trotzdem werden es in ihrer Summe oder im Durchschnitt immer die gleichen Möglichkeiten bleiben, die sich wiederholen, so lange bis ein Mensch kommt, dem eine wirkliche Sache nicht mehr bedeutet als eine gedachte. Er ist es, der den neuen Möglichkeiten erst ihren Sinn und ihre Bestimmung gibt, und er erweckt sie.»[77]

Anmerkungen

1 von lat. complexus «umfassend, zusammenhängend».
2 von lat. complicatus «verworren, undurchsichtig».
3 Peter Niehenke, *Astrologie*. Stuttgart 1994. S. 27.
4 Peter Niehenke, *Astrologie*, a.a.O., S. 34.
5 Peter Niehenke, *Astrologie,* a.a.O., S. 218.
6 So nennt der Soziologe und Astrologiekritiker Edgar Wunder die These, dass tatsächlich wie auch immer geartete Zusammenhänge zwischen dem «Oben» der Welt der Gestirne und dem «Unten» der Welt der Menschen existieren. Vgl. http://www.anomalistik.de/abg_astrologie.shtml (Zugriff: 4.9.2008).
7 Ernst von Glasersfeld, *Radikaler Konstruktivismus*. Frankfurt/Main 1997. S. 50 f.
8 In: Bernhard Pörksen, *Die Gewissheit der Ungewissheit*. Heidelberg 2002. S. 222.
9 Heinz von Foerster u. Bernhard Pörksen, *Wahrheit ist die Erfindung eines Lügners*. Heidelberg 2001. S. 45.
10 Zur Metaphorik des Begriffes «Zeitqualität» vgl. Peter Niehenke, *Die Metapher von der Qualität der Zeit*. Vortrag anlässlich des DAV-Kongresses vom 28.–30. Juni 2002 in München. Quelle: http://www.astrologiezentrum.de/onlinetexte3.html (Zugriff: 4.9.2008).
11 Quelle: http://de.wikisource.org/wiki/Tabula_smaragdina (Zugriff: 4.9.2008).
12 Übersetzung des Autors.
13 Michel Foucault, *Die Ordnung der Dinge*. Frankfurt/Main 1997. S. 46.
14 Michel Foucault, *Die Ordnung der Dinge*, a.a.O., S. 56.

15 vgl. S. 40.

16 Selbst diese gegenständlichen Begriffe sind alles andere als stabil, wenn wir sie in interkulturellen Zusammenhängen betrachten: ein Afrikaner wird sich beim Wort «Baum» sehr wahrscheinlich etwas anderes vorstellen als ein Europäer.

17 zit. nach Gerhard Kurz, *Metapher, Allegorie, Symbol.* Göttingen 1997. S. 12 f.

18 Gerhard Kurz, a.a.O., S. 17.

19 Gerhard Kurz, a.a.O., S. 21.

20 Darauf werden wir im Rahmen der astrosystemischen Beratungspraxis zurückkommen.

21 Leider wird der Begriff «Feedback» viel zu häufig missbraucht, indem damit jede Art von Kritik ummäntelt wird, die man gerne loswerden möchte. Aber nicht jede Reaktion verdient die Bezeichnung «Feedback»: Es liegt nur dann Feedback vor, wenn die Reaktion auch zu einer Veränderung am Ausgangspunkt führt.

22 Eine Besonderheit der Transpersonalen Astrologie. Eine ausführliche Begründung zu dieser astrologischen Besonderheit finden Sie in dem Abschnitt «Raum-Zeit-Spezifität».

23 Besonders Michael Roscher wies immer wieder darauf hin, wie wichtig es ist, astrologische Erkenntnisse aus der Anschauung des Himmels abzuleiten. Unter «Anschauung» kann man im Unterschied zu «Beobachtung» die Betrachtung der Phänomene bei gleichzeitiger Wahrnehmung des eigenen Bewusstseins verstehen, das heißt, wir sind uns im Akt des Anschauens bewusst, dass das, was wir betrachten, uns im Augenblick der Betrachtung verändert. Das Angeschaute kann also etwas über mich selbst offenbaren, während das Ziel der Beobachtung das objektive Erfassen des Beobachteten ist. Für mich ist Anschauung die zentrale Art und Weise, wie aus den himmlischen Phänomenen Bedeutung für die Astrologie gewonnen werden kann.

24 So können sich Merkur und Sonne aus unserer Perspektive nicht weiter als etwa 27,5° voneinander befinden, also fast ein Halbsextil. Von den klassischen Aspekten ist daher nur die Konjunktion möglich. Ähnliches gilt für den Abstand zwischen Sonne und Venus: Er kann maximal 45° betragen, was einem Halbquadrat entspricht. Von den großen Aspekten gilt daher zwischen Sonne und Venus ebenfalls nur die Konjunktion.

25 Mit dem Kybernetischen Modell der Planeten schuf Michael Roscher wohl eines der ersten wirklich systemischen astrologischen Modelle. Vgl. Roscher, Michael, *Der Mond*. Tübingen 2006. S. 511 ff. In diesem Buch beschrieb er das Modell zum ersten Mal ausführlich. Weitere Darstellungen finden sich in: *Das Astrologiebuch*. Tübingen 2004, und in: *Praxis der Horoskopinterpretation*. München 1992.

26 vgl. Rafael Gil Brand, *Lehrbuch der klassischen Astrologie*. Tübingen 2000. S. 175 f.

27 Ludwig Wittgenstein, Werkausgabe in 8 Bänden: *Tractatus logico-philosophicus. Tagebücher 1914 – 1916. Philosophische Untersuchungen: Bd 1*. Frankfurt 2000. S. 85.

28 Spekulationen über Karma aus früheren Leben möchte ich hier bewusst ausklammern. Sie sind nicht Teil der Astrologie, sondern Glaubenssache.

29 «Im Brügger Modell hat der Therapeut nicht den Auftrag, die Patienten zu ändern, sondern ihnen dabei zu helfen, einen Kontext zu erzeugen, in dem sie wählen können, sich zu ändern. Das therapeutische Ziel ist die Wahlfreiheit des Patienten.» Luc Isebaert, *Kurzzeittherapie – ein praktisches Handbuch*. Stuttgart 2004. S. 2.

30 Trauer ist sicherlich kein angenehmer Zustand, aber im Vergleich zur Depression ein der Situation angemessenerer.

31 Dazu später im Kontext der astrosystemischen Beratungspraxis mehr.

32 Genau das macht diese Vorgehensweise so spannend: Wir erfahren auch als beratende Astrologen etwas Neues über die Art und Weise, wie Konstellationen gelebt werden können.

33 Das Wertequadrat wurde zuerst von Paul Helwig formuliert und von Friedemann Schulz von Thun zu einem Entwicklungsquadrat erweitert. Vgl. Paul Helwig, *Charakterologie*. Freiburg 1967. S. 65 ff. und Friedemann Schulz von Thun, *Miteinander Reden 2*. Reinbek bei Hamburg 2007. S. 38 ff.

34 Einige, vor allem amerikanische Autoren betrachten Widder als Plutos eigentliches Domizil.

35 Wieder war es Michael Roscher, der darauf aufmerksam machte, dass die alten Herrscher nicht zwingend aus ihren alten Domizilen vertrieben wurden, sondern als Nebenherrscher weiterhin

in den entsprechenden Zeichen gewertet werden können. Vgl. Roscher, Michael: Praxis der Horoskopinterpretation. München 1992. S. 116 ff.

36 Daneben gibt es noch eine Anzahl weiterer mehr oder weniger astronomisch begründeter Horoskopfaktoren, allen voran der Kleinplanet Chiron und die sensitiven Punkte der Mondknoten und der Lilith. Diese lasse ich zunächst unberücksichtigt.

37 Manchmal spricht man auch von den «vier Säulen der Astrologie» und bezieht die Aspekte noch mit ein. Aus systemischer Sicht sind Aspekte jedoch keine Horoskopelemente, sondern gehören in die Kategorie der Beziehungen zwischen den Horoskopfaktoren, denn Aspekte verbinden Horoskopfaktoren miteinander.

38 Ausnahmen sind die Beziehungen zwischen Sonne, Merkur und Venus. Aufgrund der besonderen astronomischen Umstände können sowohl Merkur als auch Venus nicht jeden beliebigen Abstand zur Sonne einnehmen.

39 Halbsummen und Goldene Schnitte werden im Rahmen dieser Abhandlung nicht weiter behandelt. Wer jedoch damit vertraut ist, hat damit eine weitere Möglichkeit, Konstellationen zu bilden.

40 Auf diese Technik wird im Rahmen dieses Buches nicht eingegangen, weil sie für die astrosystemische Deutungspraxis, so wie ich sie verstehe, keine Bedeutung besitzt. Einführungen in dieses Thema finden Sie in Büchern über klassische Astrologie. Besonders empfehlenswert: Erik van Slooten, *Klassische Horoskopdeutung*. Tübingen 2005 und Rafael Gil Brand, *Lehrbuch der klassischen Astrologie*. Tübingen 2000.

41 Auch auf diese Konstellationen möchte ich gerne in diesem Buch nicht weiter eingehen. Diese werden ausführlich in den Büchern von Michael Roscher *Kritische Grade im Horoskop*, Tübingen 2005 und *Kritische Grade in der Prognose*, Tübingen 2005 besprochen.

42 Die Geburtszeit habe ich dem *Internationalen Horoskope Lexikon* von Taeger entnommen. Dort wird sie in die Gruppe 4 eingeordnet, das heißt, die Quellenlage ist eher unsicher bis spekulativ. Zum Zwecke der Demonstration nehme ich diese Unsicherheit in Kauf – zumal ich das Horoskop in dieser Form für sehr stimmig

halte. Außerdem entbehrt es nicht eines gewissen Reizes, im Rahmen der Systemischen Astrologie ausgerechnet den Begründer des Rationalismus als Fallbeispiel heranzuziehen.

43 Vgl. Roscher, *Michael, Praxis der Horoskopinterpretation*. München 1992. S.63 ff.

44 Die Idee, wie sie auch von Michael Roscher vertreten wurde, dass die Tierkreiszeichen auf der Südhalbkugel um 180° gedreht werden müssen, und nach der der Mond auf der Nordhalbkugel im Stier steht, während er auf der Südhalbkugel im Skorpion steht, klammere ich hier aus.

45 Den Aszendenten als Ausgangspunkt zur Bestimmung dieser zwölf Grundtypen heranzuziehen, liegt zwar auf der Hand, ist aber nicht die einzige Möglichkeit. So ist es genauso denkbar und vielleicht sogar schlüssiger, das Medium Coeli respektive das Imum Coeli zu verwenden, wie es Brigitte Hamann in ihrer auf der IC/MC-Achse basierenden Lebensziel-Typologie vorschlägt. Vgl. Brigitte Hamann, *Ihr Lebensziel*. Tübingen 2002.

46 Eine Beschreibung der Grundtypen nach diesem Muster befindet sich in dem leider vergriffenen Buch von Walther Howe, *Aszendent und Persönlichkeit*. München 1990.

47 Ich habe mich entschieden, auf Konstellationen durch Kritische Grade nicht weiter einzugehen, weil dies den Rahmen dieses Buches sprengen würde. Weiterführende Literatur finden Sie im Literaturverzeichnis.

48 Auf meiner Internet-Seite www.astrologie-muenchen.de finden Sie diese Tabelle und weitere andere nützliche Hilfsmittel zum kostenlosen Download.

49 Regel vom letzten Sechstel: Steht ein Planet im letzten Sechstel eines Hauses, wird er ins Folgehaus gezählt.

50 Eng damit verbunden ist natürlich die Frage, welche Orben man für gültig erachtet. Hier wird jeder Astrologe auf eigene Erfahrungswerte zurückgreifen.

51 Bitte beachten Sie jedoch, dass sich das Bild ganz schnell wandelt, wenn ein Aspekt zugleich mit dem Häusersystem verbunden ist, wenn also zum Beispiel eine Uranus/Pluto-Konjunktion, die für sich genommen kaum einen individuellen Stellenwert hat, exakt auf der Hausspitze [3] steht – dann handelt es sich natürlich um eine sehr bedeutsame Konstellation.

52 Die Wahrscheinlichkeit, dass es sich dabei um Konstellationen handelt, die sich auf schnell laufende Planeten beziehen, liegt auf der Hand: Diese bilden zum Beispiel aufgrund größerer Orben mehr Aspekte, Venus und Merkur sind häufiger vertreten, weil ihnen jeweils zwei Häuser zugeordnet werden, [3] und [6] für Merkur, [2] und [7] für Venus. Dies geht bis zu einem gewissen Grad konform mit dem Grundgedanken des Kybernetischen Modells der Planeten, denn ach diesem Modell beschreiben die Planeten Mond, Merkur und Sonne die Grunddynamik der Persönlichkeit eines Menschen. Das schließt aber nicht aus, dass andere Planetenkonstellationen die Führung übernehmen können.

53 Eine Hilfe ist, sich die Abbildung der Planeten im Kybernetischen bzw. Systemischen Modell der Planeten zu vergegenwärtigen: Je größer der Abstand zwischen zwei Planeten ist, umso bedeutsamer ist die Konstellation, aus der diese Konstellation gebildet ist. Leitgedanke dieser Faustregel ist, dass die Verbindung eines persönlichen Planeten mit einem weniger persönlichen Planeten einen größeren Unterschied ausmacht, weil verschiedene weiter auseinander liegende Verwirklichungsebenen kombiniert werden.

54 Bezugsquellen und weitere Empfehlungen finden Sie im Literaturverzeichnis.

55 Vgl. Humberto Maturana und Francisco Varela, *Der Baum der Erkenntnis*. München 1990.

56 Diesen Gedanken hat der amerikanische Astrologe Dane Rudhyar bereits Anfang der 70er-Jahre in seinem Buch «Astrologie der Persönlichkeit» vorweggenommen, in dem er Astrologie als Algebra des Lebens beschrieb: «Astrologie hat an und für sich nicht mehr Sinn als Algebra. Sie misst Beziehungen zwischen Symbolen, deren Konkretheit gänzlich eine Angelegenheit von Übereinkunft ist [...] – genau wie die Symbole x, y und n in der Algebra lediglich Konventionen sind. [...] Die Umläufe der Himmelskörper begründen in ihrer Totalität ein riesiges und komplexes Symbol, das in sich selbst nur aus zyklisch wechselnden Mustern von Beziehungen besteht.» (in: Dane Rudhyar, *Astrologie der Persönlichkeit*. Tübingen 2001. S. 50) Zu Recht kann Rudhyar damit als Pionier einer Systemischen Astrologie bezeichnet werden.

57 Umgekehrt gilt natürlich auch, dass Transite eine Sonderform der Synastrie sind.

58 Aus Gründen, die ich hier nicht weiter ausführen kann, verwenden wir nur Kombin-Horoskope, aber keine Komposit-Horoskope. Vgl. dazu Michael Roscher, *Venus und Mars*. Tübingen 2008. S. 303 ff.

59 vgl. Erik van Slooten, *Stundenastrologie in der Praxis*. Freiburg 2001. S. 61 ff.

60 Nach der Regel vom letzten Sechstel, nach der ein Planet in das Folgehaus zählt, wenn er sich im letzten Sechstel eines Hauses befindet.

61 vgl. Brigitte Hamann, *Entwicklungsorientierte Astrologie*. Tübingen 2004.

62 Diese für viele traditionellen Astrologen vielleicht ungewöhnliche Zuordnung basiert auf dem Gedanken, dass alle beweglichen Häuser den Inhalt eines Quadranten nach außen hin sichtbar werden lassen. Wenn also der vierte Häuserquadrant sich mit der Rolle eines Menschen in der Gesellschaft beschäftigt, dann wird er in Haus [12] gesellschaftlich sichtbar, tritt öffentlich in Erscheinung. Dies schließt die üblichen Deutungen ein, nach denen Haus [12] eher etwas damit zu tun hat, dass wir uns gerade dem Blick der Gesellschaft verweigern, zum Beispiel durch Rückzug in ein Kloster oder Ähnliches, denn dem Blick der Gesellschaft ausgesetzt zu sein, kann auch zur Folge haben, diesem Blick ausweichen zu wollen.

63 Ich betrachte die Hauptachsen als das «Große Kreuz» des Horoskops, in dem bereits alles angelegt ist, was sich dann in den Zwischenhäusern lediglich entfaltet.

64 Zit. nach Insa Sparrer, *Wunder, Lösung und System. Lösungsfokussierte systemische Strukturaufstellungen für Therapie und Organisationsberatung*. Heidelberg 2004. S. 22.

65 Wittgenstein, Ludwig, a.a.O., S. 85.

66 In der SFT wird dazu auch die sogenannte «Wunderfrage» gestellt.

67 In der lösungsfokussierten Therapie greift man gerne auf Skalen zurück: Das angestrebte Ziel wird dem Wert 10 zugeordnet, der Problemzustand dem Wert 0. Nun kann man fragen, wann in der Vergangenheit man dem Wert 10 schon sehr nahe war

und was man damals anders gemacht hat als heute: «Was ist die höchste Zahl auf der Skala, die Sie in der Vergangenheit schon einmal erreicht haben?»

68 Und ist nebenbei bemerkt eine indirekte Resonanz zu Mond/ Uranus.

69 Auch hier wurde in der systemischen Sichtweise ein anderer Begriff geprägt: Ein «Rückfall» wird oft als Versagen empfunden. Aus diesem Grunde sprechen wir hier häufiger von «Ehrenrunden», das heißt von einer Wiederholung eines bereits als unpassend erkannten Musters im Sinne einer Aufarbeitung dessen, was noch fehlt, um den Schritt wirklich und ein für allemal zu vollziehen. In lösungsorientiertem Sinne ist ein «Rückfall» ebenso eine weitere Chance zur Entwicklung der Persönlichkeit und kein Misserfolg.

70 Mathias Varga von Kibéd und Insa Sparrer, *Ganz im Gegenteil.* Heidelberg 2005. S. 53

71 Ein Begriff, wie er in den Systemischen Strukturaufstellungen (SySt®) verwendet wird. In anderen Aufstellungskontexten wird auch von «Stellvertretern» gesprochen.

72 Bei SySt® wird hier bevorzugt vom «Gastgeber» gesprochen. Der Aufstellungsleiter versteht sich hier nicht als jemand, der die Aufstellung «anleitet», sondern als einer, der dem aufgestellten System den Raum bereitet, seine eigene Dynamik zu entfalten. Dabei sorgt er sich darum, dass alle, die Bedürfnisse aller Teile des Systems wahrgenommen werden, wie ein guter Gastgeber.

73 Wittgenstein, Ludwig, a.a.O., S. 14.

74 Fokus wird der Repräsentant genannt, der für den Klienten selbst in der Aufstellung steht.

75 Aus: Bas Kast: *Wie der Bauch dem Kopf beim Denken hilft.* Frankfurt 2007.

76 Liebe, Ordnung und Erkenntnis sind die Grundpfeiler der Glaubenspolaritätenaufstellung von Syst®.

77 Robert Musil, *Der Mann ohne Eigenschaften.* Reinbek bei Hamburg 1999. S. 16.

Anhang

Bücher und Software

Astrologie

Brigitte Hamann und Harald Krüger. *Entwicklungsorientierte Astrologie*. Tübingen 2004.

Brigitte Hamann. *Ihr Lebensziel.* Tübingen 2002.

Brigitte Hamann. *Reise zum Lebensziel.* München 2006.

Michael Roscher. *Das Astrologiebuch. Berechnung, Deutung, Prognose*. Tübingen 2004.

Michael Roscher. *Praxis der Horoskopinterpretation*. München 1992.

Dane Rudhyar. *Astrologie der Persönlichkeit*. Tübingen 2001.

Christopher A. Weidner und Sabine Bends. *Intuitive Astrologie*. München 2005.

Christopher A. Weidner. *Aszendent – Quelle der Kraft*. München 2006.

Christopher Weidner. *Die Sprache der Sterne. Ein Astrologiekurs für Einsteiger*. München 1999.

Christopher Weidner. *Das Arbeitsbuch zum Horoskop*. München 2001.

Systemisches Denken und Beratung

Heinz von Foerster und Bernhard Pörksen. *Wahrheit ist die Erfindung eines Lügners. Gespräche für Skeptiker*. Heidelberg 2001.

Ernst von Glasersfeld. *Radikaler Konstruktivismus: Ideen, Ergebnisse, Probleme*. Frankfurt 1997.

Humberto R. Maturana und Francisco J. Varela. *Der Baum der Erkenntnis. Die biologischen Wurzeln des menschlichen Erkennens.* München 1990.

Klaus Mücke. *Probleme sind Lösungen. Systemische Beratung und Psychotherapie – ein pragmatischer Ansatz Lehr- und Lernbuch*. Potsdam 2003.

Steve De Shazer. *Wege der erfolgreichen Kurztherapie*. Stuttgart 2006.

Steve De Shazer. ‹... *Worte waren ursprünglich Zauber*‘. Dortmund 1998.

Steve De Shazer. *Der Dreh. Überraschende Wendungen und Lösungen in der Kurzzeittherapie*. Heidelberg 2006.

Fritz B. Simon. *Einführung in Systemtheorie und Konstruktivismus*. Heidelberg 2007.

Insa Sparrer und Matthias Varga von Kibed. *Ganz im Gegenteil*. Heidelberg 2005.

Insa Sparrer. *Einführung in die Lösungsfokussierung und Systemische Strukturaufstellungen*. Heidelberg 2007.

Insa Sparrer. *Systemische Strukturaufstellungen*. Heidelberg 2006.

Software

Sehr zu empfehlen für die Arbeit mit Konstellationen: Astroplus von Wolfgang Peterat. Alle Konstellationen eines Horoskops können vorsortiert auf Knopfdruck ausgegeben werden.

Mehr Informationen unter www.astrocontact.at

Sämtliche Horoskopgrafiken in diesem Buch wurden mit diesem Programm erstellt.

Kontakt zum Autor

Christopher Weidner
Phoenix Astrologie® München
Fraunhoferstr. 13
D-80469 München
Tel.: +49 (0)89 229647
Email: c.weidner@phoenix-astrologie.de
URL: www.astrologie-muenchen.de (Beratungen)
www.asys-akademie.de (Ausbildung und Veranstaltungen)

Standardwerke der Astrologie

MICHAEL ROSCHER

Venus und Mars

Partnerschaft und Sexualität im Horoskop

335 Seiten, Hardcover, 23 Abbildungen

ISBN 978-3-89997-172-9

Venus und Mars entsprechen in der Astrologie den zwei Polen unserer Begegnungs- und Partnerschaftsfähigkeit: Sie sind Symbole für Eros und Sexus - die gefühlsbetonte und die geschlechtliche Liebe. In der traditionellen Astrologie werden die Horoskope von Partnern verglichen. Michael Roscher geht einen anderen Weg: Er analysiert die Venus- und Marskonstellationen im Individual-Horoskop und leitet hieraus das entsprechende Partnerschaftsbild sowie die Fähigkeit ab, Beziehungen einzugehen und zu gestalten. Sämtliche Venus- und Marskonstellationen werden kommentiert unter besonderer Berücksichtigung der Häuserthematik. Besprechungen von Beispielhoroskopen veranschaulichen die jeweiligen Bilder.
Roschers Interpretationen gehen in ihrer Aussagefähigkeit weit über das hinaus, was man in der astrologischen Literatur hierzu bislang finden konnte.

CHIRON VERLAG

Standardwerke der Astrologie

MICHAEL ROSCHER

Der Mond

Licht und Schatten astrologischer Mondkonstellationen
Hardcover, 7. Auflage, 542 Seiten, 35 Abbildungen
ISBN 978-3-89997-128-6

Der Mond ist unser ständiger Begleiter. Dennoch gibt es nur wenige Autoren, die sich mit dem Erdtrabanten aus astrologischer Sicht befassen. Michael Roscher legt mit dem vorliegenden Band das bislang ausführlichste Buch zum Thema vor. In der überarbeiteten und erweiterten Neuausgabe finden Sie ausführliche und psychologisch ausgefeilte Darstellungen zu folgenden Themen:

- der Mond in den zwölf Tierkreiszeichen,
- der Mond in den zwölf Häusern,
- der Einfluss des Aszendenten auf die Monddeutung
- die Mondaspekten der Planeten und des Aszendenten
- die Mond-Transite.

Dabei hat der Autor nicht nur die Schattenseiten des Mondes berücksichtigt, sondern stellt auch dessen Lichtseiten dar. So erfahren Sie aus der Mondstellung nicht nur Ihre persönliche Lernaufgabe, sondern auch Ihre besonderen Fähigkeiten und Fertigkeiten.

Im Vergleich zu der vorliegenden ja eher spärlichen Literatur zum Thema Mond ist es wohl nicht zu hoch gegriffen, wenn man Roschers Mond-Buch als einen Klassiker bezeichnet. *Astrologie Heute*

Standardwerke der Astrologie

MICHAEL ROSCHER

Kritische Grade im Horoskop

162 Seiten, Hardcover
ISBN 3-89997-121-3

Die besondere Bedeutung einzelner Tierkreisgrade wurde im Verlauf der Entwicklung der Astrologie immer wieder hervorgehoben. Der Autor legt ein eigenständiges Regelwerk zu diesem Thema vor. Jeder Grad auf dem Tierkreis hat eine individuelle Bedeutung, die sich in der Feininterpretation des Radixhoroskops, für die Prognose und die Geburtszeitkorrektur einsetzen lässt. Dadurch wird die Genauigkeit der Aussage wesentlich erhöht. Die Bezeichnung »Kritischen Grade« ist nicht negativ zu verstehen. Sie soll zeigen, dass die Grade des Tierkreises in unterschiedlicher Stärke eigenständige Bedeutungen und teilweise das Tierkreiszeichen entscheidend verändernde Inhalte haben.

In der Tat zählen die Kritischen Graden von Michael Roscher in meinen Augen zu den bedeutendsten Errungenschaften der Astrologie in den letzten 20 Jahren, ie lange Zeit nur in Seminaren des Begründers der Schule für Transpersonale Astrologie weitergegeben wurden. Nach langer, aber nicht untätiger Pause hat Michael Roscher die bereits bekannten und in der Praxis bewährten Grade durch neue, bislang noch nicht publizierte Grade ergänzt. Ferner gibt es erstmals eine Einleitung, in der Michael Roscher die Grundgedanken der Entwicklung und Entdeckung seiner kritischen Grade vorführt.

Meridian 5/2005

Standardwerke der Astrologie

MICHAEL ROSCHER UND WERNER VÖLKEL

Das Buch der Häuserherrscher

Querverbindungen im Horoskop
332 Seiten, gebunden
ISBN 3-925100-83-0

Der bekannte Buchautor Michael Roscher widmet sich in seinem neuesten Werk gemeinsam mit Werner Völkel der Analyse von Querverbindungen im Horoskop. Grundlage ist das System der Häuserherrscher: Anhand der Herrscherverknüpfungen lassen sich zu jedem der durch die zwölf Häuser symbolisierten Lebensbereiche individuelle Deutungsaussagen ableiten.

Dieses Buch bietet ausführliche Deutungen zu 144 möglichen Herrscherverknüpfungen im Horoskop. Die Texte sind sehr praxis- und erfahrungsbezogen geschrieben und zeichnen sich durch psychologischen Tiergang aus. Durch seinen systematischen und übersichtlichen Aufbau ist dieses Buch bestens als Nachschlagewerk für die tägliche Deutungspraxis geeignet. Es kann von Einsteigern und Profis gleichermaßen mit Gewinn genutzt werden.

Standardwerke der Astrologie

BRIGITTE HAMANN

Ihr Lebensziel

Die IC/MC-Achse und
der Lebenssinn im Horoskop
288 Seiten, Broschur, 7 Abbildungen

ISBN 3-925100-73-3

Das Lebensziel wird im Horoskop meist an der Stellung des Medium Coeli (MC) abgelesen. Die Vorstellung, dass wir uns von einem Ausgangspunkt, dem Imum Coeli (IC), auf dieses Lebensziel zu bewegen und dass das MC somit das Ergebnis und die Erfüllung dieses Zieles darstellt, ist jedoch unzureichend. Aufgrund intensiver Studien kam die Autorin zu einem bahnbrechenden Ansatz: Das Lebensziel liegt im Ausgleich der Gegensätze, in der Mitte zwischen beiden Polen. Das IC enthält unser schöpferisches Potential. Am MC finden Sie die ergänzenden Eigenschaften, Verhaltensweisen und Themen die Sie benötigen, um dieses Potential in seiner besten Form verwirklichen zu können. Außerdem gibt es einen Fluchtpunkt. Dieser beschreibt wichtige Vermeidungsstrategien, die wir anwenden, um unseren Lernthemen auszuweichen.
Die Autorin beschreibt die spirituellen, psychologischen und astrologischen Deutungsgrundlagen der beiden Gegenpole. Dabei kommen dem IC und dem 4. Haus eine tragende Rolle zu, denn dort ist das, »was unsere Welt im Innersten zusammenhält.« Die zwölf Lebensziele sind in einer anschaulichen und eingängigen Sprache beschrieben.

Da dieses Buch nicht nur Konstellationen beschreibt, sondern auch eine Fülle an Anregungen zur Umsetzung gewonnener Erkenntnisse in das Tägliche Leben enthält, ist es nicht nur für fortgeschrittene Astrologen eine bereichernde Lektüre, sondern auch gerade für Astrologie-Einsteiger. *Meridian*

Standardwerke der Astrologie

DANE RUDHYAR

Die Astrologie der Persönlichkeit

Ein neues Verständnis astrologischer Konzepte in bezug auf zeitgenössische Philosophie und Psychologie.

442 Seiten, Broschur

ISBN 3-925100-63-6

Dane Rudhyar gilt als der Begründer der modernen psychologischen Astrologie. Astrologisches Denken steht immer in Zusammenhang mit unserem Bild der Welt, unserem Verständnis des Menschen und seiner Natur. In diesem Klassiker der modernen astrologischen Literatur gelingt es Dane Rudhyar, die uralte Weisheit der Astrologie und ihrer Symbole mit dem ganzheitlichen Denken der Neuzeit zu verbinden.
Rudhyar erklärt die Bedeutung der Häuser und Zeichen, indem er traditionelle und ganzheitliche Interpretationen gegenüberstellt. Er zeigt die Wechselbeziehung zwischen Astrologie und Kabbala auf, vermittelt ein klares Verständnis der Transite und Progressionen und erläutert ausführlich alle sabischen Symbole der 360 Tierkreisgrade.

Rudhyars »Astrologie der Persönlichkeit« ist mehr als nur ein Klassiker der Astrologie – für mich ist es einer der bedeutendsten Meilensteine in der Entwicklung einer astrologischen Philosophie ... Mit einer unübertroffenen Tiefe und spirituellen Klarheit versteht es Rudhyar, das Wesen der Astrologie vor dem Auge des Lesers zu entfalten.

Christopher Weidner in astronova Mai/ 2004